Rubén A. Calcaterra

# MEDIACIÓN ESTRATÉGICA



Serie coordinada
por Raúl Calvo Soler

·P·A·R·C·
prevención
administración
resolución de
conflictos

MÉTODOS

## P·A·R·C
## Prevención, Administración y Resolución de Conflictos

El conflicto es un fenómeno que ha preocupado de forma persistente al ser humano. Para algunos el conflicto es considerado un mal inherente a las estructuras sociales, para otros una oportunidad para cambiar y progresar. Pero, ya sea porque se pretende la curación de una enfermedad o porque se presenta el nacimiento de un mejor proyecto de vida social, en lo que parecen estar todos de acuerdo es que la permanencia en el seno del conflicto es costosa. La colección que presentamos se inserta en el mundo de los conflictos y en los desarrollos para su prevención, administración y resolución. Esta colección ha sido diseñada tanto para el público en general (Serie Divulgación) como para los estudiosos y profesionales (Serie Académica). En ella el lector encontrará desde trabajos que versan sobre los fundamentos para el estudio y aplicación de la prevención, administración y resolución de conflictos (Serie Académica / Fundamentos) pasando por los análisis específicos sobre los métodos de resolución (Serie Académica / Métodos) hasta los análisis vinculados con la aplicación de estos métodos a ámbitos particulares (Serie Académica / Aplicaciones).

### Serie Académica / Aplicaciones

Genoveva Sastre y Montserrat Moreno Marimon — *Resolución de conflictos y aprendizaje emocional*

Sylvia M. Warham — *Educación primaria y negociación del poder*

### Serie Académica / Fundamentos

Remo F. Entelman — *Teoría del conflicto*

### Serie Académica / Métodos

Rubén A. Calcaterra — *Mediación estratégica*

# MEDIACIÓN ESTRATÉGICA

**Rubén A. Calcaterra**

gedisa
editorial

Ilustración de cubierta: Juan Santana

Primera edición: abril del 2002, Barcelona


Paseo Bonanova, 9 1º-1ª
08022 Barcelona (España)
Tel. 93 253 09 04
Fax 93 253 09 05
correo electrónico: gedisa@gedisa.com
http: //www.gedisa.com

ISBN: 84-7432-901-9
Depósito legal: B. 11192-2002

Impreso por: Limpergraf
Mogoda 29-31 Barberà del Vallès

Impreso en España
*Printed in Spain*

*A Rosa María, mi madre.*
*A Julio, mi padre.*
*A Leandro, mi hijo, cuya ausencia sigue siendo cotidiana.*
*A Pablo, mi discípulo.*
*Porque con todos ellos la vida tuvo prisa.*

*A Horacio, mi hermano,*
*por la historia alternativa que nos queda por elaborar.*

*A Gabriela y a Damián, mis hijos.*
*A Clara, mi mujer.*
*A Paula y a Javier, los hijos de Clara,*
*porque con ellos fluye la vida.*

# Índice

SEGUNDA PARTE

## Las partes y el mediador



TERCERA PARTE

## El proceso de mediación

# Prefacio

Este libro es el resultado de un largo proceso cuyo comienzo no podría determinar con precisión, pero lo que sí puedo hacer es citar hechos y circunstancias que influyeron en su desarrollo y confluyeron para que sea así.

En 1985 conocí a Graciela Peyrú. La experiencia que recogí como integrante de sus grupos terapéuticos y de desarrollo personal fue determinante en mi formación personal y profesional. Durante más de diez años tuve el privilegio de verla trabajar con recursos múltiples y enseñar con estrategias y herramientas pedagógicas desconocidas para mí hasta ese momento. Me facilitó enormemente la tarea de pensar modelos transdisciplinarios que además tuvieran eficacia operativa.

El trabajo de Osvaldo Ortemberg ha tenido mucha influencia en el imbricado de campos diferentes como el Derecho y el Psicoanálisis; así como las gratificantes conversaciones con él, que transcurren desde 1989 y que, admito, debieran ocurrir con una frecuencia mayor.

Durante los años 1986 y 1987 concurrí a las reuniones de trabajo que Marta Albarracín y Mónica Berjman organizaban en la antigua sede de la Fundación de Ecosistemas Humanos. Allí, durante dos horas, una vez por mes, un grupo de alrededor de quince profesionales provenientes del campo de la Psicología y del Derecho, preocupados por la problemática de la familia, nos juntábamos para intercambiar experiencias, reflexionar sobre nuestra práctica y proponer nuevos abordajes. Esas reuniones dejaron sellada la necesidad de búsqueda.

En 1989 viajé a Italia con Clara Abate respondiendo a una invitación del Cónsul Argentino en Génova, don Angel Scagliotti.

Dos horas antes de salir para el aeropuerto de Ezeiza, Marta Albarracín llegó a mi casa con una voluminosa carpeta que contenía el Proyecto sobre Asistencia a la Mujer en Situaciones de Crisis, que su equipo había elaborado en la Fundación, y me pidió que contactara en Milán con Guglielmo Gulotta. Mi tarea era ofrecerle ser la contraparte italiana del Proyecto. Como referencia de este abogado, psicólogo y profesor de Psicología Social de la Universidad de Cagliari «y para que leyera en el viaje», me entregó un libro del que Gulotta era coautor junto con Giuseppe Santi, cuyo título era sugerente: *Dal conflitto al consenso. Utilizzazione di strategie di mediazione in particolare nei conflitti familiari*.

El contacto con esta obra estableció el punto de apoyo en la construcción de un modelo de proceso de mediación altamente estructurado.

De regreso de la experiencia italiana, Clara trabajó intensamente en la traducción de todo el material acumulado en el viaje y, en especial, del libro citado.

En marzo de 1989 formamos el Centro de Estudios Multidisciplinarios de la Familia como un espacio de investigación de medios de abordaje del conflicto familiar.

Por esa época llegaron a mis manos los papeles de trabajo de las clases de Remo F. Entelman sobre Teoría del Conflicto, la cual me impresionó vivamente por su rigor científico.

Surgió entonces la idea de trabajar en la creación de un campo autónomo para la mediación, implicando saberes de distintas disciplinas, en un proyecto que denominé «el soporte de las disciplinas implicadas».

En 1991 llega por primera vez Sara Cobb a Buenos Aires y dicta el taller «La Pragmática de la Neutralidad en la Resolución de Disputas», en el marco del Pre Encuentro del Encuentro Interdisciplinario Internacional Nuevos Paradigmas, Cultura y Subjetividad organizado por la Fundación INTERFAS y llevado a cabo entre los días 23 y 26 de octubre.

Ese taller, todo el Encuentro y las actividades científicas que Sara realizó en Buenos Aires durante los tres años siguientes, a las que concurrí, dejaron un cúmulo de material de reflexión que me demandó casi tres años para incorporar al modelo en desarrollo.

El proceso comenzó a crecer con un continente altamente estructurado, siguiendo el modelo de los maestros italianos y con un contenido que integraba tecnologías y recursos de esa escuela y de las enseñanzas que Sara Cobb impartiera en Buenos Aires.

A su vez, el «soporte» se nutrió con la alternativa construccionista y construccionista social del conocimiento y de la comunicación, con la epistemología de la complejidad y las nociones de sujeto y del *self*, que permitirían aislar principios para la conformación del campo.

En 1992 el Centro de Estudios Multidisciplinarios pasó a ser Fundación CEMFA, y el modelo a ser aplicado a la práctica y a la enseñanza a través de la asistencia y la docencia, mientras la investigación seguía adelante.

La praxis informó rápidamente de carencias en materia de negociación y de la necesidad de profundizar la aplicación, en el proceso, de los recursos competitivos y cooperativos de los negociadores, así como ampliar su comprensión desde los «soportes». El Programa de Capacitación Interactivo que organizó A.I.R.A.D. en la Pepperdine University de Malibú, California, bajo el título «Habilidades para la mediación: el arte de facilitar el acuerdo», aportó una buena base para ello, que fue enriquecida con las obras de Raiffa y de Schelling.

Pero el aporte decisivo en materia de negociación se debe a las clases magistrales de Raúl Calvo Soler y al intercambio con él en conversaciones informales que fueron delineando la idea de darle al proceso un carácter estratégico.

Conocidos son los tres modelos de mediación desarrollados en Estados Unidos: el de Harvard, el Transformativo y el Circular Narrativo. Nuestro modelo tiene elementos de los tres sin ser ninguno de ellos.

Provee al operador de un proceso altamente estructurado, pero dotado de la ductilidad necesaria para servir a todo tipo de problemáticas mediante el sencillo recurso de imprimir más o menos protagonismo a sus diferentes estadios.

La adaptación al caso concreto corresponde al arte y ello va por cuenta del operador. Además, está en pleno desarrollo. Bienvenidas serán las críticas y los aportes que lo enriquezcan.

Buenos Aires, febrero del 2000

# Prólogo

Este libro versa sobre un tema cuyo nacimiento y desarrollo en la Argentina debe calificarse, al menos, como infeliz y accidentado si uno quiere ser neutral respecto de versiones que tornan perversas algunas de las etapas críticas de su historia.

También este prólogo nació con defectos que me motivaron a desistir de él, para convertirlo en una introducción que se haga cargo del contexto en que la obra fue concebida y desarrollada, hasta convertirse en un producto cuyo valor teórico y práctico ha de ponerse de relieve.

Cuando, hace unos meses, Rubén Calcaterra me envió los originales y su invitación a prologarlos, me sumergí en ellos adivinando que allí encontraría la exposición sistemática de un pensamiento cuyas líneas generales su autor me había transmitido en frecuentes diálogos que mantuvimos durante nuestra fructífera actividad conjunta en el ámbito académico. Un par de lecturas regocijaron mi espíritu. Allí estaba expuesto un modelo de mediación construido con originalidad, pero nutrido de una perspectiva multidisciplinaria y de una intensa experiencia profesional que es difícil de encontrar hermanadas en nuestro medio, precisamente por la manera accidentada e incongruente con que en él se intentó insertar una nueva cultura pacífica de resolución de conflictos. En este estado de ánimo escribí extensas paginas que analizaban el enfoque metodológico del libro y aquellos de sus temas que me parecieron más relevantes. Satisfecho, las imprimí y traté de leerlas. Había producido un prólogo adecuado para engrosar el gran número de aquellos que los lectores hojean y pasan por alto sin leer, ávidos por llegar al texto prometido por el título y el prestigio del autor. Pensé entonces en esos lectores. ¿A quiénes intenta el autor dirigirse? Varios podrían ser los destinatarios para los que escribe.

En primer lugar, podría hacerlo para los profesionales de la mediación, sedientos de enseñanzas que no fueran *más de lo mismo*, otra vez las recetas a las que los tiene acostumbrados la moda editorial, que tanto en mediación como en negociación han liderado algunos modelos que se exhiben con el sello de prestigiosas universidades extranjeras. Tales recetas resultan inaplicables cuando cambia un ingrediente de la cocción y esto ocurre casi siempre.

Pero en nuestro país, otro universo de destinatarios presenta requerimientos inéditos en otros países, que esta obra podría intentar atender. Se trata de los miles de abogados a quienes, en su función de litigar, la legislación federal ha impuesto la tarea de asistir a las partes en una previa etapa de mediación forzosa, no emanada de un proceso racional de toma de decisión, omitiendo el hecho de que su educación terciaria no los capacita para desempeñarse como negociadores.

Y al pensar en esos abogados que no fueron capacitados para negociar, con o sin participación de mediadores, aparece el universo de los propios conflictuantes, obligados a transitar por un proceso autoritariamente impuesto, administrado con el lenguaje del poder, del que nada saben y del que nada pueden aprovechar pese al esfuerzo desesperado de sus abogados por adecuarse a los nuevos requerimientos.

Finalmente, el autor tendría legítimas razones para pensar que el gran destinatario de su libro es el universo académico y científico, al cual él pertenece. Allí, la confusión generada por la legislación sobre mediación obligatoria no ha superado aún la dificultad que existe para distinguir entre la mediación como modelo científico que constituye el objeto de la especulación teórica y el complejo fenómeno argentino del proceso previo transitoriamente impuesto como condición de acceso al método judicial de resolución.

Cuando hube identificado estos universos de posibles destinatarios en que pudo haber pensado el autor, realicé un descubrimiento sorprendente: cualquiera que haya sido su intención, el libro puede satisfacer, aunque en distinta medida y con diferentes pasajes, los requerimientos de todos esos grupos heterogéneos de lectores. Todos ellos sedientos de información sobre el objeto mediación y de instrumental para captarlo. Expectativas de esa clase pueden encontrarse en todos los ámbitos del conocimiento. Pero en esta materia, la urgencia y dramatismo son mayores, sobre todo en los universos no académicos. Porque en ellos, no se trata de aprender algo sobre un fenómeno natural o social que las ciencias duras o blandas describan. Allí, el receptor del conocimiento no integra el objeto conocido. Aquí, en la mediación, la mayor parte de los destinatarios posibles quieren aprender sobre un fenómeno que ellos mismos integran. Observadores y protagonistas, los mediadores *son* la mediación. O, para ellos, la mediación *es su ser mediadores*. Para los conflictuantes, resolver o intentar resolver por mediación, tampoco es algo que ocurra afuera. Ellos *son* la mediación, además de los mediadores y los abogados, esos profesionales del litigio que nuestra legislación quiere al lado de cada conflictuante deseoso de no litigar. Como si el objetivo de las partes fuera la solución más ajustada al derecho y no la más satisfactoria para sus recíprocos intereses. Por eso el valor teórico del libro se integra con la experiencia protagónica de su autor.

Presentarlo –teniendo en cuenta a los lectores extranjeros a los que sin duda llegará– requiere pues que sea enmarcado en el contexto social, cultural y normativo en el que fue concebido.

Veo la aparición de este libro como una respuesta a la pregunta que muchos nos hemos formulado. ¿Cuánto tiempo se requerirá en nuestro país para abandonar esta etapa de desorientación y frustraciones y tomar la buena senda por donde arribar a una sociedad que realmente sienta como alternativa auténtica frente al proceso judicial otro no signado por el poder o por el uso legítimo de la violencia, y que tenga conciencia de que existe un mundo de conflictos respecto de los cuales la mediación no compite con el sistema judicial, porque éste se desentiende de ellos?

El 11 de abril de 1996, pocos días antes de que entrara en vigencia la ley 24.573, traté esta cuestión en el Consejo Argentino para las Relaciones Internacionales, durante el acto inaugural del XI ciclo académico del Seminario Permanente para el Análisis, Prevención y Resolución de Conflictos (Entelman, 1996). Manifesté entonces mi preocupación por la dirección que, tras el cambio de Ministro de Justicia, había tomado el P.E.N. en este tema. De una institución que el propio Presidente de la Nación calificó de esencialmente voluntaria, su proyecto convertido en ley había pasado a un procedimiento obligatorio que se convocaba con el discurso típico de las intimaciones judiciales, a cargo de mediadores no elegibles libremente, sino designados por sorteo, con la participación obligatoria, para cada parte, de profesionales del proceso judicial. Ello pese a que el propósito originalmente expuesto para introducir la cultura de la mediación era el de motivar a la sociedad a prescindir del litigio y negociar –con la adecuada asistencia– soluciones pacíficas que no afectaran la estabilidad de los vínculos.

Fundé entonces juicios críticos sobre la flamante legislación, que hoy, tras la experiencia de su aplicación, no puedo sino ratificar. Aunque no sin reconocer algunos cambios posteriores en la metodología de designación de los mediadores, que denotan un intento de cambio de orientación. Sin embargo, en oportunidad de aquellas críticas públicas, hube de decir:

> Tenemos por delante la tarea común de retomar el rumbo. Los legisladores no lo harán de un plumazo... Al sector académico, que puede ponerse frente a los acontecimientos pero no liderar su rápido cambio, le queda la responsabilidad de diseñar, como hacen los ingenieros viales, el camino más corto para salir del atajo pantanoso y volver a la ruta que lleva hacia la socialización de la otra mediación... Les invito a asumir nuestra responsabilidad comenzando el debate ya, sobre estas bases que, acertadas o erróneas, sólo tienen el propósito de instarlo.

Este libro es un testimonio de la manera en que su autor asumió e hizo frente a esa responsabilidad. Advierto, hoy, muchos síntomas que denotan el tránsito lento y espontáneo que nuestra sociedad hace hacia una autentica adopción de nuevas prácticas que enriquezcan y pacifiquen su cultura adversarial. Lentamente, la vocación de ganar aun al precio de perder cede paso a la búsqueda de soluciones creativas a través de métodos que transforman a los oponentes en gerentes solidarios de la solución de problemas. La pura ideología que concibe el conflicto como un juego de suma cero está siendo paulatinamente desalojada por una concepción integradora que transforma el conflicto entre adversarios en un problema común cuya solución es tarea de las partes que pugnan por objetivos, valores, intereses o meras percepciones que aparecen como incompatibles.

Cada momento en cada cultura posibilita o agosta determinadas cosechas. En nuestra coyuntura, la *Mediación Estratégica* que prologo no debe ser leída como la presentación de otro modelo de mediación. Simplemente porque es mucho más que eso. Su autor, tal vez sin proponérselo ni advertirlo, presenta un modelo amplio y significativo. Él mismo, cuando escribe, personaliza un modelo nuevo entre los autores que tratan el tema: el del correcto abordaje, dentro de un marco científico integrado, de la problemática de los métodos de resolución del conflicto. Una expresión hoy reiterada en trabajos, cursos y discursos, de cuyo significado muy pocos dan cuenta.

Nuestro autor realiza ese abordaje en dos planos en los que se desplaza con bien elaborada soltura: el teórico y el profesional. La sola lectura del índice refleja un marco sistemático en el que el pensamiento del lector es diestramente guiado por ambos niveles.

La sola división del proyecto en tres áreas temáticas denota una formación interdisciplinaria.

Mientras la mayor parte de los esfuerzos docentes públicos y privados tienden entre nosotros a formar técnicos en mediación sin anclaje alguno en la problemática científica de la controversia, Calcaterra la exhibe como un *proceso*. El título «Propedéutica» que encabeza la primera parte de la obra pone de manifiesto su actitud teórica frente al tema. La expresión «Proceso» coloca la mediación en el mismo plano que el litigio, mostrando con su mera utilización el carácter de puro método de resolución de conflictos que ambos tienen. A través del libro, el lector advertirá por qué la mediación no es una simple alternativa al proceso judicial. Y cómo ella se convierte en un método dramáticamente eficiente para resolver conflictos entre pretensiones incompatibles pero igualmente permitidas. Porque hay todo un universo de conflictos que el derecho ubica en la zona de las conductas no prohibidas, en cuyo territorio los jueces no tienen otro rol que el de declarar, tras una larga y costosa inversión de tiempo, que tanto el reclamado como el reclamante tienen igual derecho a pretender metas incompatibles, que a ninguno de ellos le están prohibidas y cuya satisfacción no es, sin embargo, obligatoria para el otro.

El capítulo segundo de esta primera sección contiene una síntesis cuya maestría está reservada a quienes dominan el tema que se expone. Ella exhibe y resume los conocimientos de distintas disciplinas de las que según el autor se nutre el conocimiento del conflicto, de su estructura, su dinámica y su resolución. La Teoría del Conflicto, que es a su vez un producto interdisciplinario, aparece como el marco teórico dentro del cual el modelo propuesto puede ser concebido, entendido y evaluado. La mediación aparece asumida como lo que en esencia es: un proceso de negociación en el que los actores son asistidos por un experto. Por eso ofrece al lector una presentación amplia de la problemática de la negociación y de sus modelos más conocidos en nuestro ambiente. Aunque consciente de que alguno de esos modelos no satisface su requerimiento de mediador, no ignora que el profesional bien formado debe estar informado de ellos para reconocerlos en el negociar de quienes han sido entrenados en él. Tal es el caso del llamado *modelo de Harvard*. Esa posibilidad de reconocer las técnicas que usa el oponente otorga, en cualquier negociación, una ventaja estratégica a quienes sepan superarlas.

Desde la base teórica construida en el capítulo segundo de la parte primera todos los análisis del resto del libro, relativos a las partes, el mediador y el proceso, están impregnados de una indestructible coherencia con el pensamiento del autor. Esos desarrollos de las secciones segunda y tercera dan cuenta de la experiencia del protagonista que los formula, y aparecen como el fruto de una autorreflexión enriquecida por un infrecuente dominio de los problemas de la conducta y la comunicación humana.

El proceso de mediación descrito en la última parte del libro se aparece al lector como una consecuencia lógica de los desarrollos propedéuticos. Aquí sus tomas de posición exceden las características de una postulación más frente a otras, porque están precedidas de los fundamentos sistemáticos en que se apoyan. En él, la visión de la neutralidad no se presenta como una opinión más, sino como el resultado de su concepción de qué y cómo es un conflicto, de cómo se transita el laberinto de la contienda, y de qué es, en ese contexto, un método de resolución.

La amplitud con que se postula la capacidad del mediador no es sino una consecuencia de sus puntos teóricos de partida. El modelo no polemiza con las afirmaciones dogmáticas que describen como necesaria la limitación de la capacidad del conductor del proceso para proponer soluciones creativas o para aumentar el poder del más débil. Simplemente exhibe esas conductas del mediador como consecuencia lógica de sus análisis sobre el conflicto y sobre su negociación asistida. Dentro de su esquema, los requerimientos de capacitación para el negociador o el mediador destinados a la búsqueda y el procesamiento de la información aparecen ensamblados con la precisión con que una pieza de relojería integra la máquina de medir el tiempo, porque son instrumentos para la participación activa.

La *Mediación Estratégica* viene a satisfacer una demanda generalizada de los varios universos interesados en la mediación, a la que ya he hecho referencia. Pero el libro está probablemente destinado a marcar fuertemente la nueva era en que nace, en la que han de superarse los vicios que generó la decisión estatal de formar, en pocas horas de enseñanza, profesionales aptos para conducir con eficiencia las mediaciones que por miles se arrojaron sobre ellos, al convertirlas en un procedimiento obligatorio. A medida que la libre elección del mediador vaya desplazando al insólito sorteo, la capacidad profesional ha de convertirse en la gran ventaja competitiva. Esa capacidad requiere, para utilizar tecnologías de administración de las relaciones sociales de conflicto, el conocimiento de la arquitectura y de la dinámica de esas relaciones.

No puedo ocultar que reconozco en este libro toda la prédica que por muchos años he venido haciendo sobre este tema. He negado, siempre que tuve la oportunidad de hacerlo, que exista algo así como una Teoría vernácula del Conflicto que a veces se me atribuye haber desarrollado. Yo limité mi labor a formular la hipótesis de la universalidad del conflicto. Su comprobación hizo aplicables a los que se dan a los que ocurren entre particulares, los conocimientos y las técnicas desarrollados para las ciencias de los conflictos internacionales. Desde allí fue fácil descubrir que el sistema jurídico sólo es un método de resolución de conflictos que, como la guerra, utiliza la violencia, aunque monopolizada por el estado y centralizada en los jueces. Y pude advertir además que la mayor parte de los conflictos entre particulares están permitidos y no tienen solución jurídica. Ellos deben administrarse y resolverse por otros métodos. La mediación es uno de ellos, aunque también pueda utilizarse no exclusivamente para resolver controversias que tendrían acceso a los tribunales.

Pero así como postulo por razones de honestidad intelectual que no hay una ciencia argentina del conflicto, creo que este libro se inscribe en una tendencia notoria: diversos autores trabajan hoy sobre distintos temas de la problemática teórica del conflicto con un esquema común de pensamiento. Eso sí permita tal vez afirmar que está naciendo una escuela argentina de Teoría del Conflicto, que siempre será tributaria de la polemología, la Peace Research, la War Research y todas las disciplinas del conflicto interestatal desarrolladas durante los últimos 50 años de desarrollo de métodos pacíficos, de las cuales mis desarrollos extraen sus conocimientos básicos.

Remo F. Entelman

# PRIMERA PARTE

# PROPEDÉUTICA

# 1

# La metáfora mediación*

> Ello no significa, naturalmente, que se haya agotado el número de metáforas; los modos de indicar o insinuar estas secretas simpatías de los conceptos resultan, de hecho, ilimitados.
>
> JORGE LUIS BORGES, «*La Metáfora*».

La mediación es, todavía, una metáfora utilizada para indicar un medio de resolución de disputas (véase Apéndice 3) cuyo contenido y práctica constituyen contextos a construir.[1]

Una primera cuestión, en el nivel de los contenidos, la constituye el interrogante sobre los saberes a incluir y de qué campos apropiarlos.[2]

Esta cuestión encierra peligros y dificultades.

Entre los primeros, uno de ellos está dado por la apropiación que se propone sin una práctica que la corrobore.

La dificultad inicial en toda práctica novedosa, que a su vez alimenta el peligro señalado, es la ausencia de la práctica misma en una medida suficiente para recoger información.

* Este capítulo es una reelaboración de «La metáfora mediación», un artículo que fue publicado en el Suplemento de Resolución de Conflictos de la Ley, Buenos Aires, República Argentina, 16/12/96. Ese trabajo contenía las reflexiones de ocho años de formación y seis de práctica en mediación; con respecto a estos últimos, hoy es menester reconocer que los tres primeros fueron un hacer gobernado por una alta dosis de intuición mientras el método se desarrollaba informado por esa práctica.

Queda así conformado un círculo vicioso, en donde no habiendo práctica que informe a la teoría, la práctica se desarrolla sin leyes que la gobiernen. Es una práctica que se hace a tientas, librada a la intuición, a la sagacidad y a la suerte.

A su vez, en el plano de la teoría, asistimos a una variedad de propuestas sobre incorporación de saberes que ocupan una gran cantidad de páginas sin referencia a su aplicación práctica, y de contenidos pedagógicos que se le exigen conocer al futuro mediador que, puesto a mediar, no entiende para qué le sirven.

Desde el principio de mis experiencias en mediación el interrogante ha girado en torno a la posibilidad de la conformación de un campo autónomo para ella.

La construcción de un concepto no se agota en sí mismo: tiene que ver con la dramática necesidad de dar respuesta a ese interrogante y, con él, a la conformación de un sistema de conocimiento que pueda ser transmitido.

En la conformación de ese sistema de conocimiento adquiere singular importancia el desarrollo de una práctica que incluya un movimiento reflexivo sobre su propia conformación, que permita recoger información relevante para la teoría.

El desafío fue y sigue siendo, entonces, el provocar una tensión dialógica entre práctica reflexiva y teoría, de tal entidad, que permita el desarrollo de un proceso de profesionalización de la mediación.

De las conversaciones en torno a ella en las que he estado involucrado, me parece posible la reunión de algunas palabras y el desarrollo de conceptos útiles al esfuerzo de superar el sentido figurado.

En ese intento, he sostenido que la mediación, como medio de resolución de disputas, «es un proceso que, con la dirección de un tercero neutral que no tiene autoridad decisional, busca soluciones de recíproca satisfacción subjetiva y de común ventaja objetiva para las partes, a partir del control del intercambio de la información, favoreciendo el comportamiento colaborativo de las mismas» (Calcaterra, 1995).

Para los fines indicados interesa, pues, el desarrollo conceptual de algunas de esas palabras.

La mediación es un *proceso,*[3] pero es un proceso singular, por sus características y finalidades.

Entre las primeras se encuentran el ser altamente estructurado, formal, político, estratégico, paradojal, selectivo, que opera en el discurso, negocial, cuya dirección está a cargo de un tercero neutral.

Las finalidades de este proceso tienen que ver con aspectos subjetivos, objetivos y colaborativos de las partes.

## 1. Características

1.1. *Es un proceso* altamente estructurado

Desde mis primeras reflexiones teóricas acerca del proceso de mediación, corroboradas desde la praxis cotidiana –en este caso presentándose como necesidad de un sostén referencial–, siempre lo he concebido como un proceso altamente estructurado.[4]

No estoy refiriéndome a un proceso ordenado de una manera normativa, como un código procesal, pero sí a un modelo que comunique una estructura cuyo manejo no se agote en saber solamente que hay cosas que se deben hacer antes y otras después, sino que demande además de un conocimiento técnico operativo de sus etapas, estadios y pasajes, que provea «exactitud, puntualidad y consecuencia en las acciones»[5] del mediador.

Concebido así, el proceso constituye un verdadero recurso estratégico[6] que cumple una doble función:

a) Informa al operador, paso a paso, de la inconveniencia de pasar de una etapa, estadio o pasaje a otro, si no se ha agotado o por lo menos desarrollado suficientemente el anterior. En la práctica, el contar con este elemento de autocontrol resulta muy útil. Por ejemplo, el hecho de no poder armar una historia alternativa[7] informa de que aún no se ha trabajado lo suficiente en el desarrollo de las historias de cada parte y, con tal carencia, se revela como inapropiado pasar a la siguiente etapa o pasaje.

b) Un proceso altamente estructurado se presenta como muy beneficioso para el abordaje de la desestructuración que el conflicto ha producido en la relación entre las partes.

1.2. *Es un proceso* formal

Ya adelanté esta característica (véase nota 5) que importa una posición coincidente con Milia quién, al ocuparse de los tercerazgos (Milia, 1997: 9-12), dice que «tercerazgo es un conflicto en el cual aparece un tercero que tiene intervención en la resolución que epiloga el conflicto».

Se recurre a un tercerazgo cuando el respeto por el derecho del oponente[8] tiene menor entidad.

Existen tres diferentes clases de tercerazgos: informal, formal, entre los que ubica a la mediación, y rígido.

El *tercerazgo informal* es aquel en el cual la investidura del tercero interviniente es difusa y su contribución se limita a mejorar la información sobre la controversia y a facilitar la comunicación entre las partes. El poder vinculante[9] de la gestión del tercerazgo informal es débil. En esta especie Milia ubica la investigación y los buenos oficios.

Viene a continuación el *tercerazgo formal*, en el cual la investidura del tercero interviniente es concreta y explícita pero no está investido de una potestad capaz de forzar un epílogo del conflicto. Su poder vinculante puede calificarse como mediano o intermedio. Comprende la mediación –cuando existe un moderado respeto por el derecho del oponente– y la conciliación –cuando ese respeto es bajo–.

Finalmente encontramos el *tercerazgo rígido*, al cual se llega porque el respeto entre los oponentes es bajo. En esta modalidad el tercero está investido de formal potestad y el poder vinculante de su dictamen es fuerte, para el caso del arbitraje, y total, para la sentencia del magistrado judicial.

1.3. *Es un proceso* político

La mediación es un proceso político porque se ocupa del poder y tiene una ideología.[10]

1.3.1. En cuanto al poder, la implicancia se da en dos aspectos.

En un aspecto, se ocupa del poder porque su esencia es otorgar más poder a las partes involucradas en el conflicto en detrimento del poder del operador,[11] que toma así un rol abiertamente diferenciado del que ejercen los operadores de los procesos de resolución por adjudicación en los que el resultado es controlado y decidido por el operador mismo, como el juez o el árbitro.

Esta suerte de devolución del poder decisional contribuye al aumento de la competencia[12] y de la responsabilidad social de los individuos que deben así considerar y evaluar las consecuencias de sus propias decisiones.[13]

El segundo aspecto se refiere a que este proceso tiende a equilibrar el poder entre las partes mismas,[14] como condición básica para afrontar una negociación exitosa[15] y arribar a una solución duradera.[16]

1.3.2. La ideología de la mediación radica en no patrocinar relaciones adversas para favorecer el comportamiento colaborativo de las partes.

Derek Bok, rector de la Universidad de Harvard a quien incluyo aquí a modo de cita ineludible, afirma: «Presiento que, a lo largo de la próxima generación, las grandes oportunidades de la sociedad consistirán en hacer uso de las inclinaciones humanas hacia la colaboración y el compromiso en lugar de estimular nuestras tendencias a la competencia y la rivalidad. Estos pueden ser los experimentos sociales más creativos de nuestro tiempo.»

1.4. *Es un proceso* estratégico

Ya he señalado la función estratégica que tienen el ordenamiento de las etapas de las que se compone el proceso que propongo y la conexión que, entre ellas, el modelo organiza para la consecución de un fin.[17]

Todo proceso estratégico implica que quien lo opera, en este caso el mediador, obre de una manera estratégica, es decir, organice un plan general de trabajo a partir de la inteligencia que haga del caso.

La estrategia incluye la fijación de metas y la elección de las tácticas, que son las acciones concretas para lograr las metas, teniendo en cuenta que también existe una estrategia de las partes.

La inteligencia es el «conocimiento que, obtenido a través del procesamiento de la información, se le brinda a los responsables de tomar decisiones» (Balbi y Crespo, 1997).

Un mediador estratégico deberá recabar su propia información, sin depender exclusivamente de la brindada por las partes. La decisión a tomar es la fijación de la estrategia.

Cuando he expuesto estas ideas se me ha cuestionado diciendo que términos tales como *estrategia*, *táctica* e *inteligencia* y la propia bibliografía que de ellos se ocupa, generalmente emparentada con los fenómenos de la guerra, son extraños al «lenguajear»[18] de la mediación y a ciertas aspiraciones que a ella se le atribuyen tales como la pacificación y el desaliento de la confrontación y de la competencia.

Creo que el cuestionamiento se origina en la confusión entre aquello a lo que la mediación aspira –y que no es ciertamente privativa de ella– y lo que su contexto plantea en la realidad.

Sostengo enfáticamente que ese contexto, el de la mediación, es un contexto de adversarios y que ese «lenguajear» ha creado una imagen de la mediación que se resiste a concebir esa práctica como un contexto de adversarios.

Las consecuencias de esta resistencia son varias. Una es que los planes de formación de mediadores hablan poco de términos comunes a esos contextos tales como estrategia, táctica e inteligencia. Otra tiene que ver con la incipiente y, en la mayoría de los casos, insuficiente preparación del mediador en materia de negociación. Es más, a pesar de que como dijimos, desde una óptica simplista la mediación es una negociación asistida, ni siquiera se plantea la posibilidad de que negociadores expertos y entrenados usen estratégicamente a un mediador inexperto en negociación a los efectos de satisfacer mejor sus pretensiones y, como colofón, se rechaza de plano la idea del mediador que se prepare para una mediación recabando su propia información, es decir, aquella que no dependa de las partes.

La concepción estratégica de la mediación me ha llevado a incursionar por esos campos, consciente del riesgo de provocar una contradicción pero seguro de que ella es más aparente que real.

La dificultad ya señalada de que la bibliografía que se ocupa de estos temas está generalmente emparentada con los fenómenos de la guerra se supera con un esfuerzo de adaptación al campo de la mediación que permite incorporar conceptos de gran utilidad.

### 1.5. *Es un proceso* paradojal

En el punto anterior hablamos de un proceso estratégico. Un recurso de esa naturaleza es el envío de mensajes paradojales similares a los llamados de «doble ligamen terapéutico». Estos mensajes operan en dos niveles. En el nivel verbal, la mediación es presentada por el mediador como una experiencia que refuerza la libertad decisional, la autogestión de la propia existencia, la autonomía y la independencia, y su posición en el proceso es descrita estratégicamente como la de un observador neutral, «pseudocomplementario» en relación a las partes.

Pero mientras esto se dice, en el nivel contextual, induce a las partes a someterse a un proceso altamente estructurado, dirigido por él bajo reglas bien precisas.

Este tipo de mensajes, como aquellos de «sé espontáneo» o «vuélvete autónomo», utilizados en contextos especializados, tienen probada eficacia en el desbaratamiento de rigideces en la interacción dando impulso a una nueva dinámica relacional.

Esta estrategia de desdoblamiento de roles resulta cibernéticamente eficaz en cuanto favorece la inclinación inherente a cualquier sistema a adherir a fenómenos de cambio o de sólida estabilidad (Gulotta y Santi, 1988: 208).

1.6. *Es un proceso* en el discurso[19]

La mediación es un proceso en el discurso a dos niveles:

1.6.1. Al nivel del contenido de la historia.
El conflicto no está en los hechos, está contenido en las historias que cuenta la gente, las cuales, a su vez, dependen de cómo cada uno percibe[20] el conflicto. La forma en que cada uno lo percibe está en las narrativas y también en cómo está construido el conflicto, porque la narrativa abre un espacio que es relacional en la medida en que ninguna narrativa se da aislada; una depende de la otra.

Es en ese espacio relacional donde se juega la mediación.

Para deconstruir el conflicto, entonces, es necesario entender las narrativas y, para ello, es necesario conocer su estructura.

Veamos. Toda narrativa completa debe responder a tres interrogantes:

a) ¿Qué secuencias de hechos presenta?

El *guión o trama* contiene la secuencia de los episodios o acontecimientos, que deben estar unidos por una lógica causal.

El análisis debe concentrarse en cómo se produjeron esos acontecimientos y cómo continúan reproduciéndose. Ningún acto está aislado, sino co-construido en la interacción con otros, y necesita ser completado a través de una conversación que nos permita ligar por lo menos tres acontecimientos: qué pasó antes, qué pasó después y todo ello a la luz de los eventos circundantes.

Esa es la mínima tríada a analizar.

Para Singer (1969), citado por Entelman, hay interacción cuando dos o más entidades realizan conductas recíprocas y puede detectarse una secuencia de por lo menos dos actos discernibles, de modo que el primero pueda ser razonablemente interpretado como parcialmente responsable del segundo (Papel de Trabajo IV, pág. 4).

Las personas utilizan distintos guiones o tramas de acuerdo a sus características personales, sociales, culturales o de género. Por ejemplo, en Estados Unidos se pudo establecer que la tendencia es que los hombres tienen una narración lógica del conflicto, lineal, del principio al fin; las mujeres, en cambio, tienen una narración en forma de «bucle», siendo necesario entonces un realineamiento de sub-tramas o sub-guiones para establecer el principal. El mediador debe hacer un acercamiento al mundo de la persona para poder entender el guión.

b) ¿Cómo se posiciona y posiciona a los demás?

Los *roles* están referidos al posicionamiento que las partes se dan a sí mismas y a los otros en la historia y, en general, se dan como opuestos (bueno/malo, víctima/victimario).

El rol es un lugar en el espacio social que viene adjudicado y asumido por cada parte. Cuando ese lugar es malo o inmoral para los valores que se manejan la gente no puede contar su historia y eso los excluye de la participación en el proceso.

Por eso, una de las tareas fundamentales del mediador es cambiar la posición con que la gente llega a la mediación.

c) ¿Cuál es el tema?

En los temas están comprendidos los *valores*, que nunca están aislados; se dan siempre en sistemas, conformando una especie de red en la que se puede distinguir los valores centrales de los periféricos. Los valores centrales estabilizan la relación entre ese valor y los otros valores.

En la familia, por ejemplo, el sistema interpersonal desarrolla un sistema de valores polarizado y ello nos permite imaginar los valores de cada uno de los miembros de la pareja. Escuchando a ella podemos imaginar los valores centrales de él:

> «Quiero vivir tranquila. Para que se vaya ni siquiera voy a pedir que pase dinero para mantenerme a mí ni para mantener a los chicos.»

En este caso, podemos pensar que él va a privilegiar el dinero.

La estabilidad del sistema depende de la resonancia cultural que tengan los valores, por ejemplo, la abnegación de las madres. El mediador tiene que lograr que la gente cuente historias que tengan resonancia cultural para que queden legitimados.

1.6.2. El nivel del proceso de contar la historia.
Para entender este nivel es necesario referirse a los discursos dominantes.

Existen dos tipos de discursos dominantes:

a) El valorizado por la cultura del lugar.

Por ejemplo, va a ser mucho más escuchado y tendrá más peso el discurso pro-recuperación de las Islas Malvinas en la Argentina que en Gran Bretaña.

b) El del que habla primero.

Aunque parezca obvio referirse a ello, cuando dos o más personas interactúan, el primer tema del que se habla es el que introduce el que habla primero.

Si además esas dos o más personas tienen una historia común, entre ellas se ha desarrollado una particular manera de comunicarse que incluye el uso de determinados fundamentos, de una lógica para el desarrollo de la trama y de metáforas con que la historia se cuenta.

De esta forma, repito, aquel que habla primero no sólo introduce el tema, sino que, además, determina los fundamentos, la lógica de la trama y las metáforas con que la historia se cuenta.

En mediación éste es el discurso dominante que, sin una intervención especializada, condicionará el discurso de aquel o aquellos que hablan después.[21]

El mediador debe trabajar para evitar que el que habla después lo haga condicionado por el discurso del que habló antes; que cuente «su historia» y no aquella a la que está condicionado por el discurso del otro.

En nuestro modelo esta es una tarea esencial del mediador y en ella está involucrada su neutralidad.[22]

Finalmente, que la mediación sea un proceso a nivel del discurso y no del corazón, utilizando una metáfora, es importante porque permite afirmar que es un proceso movilizado por técnicas que se pueden aprender y aplicar. Si no fuera así hay campos en mediación que sería imposible abordar –como el familiar– por las implicancias que plantean al mediador, en el plano de la neutralidad, los aspectos emocionales provenientes del cruce entre las historias que se ponen en juego en ese tipo de proceso: la de las partes y la del mediador mismo.

1.7. *Es un proceso* negocial

Este atributo lo ubica entre los procesos de resolución por consenso,[23] pero con la ventaja de que en él la dinámica transaccional se encuentra favorecida por la posibilidad de seleccionar la metodología de abordaje según las siguientes variables:[24]

a) La naturaleza de la controversia, esto es, si corresponde al plano de lo público o de lo privado. Referido al objeto.
b) El contexto dentro del que se controvierte (familiar, laboral, comunitario, etcétera). Referido al encuadre.
c) Las características de las partes (información, experiencia, competencia social). Referido a las partes.
d) La preparación, estilo, habilidad y autoridad del mediador mismo. Referido al director.

El hecho de que la mediación, que en su concepción más simple es vista como una negociación asistida, esté atravesada por la negociación, le otorga la posibilidad de fijar objetivos como la separación de los aspectos económicos de los emotivos, la necesidad de la evaluación de las consecuencias de las decisiones y en constituirse en plataforma para acuerdos futuros.

### 1.8. *Es un proceso* dirigido

Para tratar los problemas que se presentan en cuanto a la naturaleza y alcance de la intervención del mediador se han distinguido dos aspectos:

a) Lo atinente a las cuestiones que podríamos llamar de forma o procesales, o sea, aquellas relacionadas con la dirección o administración del proceso mismo.

b) Las cuestiones que podríamos denominar de fondo o sustanciales, relacionadas con el contenido del conflicto y su solución.

Con respecto al primer aspecto, le es reconocido de forma unánime al mediador su carácter de director del proceso.

Existen, en cambio, serias divergencias en cuanto a qué actitud debe asumir en los casos en que la solución arribada por las partes afecte a los derechos de terceros no representados en el proceso o a los hijos menores o aparezca como inmoral o injusta o simplemente pueda ser mejorada, todo ello a la luz de sus propios valores o los sostenidos por el medio social.[25]

En torno a esta cuestión la doctrina se encuentra dividida.

Una corriente sostiene que la intervención del mediador debe estar centrada en desalentar la dependencia de las partes y en privilegiar a ultranza la libertad decisional de las mismas.

Desde este punto de vista, la intervención se rige por cuatro principios:

a) Está focalizada sobre objetivos específicos y predeterminados.

b) Se orienta hacia argumentos precisos y temáticas de trabajo definidas.

c) Es temporalmente limitada.

d) Se refiere esencialmente al futuro.

Para otra corriente, el mediador es un simple facilitador de la comunicación entre las partes, una suerte de director del tránsito de la comunicación, un mero intermediario en la transmisión de los mensajes.

Para un modelo de proceso altamente estructurado, como el que propicio, el mediador tiene, en cambio, una función multifacética acorde con los objetivos de cada estadio del proceso.

Así, en el estadio de la *convocatoria*, su tarea estará centrada en generar, preparar el proceso y predisponer a las partes para interactuar.

En el *propedéutico,* a proveer los elementos necesarios para contextualizar y estructurar el proceso, infundir seguridad y confianza a las partes y construir alianzas de trabajo.

En el *exploratorio* facilitará la búsqueda de datos, la definición y descomposición de los problemas, delimitando las áreas de acuerdo y de desacuerdo.

En el de *deconstrucción,* favorecerá el intercambio de la información, trabajará sobre los contenidos y el manejo de la información e intervendrá en las narrativas de tal forma que asegure que todos puedan desarrollar la suya. A través de la interconexión de los guiones, los temas y los roles[26] con que cada parte vive la historia conflictiva y del control del proceso de contar esa historia, el mediador va tejiendo una red de sostén para la resolución de la disputa en la que la elaboración de una historia alternativa[27] cobra decisiva importancia.

En el de *reconstrucción* de la relación su tarea apunta a la redefinición de la interacción entre las partes y a la construcción de la historia alternativa.

En el *negocial* genera ideas, sugiere opciones y alternativas y ayuda a las partes a valorar las consecuencias de sus elecciones y a guiarlas en las tentativas hacia la asunción de decisiones informadas.

Como puede apreciarse, el modelo atribuye al mediador funciones que otras escuelas le vedan y que se podrían descomponer en las siguientes fases:

Una fase *puramente técnica*, puesta de manifiesto en lo que se refiere estrictamente a la conducción del proceso, en la administración del mismo para hacerlo progresar a través de sus distinas etapas y en el manejo de los recursos.

Una fase *mayéutica*, en el sentido que Platón le daba con relación a sus discípulos: alumbrar lo que ellos tienen sin saberlo.

Una fase *sintetizadora* del conflicto, que obrará a modo de traducción de las opciones de las partes frente al conflicto a la luz de:

- El respeto de los derechos de los implicados no representados.
- La reflexión sobre las consecuencias legales, económicas y emocionales.
- La base motivacional de los pedidos.
- La clarificación de las intenciones, para impedir los conflictos originados en la mala interpretación de las mismas.
- La proyección de la solución en el futuro, para, a su vez:
  - El análisis de su efectiva practicidad.
  - El análisis de su grado de equidad.
  - El cotejo objetivo de las soluciones propuestas con la realidad económica, social y, en su caso, familiar de las partes.

Una fase de *promotor de alternativas*. En esta faz se debe anotar una prevención: el mediador deberá obrar cuidadosamente para no inducir ni presionar de forma moral, oculta, capciosa o encubierta, limitándose a fijar puntos de arranque originales para permitir la reflexión de las partes utilizando el criterio de privilegiar lo realizable sobre lo teóricamente ideal.

Para la concepción que este modelo tiene de la intervención del mediador es irrelevante la diferenciación entre dirección del proceso y solución del conflicto.

Ello es así porque mientras el proceso es movilizado técnicamente va contemporáneamente modificando discursos dominantes, lógicas, metáforas y fundamentos de las partes.[28]

La persona del mediador, a su vez, se inscribe en el proceso mismo, co-construyéndolo con ellas.[29]

Perfila así, nuevamente, un rol diferenciado de otros operadores, para cuyo ejercicio integra la red grupal pero que al mismo tiempo le demanda el retorno autoobservativo y autocrítico como operaciones destinadas a la creación de los metapuntos de vista que le permitan diferenciarse del conflicto y de las partes,[30] facilitando el análisis y la identificación de las cuestiones, posiciones, intereses y necesidades.

Como veremos al hablar de la neutralidad del mediador, en el siguiente punto, el modelo que proponemos lo incorpora como parte de un sistema que le asigna tareas tales como la deconstrucción del conflicto y la co-construcción de una nueva narrativa que conduzca a las partes a tomar decisiones responsables que podrán o no implicar poner fin a la disputa.

1.8.1. Por un *tercero neutral*.

El desarrollo del concepto de neutralidad[31] en mediación pone de relieve las finas y delicadas conexiones relacionales que conforman el grupo que el mediador integra, en la medida en que, como hemos visto, éste tiene una función de deconstrucción del conflicto y de co-construcción de alternativas con las partes.

Para esta co-construcción, el mediador debe poner al servicio del proceso dos capacidades:

a) La *imparcialidad*, que incluye la ausencia de fuertes valores o ideologías del mediador y la capacidad de no favorecer, con lo que ningún conflicto tiene el término neutralidad.

b) La *equidistancia*, que se refiere tanto a la simetría, esto es, a la existencia de la misma distancia entre el mediador y cada una de las partes, como a la capacidad de colaborar con ellas para que puedan expresar sus puntos de vista, para hacer «fluir posiciones» en busca de equilibrar poderes, con la que sí se enfrenta lo neutral, porque para lograr este objetivo debe por momentos alentar o acercarse a una de las partes, lo que puede verse como una alianza con ella por la otra parte.[32] Cuando esto ocurre, el mediador se ve precisado a enfatizar su neutralidad en el sentido de imparcialidad, lo que conduce a la fase inicial.

Esto conduce a un circuito donde cada fase de actuación del mediador encierra una autocontradicción que provoca la llamada «paradoja de la neutralidad» en la práctica de las dos capacidades exigidas al mediador.[33]

Mi interpretación de la paradoja conduce a elaborar el cuadro ilustrativo de la página siguiente.

Cobb, Miller y Rifkin dicen que la neutralidad ha sido considerada como:

a) Un medio para llegar a un fin. Desde este punto de vista, se la considera como un paso necesario para la resolución del problema.

b) Un fin en sí misma.

Es la cualidad que el mediador debe obligadamente tener para garantizar un proceso justo.

Cuando se la toma en el primer sentido se simplifica enormemente el proceso dinámico de la comunicación: las interacciones comunicacionales son vistas como vehículos para la transmisión de mensajes y los mediadores funcionan como simples mensajeros que resaltan elementos tales como la secuencia de los turnos o el contacto visual, poniendo más el acento en los mensajes individuales que en el proceso global de comunicación interpersonal y en la índole interactiva de la narrativa.

Así, el nexo de la conducta se ubica en los rasgos psicológicos de cada uno de los individuos y, dentro de estos términos, «un buen mediador es alguien que puede suprimir sus propios sentimientos y aun así alentar a otros, permanecer frío pero brindar apoyo, conservar la objetividad pero determinar el curso de la sesión».[34]

El giro que permite intentar la superación de la paradoja consiste en sostener que toda comunicación humana puede ser entendida como una historia o narración (Fischer, 1985). La narración se refiere al modo en que las historias se enlazan entre sí y, en el contexto de la mediación, permite redefinir el papel del mediador como administrador del proceso de narración.

La narración incluye y explica la naturaleza íntima de la mediación y lo que hace un mediador exitoso es facilitar la producción de narraciones coherentes, lo que significa aceptar que es un participante activo en la co-construcción de la narrativa y que no todos los participantes tienen iguales posibilidades de acceso al proceso de narración.

Los problemas ligados a identificar y manejarse con el punto de vista de los litigantes queda eliminado cuando los mediadores pasan a concentrarse en el proceso combinado de la narración.

La superación de la paradoja podría ilustrarse, entonces, de la siguiente manera:

| De: | | A: |
|---|---|---|
| | • Neutralidad. | |
| Como medio. | | Como fin en sí misma. |
| | • Interacción comunicacional. | |
| Mera transmisión De mensajes. | | Interacción en la Narrativa. |
| | • Interroga sobre: | |
| El por qué de las conductas. | | El modo en que el mensaje juega en la construcción de la realidad. |
| | • Nexo conductivo. | |
| Los rasgos psicológicos de cada parte. | | Las prácticas observables a través de las narrativas. |

Así resignificada, la neutralidad puede verse como una práctica en las narrativas que lleva a la participación.

Desde allí, produce cambios en el nivel de la forma como las personas se aproximan al conflicto y en el del conflicto mismo.

Evita el polo psicológico del término, cuyo peligro es que conecte al mediador con su propio medio intrapsíquico y le impida trabajar con *lo que la gente dice* para llevarlo a lo que él atribuye que dice.

Con Sara Cobb diremos, pues, que «la neutralidad, en mediación, es la práctica de la multiparcialidad destinada a crear las mismas condiciones en el discurso».

1.8.2. Que no tiene *autoridad decisional*.

Cuando decimos esto, lo hacemos en el sentido de autoridad dentro de un aparato institucionalizado, al tiempo que afirmamos la autoridad que deriva de su capacidad de transformar las motivaciones e intereses conflictivos en instrumentos de cambio para encontrar soluciones.

El mediador es un agente del cambio y, como tal, es un operador que debe conocer cómo se produce el cambio en las personas y en la interacción grupal.[35]

1.9. *Es un proceso que busca soluciones* de recíproca satisfacción subjetiva y de común ventaja objetiva para las partes

Lo subjetivo y lo objetivo deben ser contemplados a la luz de la conciencia que las partes tengan del conflicto y de las metas perseguidas por ellas, respectivamente, en los términos de la teoría del conflicto adoptada como soporte del modelo.[36]

Esta suerte de registro de la situación conflictiva así como de su alcance, que hace a la subjetividad, se conecta íntimamente con los objetivos perseguidos por las partes[37] que, a medida que se desplazan de lo concreto a lo simbólico o de uno u otro a lo trascendente, van marcando el índice de dificultad en la búsqueda de soluciones.[38]

## 2. Posibilidades de la mediación

2.1. *Disminución del índice de litigiosidad. Aumento de la paz social*

La propiedad de equilibrar el poder entre las partes, como se ha señalado en supra 1.3.1, establece condiciones óptimas para lograr negociaciones exitosas y acuerdos duraderos, lo que se refleja en la disminución del índice de litigiosidad y el aumento de la paz social.

Es por ello que se puede pensar la mediación como un proceso para provocar cambios a largo plazo, individuales y sociales.

Los procesos de resolución por consenso, como la mediación, son capaces de producir cambios en varios niveles:

- En el nivel de la comunicación, que se ve favorecida y facilitada.
- En el nivel de la estructuración de los datos de la realidad externa, a través de su procesado en el marco de un método dirigido y altamente estructurado.
- En el nivel de la disposición y del empeño personal hacia la búsqueda de soluciones integrativas del interés grupal (Calca-

terra, 1995), por encima del interés individual y excluyente del de los demás.

*2.2. Por todo ello resulta innegable la potencialidad terapéutica que tiene la mediación*

Si bien el proceso de mediación se diferencia claramente de la psicoterapia,[39] las intervenciones del mediador, en nuestro modelo, requieren una parte importante del bagaje teórico operativo utilizado en el abordaje de los conflictos vinculares o de las relaciones disfuncionales.

Como ya se ha destacado, el proceso comunica a las partes una suerte de competencia social, en el sentido de capacidad para resolver problemas futuros, basada en la limitación de la inclinación a delegar responsabilidades en la toma de decisiones y en hacerse cargo de ellas. Esto implica la incorporación del ejercicio de la autodirección de las propias elecciones de vida.

Comunica una especie de «inteligencia social» que es una suma de habilidades para tener relaciones interpersonales que permitan alcanzar objetivos prefijados y resolver problemas humanos.

Enseña a individualizar, corregir y modificar los mecanismos de atribución de responsabilidades que cada parte hace a la otra en el conflicto, propiciando una reorganización más estable y duradera de la estructura relacional (Ross y otros, 1969: 279-288).

En el proceso que propongo, la etapa de deconstrucción del conflicto[40] incluye la delicada actividad que tiene que ver con la determinación de las metas conflictivas de las partes, en el sentido de distinguir las pretensiones concretas de aquellas dirigidas por lo simbólico y/o lo trascendente (véase nota 37).

A su vez, la reestructuración de la relación y la reformulación de roles a las que el proceso apunta,[41] ayuda a individualizar, corregir y modificar aquello por lo que cada parte responsabilizaba a la otra en la trama del conflicto.

La legitimación del otro y la alteración de las pautas interaccionales,[42] que constituyen las dos finalidades esenciales de la intervención del mediador en proceso y contenido, tienen directa influencia sobre los aspectos o variables de la interacción en términos de la Teoría del Conflicto,[43] lo que alienta la adopción de modelos relacionales más funcionales y, por lo tanto, tiene potenciales terapéuticos.

Si bien una de las tareas del mediador en aquellos casos de alto compromiso emocional es evitar el deslizamiento de contextos desde la mediación a la terapia, que desnaturalizarían el proceso mismo, distintos autores señalan el valor intrínsecamente terapéutico de la mediación (Haymes, 1984: 3-15; Kelly, 1983: 33-44).

En fin, la eficacia terapéutica de la mediación descansa en el sistema de atribución de responsabilidades, que consiste en responsabilizar a las personas por las soluciones y no tanto por los problemas.[44]

2.3. *Otra posibilidad de la mediación es llevar alivio a la sobrecarga judicial y, por su bajo costo, ensanchar la base de acceso a la justicia*[45]

## 3. Límites de la mediación

Se trata de reflexionar aquí acerca de las autoexclusiones que el proceso mismo debiera imponerse respecto de determinados conflictos o características personales de las partes que demandan el servicio de mediación, autolimitación que tiene la doble finalidad de protección tanto de los usuarios como de los mediadores.

3.1. *El primer punto se refiere a los casos de violencia*

Se discute sobre el alcance de la mediación en estos casos. Nina R. Mierdring, mediadora de Ventura, California, E.E.U.U., dice que muchas veces los mediadores mediamos casos de violencia sin saberlo, porque existe larvada o es ocultada por las partes. En su experiencia, después de negarse a tomar casos que involucraban violencia, las mismas partes le revelaron su disgusto por esta posición alegando que se les negaba una oportunidad.

La mediación en casos de violencia ha sido vista como un contexto adecuado para negociar el perdón, institución cara a los valores del cristianismo, conjugando estos valores con la filosofía de la mediación, sobre todo familiar, recordando la carta de San Pablo a los Corintios (véase 6: 1-4).

3.2. *Los casos de abuso y violación plantean serios dilemas y comprometen principios generales del Derecho Penal, como el carácter sancionatorio que éste tiene.*

Sin embargo, se advierte ya una reacción a favor de la mediación a partir de la llamada mediación reparatoria.[46]

En junio de 1988, la Ley Programa de Resolución de Disputas de California, EEUU, expandió el programa piloto de mediación que, para los casos de abuso, descuido y dependencia de menores, venía practicándose desde el año 1983. En el Apéndice incluyo el Programa completo en base al material que recogí personalmente en una visita que hice a la Corte Superior del Condado de Los Ángeles, cuya lectura atenta aconsejo.

3.3. *Finalmente, sólo dejaré planteado aquellos casos que involucran a partes con patologías emocionales graves, ya que su desarrollo excede la finalidad de este libro y requiere de un análisis pormenorizado de cada caso*

En todos estos casos, creo que un elemento básico a tener permanentemente en cuenta es evitar el deslizamiento de contextos, es decir, que el proceso de mediación no ocupe espacios que son de intervención obligada de otros, como, por ejemplo, de lo judicial y de lo terapéutico.

## 4. Elementos condicionantes del proceso

Resulta útil referirse a ciertos elementos que operan como condicionantes tanto de la posibilidad de que un conflicto ingrese en el proceso de mediación, como del proceso mismo.

4.1. *El primer elemento al que me referiré es el relacionado con la medida del reconocimiento del conflicto por las partes o, para decirlo con el lenguaje propio de la Teoría del Conflicto que es soporte de este modelo, con la conciencia que ellas tengan de él.*

Desde una mirada simplista, se podría decir que si este elemento está ausente por completo, o sea, si las partes no perciben de manera alguna la existencia de un conflicto, experimentarán incomodidad, algún grado de molestia y frustración en la relación con el otro pero no registrarán la necesidad de una instancia de resolución y ello obrará a modo de obturación de la posibilidad de que el caso ingrese en la mediación.

Pero en cuanto se ingresa en el tema de la conciencia, que constituye uno de los planos de análisis del conflicto según la Teoría del Conflicto, se advierte la necesidad de efectuar otro tipo de consideraciones.

Entelman (Papel de Trabajo, n.º III, 1) se refiere a ello destacando, por un lado, que el tema de la conciencia que las partes tengan del conflicto que las enfrenta es un elemento fundamental del mismo pero, por el otro, la dificultad que existe para dar explicaciones claras acerca de lo que se llama «conflicto objetivo» y «conflicto subjetivo».

Señala el autor que, si no se recurre a una clarificación de las diferencias entre la conciencia subjetiva de los actores y la realidad externa de la incompatibilidad de metas, resulta dificultoso entender algunas distinciones doctrinarias.

Frente a esas dificultades, el tratamiento que del tema hace Kriesberg (1977) le parece el más pedagógico. Consiste en distinguir, por un lado, la índole de las situaciones objetivas entendiendo por tales las relaciones entre los actores y, por el otro, la creencia de tales actores sobre la índole de la situación objetiva.

Las situaciones objetivas se clasifican, a su vez, en:

a) Conflictivas
b) No conflictivas.

A su turno, respecto de dos actores puede ocurrir que:

a) Los dos creen que una situación es de conflicto;
b) Los dos creen que una relación no es de conflicto;
c) Uno de ellos cree que es de conflicto y el otro cree que no lo es.

A partir de esas clasificaciones, uno se encuentra con seis supuestos:

1. La situación objetiva es conflictiva y los dos creen que existe un conflicto;

2. La situación objetiva es conflictiva pero mientras una de las partes lo cree la otra no;

3. La situación objetiva es conflictiva pero ninguna de las partes cree que existe conflicto;

4. La situación objetiva es no conflictiva pero los dos creen que existe un conflicto;

5. La situación objetiva es no conflictiva pero mientras una de las partes lo cree la otra no;

6. La situación objetiva es no conflictiva y ninguna de las partes cree que existe conflicto.

El supuesto 1 no presenta dificultades porque no demanda necesidad de concienciar, lo que no excluye el análisis de la naturaleza del problema y la metodología a utilizar para su manejo y resolución.[47]

El supuesto 6 no ofrece comentario ya que se da como una mera posibilidad lógica para la coherencia del sistema.

Distintos son los supuestos 2 y 3, ya que, sea una o ambas partes la que no advierte la situación conflictiva, la primera función del operador será concienciarlos. Este es un punto que distingue a la mediación de la negociación, ya que, en ésta, no está el tercero que asiste a las partes y puede cumplir la tarea de concienciar que es el presupuesto para iniciar el camino que intentará la resolución. Con esto queda dicho, entonces, que el plano de la conciencia es un requisito esencial de la negociación que hace a la existencia misma de ella; en cambio, en mediación, ella hace a las condiciones en que el proceso se desarrolla y a las tareas del mediador. Para hacer absolutamente comprensible este punto, diré que el plano de la conciencia hace que existan conflictos en los que la mediación puede abrir la posibilidad de una negociación que, por sí misma, no se daría.

El supuesto 4 en que ambas partes cree que existe un conflicto que no es tal en la situación objetiva, parece no ofrecer problemas; sólo habría que convencerlas de que tienen percepciones erróneas de la realidad y de que sus metas no son incompatibles. Pero ¿qué quiere decir que aunque ambos actores crean que su relación es de conflicto ella no lo es en la realidad? Ya hemos visto que el conflicto está en la forma de percibir de las partes y, en este sentido, el conflicto es «como si» fuera real. Claro está que el mediador contará con el elemento facilitador que le aporta la ausencia de metas incompatibles.

Finalmente, el supuesto 5 se asemeja a 2 y 3 pero al revés y, con respecto a aquella parte que cree que la relación es conflictiva, cabe el mismo comentario que en el supuesto 4.

### 4.2. *El segundo condicionante tiene que ver con la necesidad que las partes tienen de resolver el conflicto*

La necesidad de afrontar la resolución del problema puede darse espontáneamente o provocarse a través de acciones o inacciones de la otra parte, lo cual relaciona este tema con la cuestión del poder o influencia recíproca.[48]

Si bien el tema del poder o influencia recíproca de las partes es un elemento esencial condicionante para que exista negociación, y sobre ello ya volveremos, resulta muy útil enfocar el poder desde la Teoría del Conflicto para una mejor comprensión de lo que estamos sosteniendo.

### 4.3. *El tercer condicionante se refiere a la elección del contexto, es decir, a que las partes elijan la mediación como forma de afrontar sus diferencias*

La elección de la mediación puede basarse en variados motivos que van desde la privacidad que el medio ofrece, hasta la convicción de que constituye un método más maduro y socialmente más evolucionado para la solución de problemas, ya que a través de él se obtendrán mayores ventajas en cuanto a la estipulación de los acuerdos, en virtud de la posibilidad de considerar de manera cierta e íntegra los valores, intereses y necesidades de las partes.

## Notas

1. Destacable experiencia en este sentido desarrolló el Ministerio de Justicia de la Nación de la República Argentina, a través de la Escuela Nacional de Mediación, en la instancia de Formación de Formadores, un espacio proyectado para «alcanzar el estudio y la reflexión de las teóricas, metodológicas y éticas de la enseñanza y el aprendizaje de una práctica

como la mediación». Elaboraciones hechas en los grupos de los que formé parte como integrante del primer curso, que comenzó el 15 de octubre de 1998, son incluidas en este capítulo, por lo que su autoría me corresponde solamente en ese carácter.

2. En el capítulo siguiente me refiero a los campos del conocimiento que he considerado implicados para la construcción de este modelo. Los he denominado soportes, en el sentido de estructura que contiene un desarrollo y que permite dar cuenta de él a partir de determinados principios.

3. La mediación es, en principio y sobre todo, un proceso que trasciende el contenido del conflicto que se pretende resolver: Folberg y Taylor (1992: 27). Otros autores incluyen el término proceso en sus definiciones de mediación: Murray, J. S. (1988); Mitchell, R. S. y Devihirst, S. E. (1990); Moore (1995); y Kovach (1994).

4. La idea de estructuración del proceso proviene de los maestros italianos Guglielmo Gulotta y Giuseppe Santi, de quienes aprendí los palotes de la mediación que me permitieron dar los primeros pasos en la búsqueda del modelo que expongo en esta obra, con el aporte de la experiencia recogida en mi práctica profesional.

5. Según el Diccionario Durvan de la Lengua Española (1966) lo formal es lo perteneciente a la forma, lo contrapuesto a esencial, aquello que tiene formalidad y ésta es tanto exactitud, puntualidad y consecuencia en las acciones como cada uno de los requisitos que se han de observar para ejecutar una cosa. Ambas se corresponden con el desarrollo y las exigencias del modelo de proceso altamente estructurado como el que proponemos en este libro y, en ese sentido, el proceso de mediación es formal.

6. El capítulo III, 10.4, tercera parte, contiene los recursos con los que cuenta el mediador para la intervención en el proceso de mediación y en el contenido del conflicto. Aquí el término recurso se utiliza para caracterizar al proceso mismo de mediación como tal. En cuanto a lo estratégico, que es una característica determinante de este modelo de proceso, adelanto –sin perjuicio de su desarrollo mayor más adelante– que lo adjetivo así por el ordenamiento de las etapas de las que se compone y por la conexión que entre ellas organiza para la consecución de un fin.

7. Tercera parte, pasaje 11. La historia alernativa es el recurso de que se vale el mediador para presentar a las partes un enfoque diferente del conflicto a partir de las historias que cada una de ellas ha traído a la mediación. Es una elaboración del mediador mediante la cual trata de desestabilizar las historias que las partes cuentan acerca del conflicto y modificar así las percepciones que tienen de él. Con Marinés Suárez (1996) diremos que «la mejor historia alternativa no es la que sea más real, sino aquella que permita mayores aperturas, que dibuje más puertas, que abra más caminos para que las partes puedan comenzar a negociar, para que

recuperen esa capacidad perdida, que había quedado como encarcelada dentro de las historias previas».

8. Lo define como la relación entre la convicción que se tiene acerca del derecho propio y el reconocimiento de la voluntad del oponente sobre el bien o derecho en disputa.

9. Lo define como la intensidad de la obligación que impone a las partes la resolución que señala el fin del conflicto y, también, la obligación que impone el solo hecho de las negociaciones de no llegarse a un epílogo formal.

10. Coob (1991) dice que la mediación es un proceso con implicancias políticas a nivel micro, entre las que se encuentran involucrados el poder y la ideología. La misma autora sostiene (1994) que el poder viene de la legitimidad de la autoridad del que deriva el caso a la mediación. Una fuente de poder sería, por ejemplo, la del juez que envía el caso o la del profesional de confianza que aconseja este medio a las partes en disputa. El mediador debe invocar ese poder (ej. «estoy aquí con ustedes porque los derivó el juez de la causa» o «el/la Dr./a/Lic. considera adecuado este proceso para ustedes»). El poder también proviene de la capacidad del mediador para construir una realidad junto a las partes que reencuadre el conflicto, aunque considera que este poder es limitado.

11. El protagonismo de las partes es considerado como elemento de la definición del proceso de mediación: Gómez (1992: 46).

12. Uso el término «competencia social» en el sentido de capacidad de los individuos para resolver problemas.

13. Considero la tarea de desarmar la «fantasía del otro poderoso» en quien depositar el poder de resolver conflictos ajenos como una tarea del mediador que se inscribe en el cambio de paradigmas de fin de siglo y como objetivo ético.

14. Se ha señalado que la búsqueda del equilibrio de poderes entre las partes compromete la neutralidad del mediador, ya que, en esa búsqueda, por momentos deberá movilizar recursos «a favor» de aquella parte más débil o menos poderosa. Por ejemplo, si una de las partes tiene dificultades para expresar su posición o hacer explícitos sus intereses, el mediador deberá ayudarla a hacerlo y esto puede verse como un movimiento que él hace «a favor» de esa parte. En infra 1.8.1. se desarrollará la resignificación del término neutralidad con el cual sostengo que se supera el reparo citado, pero, por ahora, sólo diré que entiendo el equilibrio de poderes como el hacer del mediador que permita a las partes disponer de las mismas oportunidades a nivel del discurso que, como se adelantó, es en el nivel donde opera este proceso.

15. A mi criterio, el éxito en mediación consiste en lograr un nivel adecuado de comunicación entre las partes que permita un intercambio apto para la negociación.

16. Las soluciones más estables son aquellas a las que las partes han arribado con consentimiento informado y desde un espacio de legitimación social. La legitimación de las partes en el proceso es otra tarea básica del mediador. En el Estado de Colorado, EEUU, los estudios señalan que los acuerdos logrados en mediación se cumplen más que los logrados en los tribunales, porque la mediación provee un contexto donde los patrones de la interacción son reconstruidos.

17. Para una lectura sintética de las etapas del proceso de mediación, con sus estadios, véase el Índice y el Apéndice 5.

18. Utilizo aquí el término acuñado por Humberto Maturana.

19. El abordaje del conflicto a partir de las historias que cuenta la gente es el núcleo del Modelo Circular Narrativo de Sara Cobb. Marinés Suárez incluye en su obra ya citada, páginas 192 a 198, los aportes de la teoría de la narrativa al modelo. A su vez, Diez, F. y Tapia, G. (1999: 59), parten de reconocer «que la mediación es un proceso conversacional». En todos estos sentidos está utilizado el término discurso en el atributo del proceso que trato en este punto, pero enfatizo aquí la importancia que tiene reconocer que la mediación es un proceso conversacional, porque el discurso abre espacios que son relacionales y es precisamente en ese espacio donde se juega la mediación. Las tecnologías y lo referido al análisis del discurso y a la intervención del mediador en el proceso de mediación y en el contenido del conflicto discurso, así como las reglas para la interpretación de las narrativas que se desarrollan en la Tercera parte, capítulo III, 9 y 10, tienen por objeto mantener el proceso en el nivel del discurso.

20. Balbi, E. R. y Crespo, M. F. (1997) se refieren a la percepción como a la lectura que de la realidad hace cada actor, deducida a través de los actos, intencionalidad y conductas, entre otros aspectos, ejecutadas o esperables, del actor analizado. Sobre la teoría de las percepciones volveré en el capítulo II, 2.2.

21. «En las situaciones de conflicto, la narrativa que es contada en primer término fija una estructura y crea el tema principal que condiciona a la segunda narrativa, la cual funciona como subtema del tema principal. Es a esto a lo que se refiere Sara Cobb cuando habla de la colonización de las narrativas en el proceso de mediación» Suárez (1996: 195). A su vez, Diez, F. y Tapia, G. (1999: 59), dicen que «hay una suerte de retroalimentación constante entre la relación conflictiva de las partes, las pautas de interacción que la estructuran y las historias en que se expresan».

22. Integra el trabajo del mediador con el manejo de uno de los aspectos del poder entre las partes. En supra, nota al pie 14, se relaciona este tema con el concepto de neutralidad resignificada, pero digamos aquí que, para este modelo, la neutralidad del mediador se expresa a través de pre-

disponer el proceso de forma tal que cada uno tenga las mismas oportunidades en el discurso para desarrollar «su» historia.

23. En contraposición a los procesos de resolución por adjudicación, como el litigio y el arbitraje.

24. Esta metodología que permite conjugar las cuatro patas del conflicto –objeto, encuadre, partes y director– ubican a la mediación como uno de los medios de resolución más sintónico con la problemática, a la vez que señala una ventaja con relación a otros medios, cuyas respectivas naturalezas y estructuras les impiden ser tan abarcatorios.

25. Este tema tiene íntima vinculación con las cuestiones de ética en el ejercicio de la mediación. Apéndice 1.

26. Que conforman la estructura de la narrativa. Supra 1.6.1.

27. En el modelo circular narrativo de Sara Cobb la elaboración de la historia alternativa es el punto central. Las partes, en general, vienen a la mediación con historias muy cerradas; son historias que han estado contando todo el tiempo y en ellas encuentran su identidad. Abrir estas historias para encontrar otras alternativas de análisis, otras bases desde las cuales comenzar a negociar es una tarea difícil pero altamente efectiva. Cobb ubica la elaboración de la historia alternativa como tercer estadio dentro de su diseño de sesión de mediación. Para ampliar sobre este tema puede verse Suárez, 1996. Esta autora ve la historia alternativa como una técnica.

28. Con Gulotta y Santi pienso que tanto la solución del conflicto como la dirección del proceso «son procesos convergentes porque tratan el realineamiento de los intentos y los comportamientos, si bien una lo persiga en mayor medida que la otra. La solución crea una asonancia perceptiva y una uniformidad de intentos, mientras la dirección realinea las divergencias, tanto que basta reducir la posición antitética asumida por las partes, hasta el punto en que no se ocasionen un daño recíproco y poder permitir, en consecuencia, un progreso hacia el acuerdo», Gulotta, Santi, (1988: 87). Despunta, con ello, la indudable potencialidad terapéutica de la mediación que incluye la contención, la circunscripción y el control del conflicto (Ikich, 1973).

29. Como se ve, patrocinamos el rol del mediador como co-constructor del proceso, lo que modifica su grado de involucración con relación a las teorías que lo ven como un mero administrador del tráfico de la comunicación entre las partes.

30. El pensamiento complejo, que según veremos en el capítulo II.5 constituye uno de los soportes de este modelo, incluye el conocimiento del observador sobre sí mismo como una condición para conocer lo que observa.

31. Cobb, Miller y Rifkin (1990) dicen que la neutralidad es un concepto central en la retórica general de las técnicas de resolución de conflictos

pero que casi no existen investigaciones empíricas que brinden pautas a los profesionales acerca de cómo «aplicar» la neutralidad y que, en parte, esta carencia se explica por la propia ideología de la mediación, que eleva la confidencialidad a tales niveles que desalientan la realización de análisis empíricos. Por otra parte, los mediadores son muy adeptos a describir su práctica en términos de neutralidad, pero están mucho más limitados para dar cuenta de ella teórica o empíricamente.

32. Las mismas autoras sugieren que la neutralidad, tradicionalmente y a partir de la literatura sobre mediación y de datos propios de sus investigaciones, se entiende como la combinación de dos cualidades que el mediador debería estar en condiciones de aplicar, cualidades cuyas designaciones los mediadores asimilan al término neutralidad:

a) La imparcialidad, que citando a A. Davies (1986), se definiría como la capacidad de interactuar sin tener en cuenta sus propios sentimientos, valores o programas.
b) La equidistancia, que según E. Odom (1986), se entendería como la capacidad del mediador para colaborar con las partes en disputa a fin de que puedan expresar sus «puntos de vista» sobre el caso.

La equidistancia opera en la medida que el mediador puede asistir en forma pareja a cada persona. En contraste con la imparcialidad, donde la neutralidad se entiende como la capacidad de suspender el juicio crítico, la equidistancia es un proceso activo en el cual la parcialidad se aplica a generar condiciones de simetría. A pesar que, por definición, son obviamente contradictorias, sostienen que no son acepciones de la neutralidad que se excluyan entre sí.

33. Según el trabajo de investigación citado, la paradoja de la neutralidad se basa en una secuencia interactiva, en la que el mediador contradice sus propios mensajes sobre un mismo punto. La secuencia consiste en cuatro pasos, cada uno de los cuales conduce lógicamente al siguiente y el cuarto retorna directamente al paso inicial. De este modo, los mediadores se ven comprometidos en un proceso en el que envían mensajes contradictorios a los litigantes, a la vez que no disponen ellos mismos de fundamentos claros para manejar los problemas descritos, que pueden originarse en un escenario de estas características.

34. Ob. Cit.

35. «El cambio es un proceso que requiere una estrategia que contiene fases de intervención sucesiva con recursos múltiples acordes al estilo personal de cada uno o de las características del grupo» (Peyru, 1994).

36. Si bien el estudio del conflicto se remonta a la antigua Grecia y su evolución puede seguirse a través de distintas culturas, hace cuarenta años

se ha iniciado una búsqueda por toda Europa y EEUU que ha producido toda una actividad científica, de investigación multidisciplinaria, que ha cobrado gran desarrollo y progreso. De acuerdo al contexto en que la investigación se realice lleva el enfoque de cada disciplina; tenemos así una antropología del conflicto, una psicología sociológica conocida como teoría del conflicto» (Entelman, Remo F. «Abogacía y conflicto», Papel de Trabajo número 1). Desde ella, la teoría analiza el conflicto en sus dimensiones, una de las cuales corresponde al plano de la conciencia (Primera parte, capítulo I, 4.1). El mismo autor en «Análisis del conflicto», Papel de Trabajo número 3, dice que desde los sociólogos más tradicionalistas como Max Weber hasta los más modernos, como Coser, Park, Burguess y Boulding han distinguido entre conflicto objetivo y subjetivo.

37. En cuanto a las metas u objetivos conflictivos, distingue entre concretos, simbólicos y trascendentes según se persiga su valor material, lo que el objeto representa o la relación que tenga con los principios sostenidos por las partes: «Llamamos concretos a aquellos más o menos tangibles que de una u otra manera son susceptibles de ser pensados como divisibles. Esos objetivos tienen la característica de que su obtención importa la automática satisfacción de las pretensiones de quien conflictúa por ellos. Ello es así porque en tales objetivos el valor que la parte les atribuye, económico o de cualquier otra naturaleza, es inseparable del objeto mismo (...) Objetivos simbólicos son aquellos en los que en realidad el objetivo no es la última meta deseada por el actor en conflicto, sino más bien un representante de otro, lo cual convierte en muy difícil definir la relación entre el objeto y su valor, entre el objeto o situación depositaria del valor y el valor mismo (...) Por último, llamamos objetivo trascendente a aquel en el que en realidad puede decirse que el valor mismo está puesto como objetivo, porque no se divisa que esté anexo a un objeto tangible ni divisible (...) porque lo que está en juego allí no es ni el monto a cobrar ni el bien a recibir (...) sino un principio cualquiera (Papel de Trabajo n.º 4, págs. 21 a 24).

38. En un reclamo de alimentos una meta concreta del alimentado es una suma de dinero determinada que satisface al que reclama y que, obtenida, pone fin al reclamo. Se transforma en simbólica cuando el reclamo aparece como de una suma de dinero pero, en realidad, la satisfacción no está dada por la suma de dinero en sí misma sino por lo que ella representa para la parte que la pide. Esta meta es trascendente cuando el reclamo se hace «para hacer justicia», por ejemplo.

39. El proceso de mediación se diferencia del proceso terapéutico por: a) La estructura: el proceso de mediación que propongo tiene cinco etapas, diez estadios y veintiún pasajes; todo proceso terapéutico tiene tres etapas, la diagnóstica, la de fijación de objetivos según el modelo teórico y la aplicación de las técnicas; b) La finalidad: el proceso de media-

ción no consiste en el examen de las dinámicas intrapsíquicas o en los cambios terapéuticos de los modelos interaccionales; está dirigido al problema en cuestión, orientado a las tareas concretas más que a las causas psicológicas de la disputa; c) Los roles: en el proceso terapéutico gravita de manera decisiva el poder de análisis del terapeuta y, de esa forma, el proceso está sostenido por él; el proceso de mediación es dirigido por el mediador pero está sostenido por las partes.

40. Corresponde al cuarto estadio del proceso y sus objetivos son el análisis del desarrollo del conflicto y la identificación de las cuestiones, posiciones, intereses y necesidades de las partes.

41. Corresponde al quinto estadio del proceso y sus objetivos son la redefinición de la interacción entre las partes y del contexto en que el conflicto se actúa.

42. Corresponden al décimo pasaje del proceso.

43. Entelman, Remo F. Papel de Trabajo, n.º IV, págs. 10-17. El autor se refiere aquí a las investigaciones de Mansbach y Vázquez que describen tres aspectos de la interacción cooperación-conflicto que no se presentan como los únicos, sino como los más significativos. Dichas variables de la interacción son:

- Acuerdo versus desacuerdo.
- Realización de actos positivos versus actos negativos.
- Amistad versus hostilidad.

La primera variable pertenece al plano de la conciencia intelectual, la segunda a la esfera volitiva y la tercera a su plano afectivo. Asimismo, las dos últimas tienen que ver con la conducta y las actitudes de los actores, mientras que la primera se vincula a la inteligencia puesta por éstos respecto de los temas y objetivos con relación a los cuales interactúan. En el plano del acuerdo y del desacuerdo habrán de darse los intercambios que posibiliten las soluciones negociadas por los actores a través de la participación de terceros. La realización de actos positivos y negativos actúa como un directo inductor en el aumento o disminución de los niveles de amistad u hostilidad y, a su vez, las actitudes de una o de la otra tienen una incidencia directa en la generación de aquellos actos y en la obtención de acuerdos o en la producción de desacuerdos.

El predominio de la hostilidad o de la amistad tiene directa relación con la interpretación que cada actor hace de las intenciones o motivaciones de los otros. Cuando son de nivel amistoso se tiende a interpretar los actos del otro como accidentes, malos entendidos o acciones impulsivas. Cuando la relación es hostil todos los actos del otro son vistos con desconfianza, recelo o por lo menos sospechosos de albergar segundas intenciones.

44. El proceso judicial, por ejemplo, opera sobre bases diametralmente opuestas, porque mientras atribuye a las personas la responsabilidad por los problemas adjudica a un tercero –el Juez– la solución.

45. No sólo al sentido restringido del término, es decir, al sistema organizado por el Estado a través del Poder Judicial (los estudios realizados en los EEUU señalan que el acceso a los tribunales está limitado por dos factores: costo y tiempo) sino también en sentido amplio, como posibilidad de acceso a una práctica democrática y docente que, en lo social, moviliza habilidades que la gente adquiere para solucionar conflictos futuros que evita la necesidad de recurrir a los tribunales.

46. Neuman (1997) refiere que, en 1987, el Comité de Ministros de los Estados Miembros del Consejo Europeo, dio a conocer la recomendación R. (87) 18, que sugiere, para los conflictos penales de escasa importancia, la adopción del principio de oportunidad, los procedimientos simplificados y la transacción. En Bélgica, organizaciones como la Asistencia Social Judicial Lovaina, ofrecen sus equipos por separado para la asistencia del delincuente y la víctima. Desde el 1 de mayo de 1994 el mediador se ha convertido en un miembro del equipo del Centro de Lovaina. La mediación para la reparación se establece tan pronto como fuere posible y se trata de relacionar al delincuente con su víctima para que busquen ambos una forma de desarrollo para la solución. Ambas partes involucradas en la experiencia de mediación ven un tipo de «justicia» diferente del que esperaban. Tienen el sentimiento de que ellos mismos están creando justicia en vez de recibir justicia. En España, la reparación a víctimas de hechos que caen bajo la éjida del Código Penal, se inició en Cataluña. La ley estadual LO4 incluye en su regla 6.ª el trazado de nuevas estrategias no tradicionales para desjudicalizar las causas. Así, se han implementado diversos programas que van desde el pedido de disculpas hasta la conciliación en sí, la reparación económica, trabajo o actividad concreta para el perjudicado o para la comunidad. En Valencia funciona la Oficina de Ayuda a la Víctima del Delito en la que un equipo interdisciplinario realiza mediaciones e intenta lograr acuerdos voluntarios sobre la base de la reparación de la víctima y la resocialización del autor del ilícito. Programas de esta naturaleza, y por la atención que le está prestando el Consejo General de Poder Judicial, existen en Barcelona, Palma de Mallorca, Alicante, Bilbao, Castellón, Las Palmas de Gran Canaria, San Sebastián y Elche. En Estados Unidos existe desde antiguo la llamada justicia negociada o pactada (*plea bargaining*) entre el Ministerio Fiscal y el abogado de la defensa. Una vez que se conoce la imputación, se puede pedir para el imputado el *pleading*, a fin de que se pronuncie sobre su culpabilidad. Si se confiesa autor del delito y se comprueba la voluntariedad de la declaración, se fija una fecha para la sentencia y se aplica una pena reducida en razón del acuerdo entre las partes. El

*plea bargaining* ha sido adoptado por Holanda e Inglaterra e igualmente por Austria en lo que se refiere al uso y tenencia de drogas. En Brasil, a partir de la ley 9099 del 26 de septiembre de 1995, el Ministerio Público puede disponer de la acción pública que le compete en las hipótesis previstas de modo taxativo en la ley. El fiscal tendrá que accionar dentro de parámetros alternativos, pero el art. 62 de la ley, al tiempo que rescata a la víctima del olvido, la ubica como objetivo central al decretar la reparación de los daños sufridos por ella y la aplicación de pena no privativa de libertad.

47. Estos recaudos aportan a la confiabilidad y a la credibilidad del servicio de mediación. Señalo esto porque el entusiasmo por imponer este método ha hecho incurrir en una sobreventa del mismo, como si para todo conflicto el mejor contexto fuera la mediación o, dicho en otros términos, que todo conflicto sea mediable.

48. Entelman, Remo F., Papel de trabajo III, pág. 13. En el término poder incluye todos los recursos de conducta conflictiva de que cada una de las partes dispone para motivar a la otra en sentido coincidente con sus metas. Quiere decir, entonces, que no son solamente recursos materiales lo que da la medida del poder, sino también aquellos de otra índole como emocionales, sentimentales, etc. El poder debe analizarse con relación a la otra parte. No se trata de un poder absoluto sino «relativo a». El cálculo del poder no es una cuestión aritmética y se debe distinguir entre la propiedad del recurso y la voluntad de usarlo. Todo recurso y su utilización generan un costo que no es necesariamente económico.

# 2

# Hacia la búsqueda de soportes*

> Caminante, son tus huellas
> el camino, y nada más;
> caminante, no hay camino,
> se hace camino al andar.
>
> ANTONIO MACHADO,
> *Proverbios y cantares, XXIX.*

En el capítulo anterior el esfuerzo estuvo centrado en encontrar una serie de palabras que, agrupadas, nos ayudara a superar el sentido figurado que toda metáfora implica.

Allí ya se señaló que una primera cuestión, conectada con el nivel de los contenidos de un modelo que responda a una serie de postulados teóricos, que sea operativo en la práctica y posible de ser transmitido, es el interrogante sobre los saberes a incluir y de qué campos apropiarlos.

Este capítulo deberá, entonces, dar cuenta de ello, pero no podrá detenerse ahí, sino también informar del sentido que esos saberes tienen en la construcción[1] de ese modelo.

Ello se habrá de integrar con la formulación de los principios sobre los que el modelo se asienta y con la noción de sus elementos

* Los soportes del modelo son tanto los campos del saber de los que se importan conceptos como los principios que se construyen y los virajes que se efectúan a partir de esos conceptos.

funcionales y de los virajes conceptuales que surgen a partir de aquellos saberes.

Los aportes de las disciplinas implicadas en la construcción del modelo provienen de los campos del Conflicto, de la Inteligencia y de sus capítulos referidos a la Información y a su uso estratégico y a las Percepciones, de la Comunicación, del Conocimiento, del Pensamiento Complejo, del Caos y de la Negociación.

Los principios que irán surgiendo son los de Incertidumbre, Individualidad, Relación, Integración, Reflexión, Creatividad, Invención y Ecología de la Acción.

Los virajes se efectuarán de la representación a la construcción, de la construcción a la co-construcción, de las mismisidades a las diferencias, de la contradicción a la complementariedad y del programa a la estrategia.

Veamos, pues, cómo cobran sentido estos enunciados.

## 1. Teoría del Conflicto

Siendo la mediación un medio de resolución de conflictos, parece obvio entender que no se puede encarar ningún estudio serio de campos en los que el conflicto se implique, si no es a partir de una teoría del conflicto de base científica.[2]

De los conceptos soportes provenientes de este campo como interacción (véase cap. 1, 1.6.1., a), tipología del conflicto, metas u objetivos conflictivos (concretos, simbólicos y trascendentes) (véase cap. 1, n. 38), el análisis del conflicto a través de sus planos (conciencia [véase cap. 1, 4.1.], pureza, poder [véase cap. 1, n. 49], intensidad y regulación), de su dinámica (escalada y desescalada), de sus variables en la interacción (relaciones de acuerdo – desacuerdo, actos positivos – negativos y relaciones de amistad – enemistad) (véase cap. 1, n. 55) y de sus dimensiones (actoral y objetal), algunos ya se han referenciado como se indica en las notas al pie y los otros se irán introduciendo a lo largo de todo el desarrollo de este libro, para señalar la relación con cada tema y la utilidad para el modelo.

## 2. Inteligencia

### 2.1. *La Información*

La Información que maneja el mediador es el elemento clave para el manejo estratégico del conflicto.

El acopio de datos, que es la información, y su categorización y ordenamiento, que es el proceso inteligente de su procesamiento, constituyen los pasos previos ineludibles para la integración y el empleo de los mismos, que es la estrategia.[3]

Información es todo dato, hecho o circunstancia que no ha sido sometido a proceso intelectual para interpretarlo ni para obtener de él conclusiones. Es materia prima en bruto (Balbi y Crespo, 1997: 5).

A su vez, un dato es un material observable e interpretable en función de algún tema de interés. Puede ser escrito, verbal o expresado en distintos tipos de símbolos (Critto, 1982).

Ya veremos que en mediación, como en todo fenómeno complejo, estará siempre presente la incertidumbre.

Precisamente, el objeto principal del procesamiento inteligente de la información es reducir la incertidumbre.

Con la inteligencia no se trata de influir en las decisiones sino proveer del conocimiento necesario para tomarlas.

El procesamiento inteligente de la información resulta decisivo para definir el problema, analizarlo y proponer alternativas. Se refiere a la «facultad de ligar, de hallar nexos entre las cosas, de descubrir unidades subyacentes a la variedad (...) Etimológicamente, el vocablo inteligencia está referido a inter-ligare, o sea, a la función de integración, propia de la facultad racional» (Critto, 1982: 19).

La obtención de la información comprende la explotación sistemática de las fuentes, mientras que su procesamiento comprende el registro, la valorización por su pertinencia, o sea, del grado de confiabilidad tanto de la fuente como del medio por la que se obtuvo y su interpretación: análisis, integración con información afín disponible y deducción, que permite formular hipótesis y alternativas posibles y extraer conclusiones (Balbi y Crespo, 1997).

## 2.2. *Las Percepciones*

Balbi, E. R y Crespo, M.F. definen percepción como la imagen o interpretación que un actor determinado tiene acerca de un escenario real, potencial o futuro y de sus circunstancias, relaciones, contenidos y características de la interacción motivada o emergente de ella, a la luz de sus propios patrones, intereses y/o condicionantes (1997).

En el análisis que efectúan del tema, dicen que debe tenerse en cuenta que además de los errores perceptuales habrá distintas valoraciones en cuanto a la magnitud, importancia o nivel de un conflicto y de los intereses y objetivos en juego.

De esta manera, un actor determinado analiza el conflicto desde su óptica y nivel de interés y luego trata de percibir qué valor tiene dicho conflicto para cada uno de los restantes actores involucrados. Lo mismo hacen los restantes actores, generando de esa manera una «malla entrecruzada» de percepciones que difícilmente coincidirán, puesto que cada uno de ellos tiene diferentes intereses y objetivos.

Son necesarias dos grandes etapas en el proceso de obtener percepciones.

La primera de ellas se refiere a la lectura de las distintas «visiones de la realidad» que los actores involucrados tienen en general y que depende:

a) De la ubicación o posicionamiento que cada uno de ellos se autoasigna en referencia a los distintos entornos que lo circundan, que comprende no sólo los geográficos sino también la ubicación dentro de las organizaciones en las que interactúe.

b) Los referidos a las pautas y estilo de vida que tiene el actor y sus grupos sociales constituyentes. Llaman filosofía, en un sentido general y flexible, a este elemento.

c) La herencia, que incluye cultura, religión, ataduras o vínculos de lengua, moral, raza, sentimientos de pertenencia histórica grupal, sectorial y cualquier otro elemento que de alguna manera seria nos acerque a adentrarnos en sus sistemas conscientes, inconscientes y subconscientes de actuación, pensamiento y acción.

A través de esos tres elementos de análisis, se puede obtener una adecuada percepción de la alteridad de cada actor, lo cual significa introducirse en la personalidad de ese actor, en su forma de pensar, de vivir, de evaluar las cosas.

La segunda etapa está referida al concepto de «valor» o significado que cada uno de los actores da a un asunto o tema en particular, mensurable en función del grado e intensidad del interés por el asunto, las urgencias, el tipo de resultado esperado o buscado, la libertad de acción de cada actor, los compromisos y riesgos, las oportunidades y la relación costo-beneficio.

Una teoría que ayude a entender la cuestión de las percepciones es decisiva en este modelo de mediación y en la negociación que lo subyace, ya que, como vimos, el conflicto no está en los hechos sino en cómo lo percibe la gente.

También se señaló que la propia percepción del mediador está comprometida en el proceso.

A su vez, es menester hacer notar la ventaja de contar con una teoría que no se detenga en el análisis de las visiones de las partes, sino que también incluya el valor y el costo-beneficio que es una variable de toda negociación (véase 7.3., E).

## 3. Teoría de la Comunicación

Para un modelo que sostiene que la mediación es un proceso en el discurso, cobra aquí importancia decisiva el enfoque construccionista en comunicación por sostener que el lenguaje no sólo describe sino que construye el mundo.

Para este enfoque, los actos del habla son un hacer, hay algo que se hace mientras se habla.

El habla no es algo respecto de algo: es ese algo mismo.

El nuevo paradigma en materia de comunicación sostiene que el lenguaje construye el mundo a partir del reconocimiento de la función formativa positiva que atribuye al lenguaje, que cuando nombra no sólo designa, sino que llama a las cosas a ser lo que son.[4]

Resulta entonces decisivo este enfoque en cuanto que el trabajo del mediador a lo largo del proceso es un trabajo de análisis de las narrativas pre-existentes y de co-construcción con las partes de nuevas narrativas.

Es un trabajo con las palabras y el potente recurso que trabajar a ese nivel significa lo da la experiencia, recogida en la praxis, que me permite afirmar que la gente pelea por las palabras.

El profesor Pierce puntualiza lo trascendente del estudio del discurso como proceso de importancia en la transformación social y este potencial transformativo es el que también interesa al proceso de mediación.[5]

En el punto que sigue volveré sobre las teorías de la comunicación.

## 4. Teoría del Conocimiento

Si visualizamos por un instante una escena que ubicamos al comienzo de una mediación podemos distinguir a las personas involucradas: por un lado el observador y, por el otro, las partes observadas por ese observador.

Si avanzamos un poco la escena y la ubicamos ahora en las argumentaciones iniciales de las partes, veremos que ellas, frente al observador, utilizan el mismo principio: yo tengo la razón y la otra no la tiene.

Este punto de partida nos ha llevado a preguntarnos si tiene algún sentido, en mediación, formular la pregunta sobre quién tiene razón, como en los métodos de resolución por adjudicación.

Para reflexionar sobre este punto he tenido muy presente el trabajo de Ernst von Glasersfeld sobre la construcción del conocimiento, porque la pregunta que se formula es ¿Cómo conocemos?: «hace treinta años, Heinz von Foerster advirtió que el sistema nervioso poseía una cualidad inherente (y hoy casi todo el mundo tiene el convencimiento de que, si uno se ocupa de la cognición, los seres humanos deben ser considerados como sistemas nerviosos): todas las señales enviadas desde los elementos sensoriales a la corteza cerebral son iguales», a lo que denominó «codificación indiferenciada».

Ello significa que si una neurona de la retina envía una señal a la corteza, ella será idéntica a las enviadas por las otras partes del cuerpo capacitadas para enviar señales (oídos, nariz, dedos, etcétera) y que la diferenciación se produce en el ámbito de la corteza.

Estas observaciones fueron corroboradas más tarde por Humberto Maturana en sus investigaciones sobre la televisión en color, al demostrar que los receptores que supuestamente perciben el color rojo emiten señales que son iguales a las que emiten los que reciben el color verde.

Por lo tanto, carece totalmente de fundamento afirmar que distinguimos unas cosas de otras por la información que proviene de lo que hemos dado en llamar el «mundo externo».

Por otra parte, sigue afirmando Von Glasersfeld, los filósofos presocráticos ya anticiparon, en el siglo VI a. C., el problema inherente a la teoría occidental del conocimiento: si éste debe ser la representación de una realidad independiente del observador, uno nunca es capaz de saber si el conocimiento que adquiere es realmente cierto y esto porque el proceso de conocer encierra una paradoja insuperable: cómo hago para verificar si lo que conozco es o no verdadero si para ello tendré que hacer las mismas operaciones que hice para conocer. No hay posibilidad alguna de comparación.[6]

Es decir, que para la construcción de este modelo de mediación estas investigaciones tienen importancia en la medida que apoyan lo que ya hemos adelantado, que el conflicto no está en los hechos, está contenido en las historias que cuenta la gente, historias que, a su vez, dependen de cómo cada uno percibe el conflicto (cap. 1, 1.6.1. y 7.5.1.).

Por eso, en este proceso cobra importancia la co-construcción que se realiza entre todos, entre el observador –el mediador– y los observados –las partes–, y el lugar del observador, que no puede estar fuera del objeto observado porque entre todos se conforma un sistema.[7]

La noción de sistema se desarrollará más adelante, pero señalemos ahora algunas dificultades.

Hemos dicho que el mediador integra con las partes un sistema. Pero su función en él es compleja, en la medida en que está inmerso en un sistema que, forzosamente, tiene que modificar porque de lo contrario las percepciones seguirán haciendo comportar de la misma manera al conflicto, es decir, perdurará el desacuerdo.

Dicho en otros términos, si el mediador pretende modificar el sistema, tendrá que incorporarle nueva información.

La pregunta surge sola: ¿Cómo hacemos para introducirle información a ese sistema y cómo lo hace quien, además, también lo integra?

Como se puede apreciar, la dificultad no se agota en la mera incorporación de la información, sino que también abarca la cuestión de cómo percibe y procesa la información aquél que tiene que modificar el sistema.

Un buen comienzo para responder a estos interrogantes es acudir a Shannon (1984, pp. 379-423 y 623-656):

a) El significado de los mensajes no se traslada del emisor al receptor; lo que se traslada son las señales.
b) Pero las señales son señales cuando alguien las ha decodificado y para ello es necesario conocer su significado.

Ahora bien, si volvemos sobre lo que ya hemos apuntado en el sentido de que carece totalmente de fundamento afirmar que distinguimos unas cosas de otras por la información que proviene de lo que hemos dado en llamar el «mundo externo», a esas señales del mundo exterior, ¿cómo las podemos decodificar si no sabemos quién las decodificó allí afuera ni cuál es el código?

Volviendo ahora por un instante a las teorías de la comunicación, encontramos aquí otra razón que justifica echar mano al nuevo paradigma, como se sostuvo en el punto anterior, porque las teorías clásicas sólo sirven para entender la comunicación cuando ésta funciona bien, es decir, cuando todos conocen los códigos o se han puesto de acuerdo en ellos.

Pero nosotros no tenemos esa suerte en la mayoría de los casos que vienen a nuestra mesa de mediación porque los códigos son distintos o cobran diferente sentido y el circuito de la comunicación está interrumpido.

Por eso era necesario encontrar una salida al interrogante que plantea la afirmación de Shannon, porque de lo contrario las preguntas que nos habíamos formulado quedarán sin responder y, además, ni siquiera podremos darle sentido al término *información* en este contexto.

Nuevamente acudimos a Ernst von Glasersfeld, porque él dice que lo único que podemos hacer es tratar de contemplar las señales desde adentro, es decir, desde cada receptor, y, entonces, el término información tendrá sentido como información relativa a la experiencia de cada uno y no a una realidad que está más allá de esa fase.[8]

Como puede apreciarse, pues, no tiene sentido, en mediación, la indagación sobre quién tiene razón porque, desde la experiencia y la percepción de cada uno, todos tienen razón en su forma de ver el mundo.[9]

He encontrado muy valiosa esta teoría del conocimiento en la medida en que no tiene pretensiones de describir la realidad, sino que toma al conocimiento como una forma de pensar la realidad.

En mediación no nos proponemos decir cómo es el mundo ni quién tiene razón en él, sino cómo pensar acerca de ello.

Hagamos aquí el primer alto en esta búsqueda y digamos que a partir de los filósofos presocráticos y su señalamiento sobre las dificultades para conocer, hemos hecho dos virajes:

El primero, que va *de la representación a la construcción*, y que significa dar los primeros pasos para alejarnos del modelo que se basa en la adjudicación de «la razón» a partir de comprender que lo que las partes dicen es «su razón» en función de «su» fotografía del mundo.

El segundo, *de la construcción a la co-construcción*, mediante el que consolidamos la idea de búsqueda de un nuevo enfoque del conflicto, que sea el resultado de la tarea del sistema que integran el mediador y las partes.

Ahora bien, no existe ninguna construcción sin algún tipo de *reflexión.*

¿Cómo empieza la reflexión a construir algo y para qué nos interesa este principio en mediación?

Von Glasersfeld, citando a James, dice que se necesitan dos nociones, la de diferencia y la de semejanza, al mismo tiempo que recuerda que Brown (1969) comienza su tratado con el precepto «haga una distinción».

Esta es una clara diferenciación del mecanismo mediante el cual el modelo lineal ha venido tratando de resolver conflictos y que, en términos simples, funciona así: encontremos las igualdades y disminuyamos las diferencias porque cuantas menos diferencias tengamos más cerca del acuerdo estaremos.

El error de este planteo está en no advertir que las igualdades no nos dan demasiada información. La información la vamos a encontrar en las diferencias, que provienen de la comparación.

La gran ventaja del trabajo a partir de las diferencias es que, además, nos muestra las mismisidades. Esto es así porque la distinción viene de la comparación y ella incluye a «lo mismo», porque para decir que es lo mismo tenemos que clasificar para agrupar «lo mismo» de aquello que no lo es.

Hacemos, pues, un tercer viraje: *de las mismisidades a las diferencias*, que nos permite afirmar que la cuestión, en mediación, no pasa por eliminar las diferencias, sino de acordar respetándolas.

## 5. El Pensamiento Complejo

A partir de la teoría del conflicto que adoptamos como soporte de este modelo, decimos que hay complejidad allí donde hay interacción en el sentido que le da Singer.[10]

Pero hay también otra complejidad, que proviene de fenómenos aleatorios. Esta complejidad es la que introduce el *principio de incertidumbre* en el proceso de mediación.

Ahora bien, como el término «complejo» es una palabra-problema, no una palabra-solución, también es menester asumir que el pensamiento complejo no nos abrirá todas las puertas, será siempre un pensamiento donde la idea de dificultad estará presente. Dificultad para explicar, dificultad para entender (Morin, 1994: 421).

Y es que la complejidad encierra una paradoja: desde siempre, le venimos pidiendo al pensamiento que disipe la complejidad de los fenómenos para desvelar el orden simple al que pertenecen y hacerlos así más comprensibles.

Pero, si lo complejo es aquello que por definición no puede ser simple, ¿cómo encaramos una complejidad no simplificadora?

Estamos completamente ciegos frente al problema de la complejidad y esta ceguera es parte de la barbarie con que hemos estado enfrentando el fenómeno del conflicto.

El profesor Morin dice que la complejidad aparece cuando hay a la vez dificultades empíricas y dificultades lógicas.

La primera de ellas fue enunciada por Pascal cuando dijo hace ya tres siglos: «todas las cosas son ayudadas y ayudantes, todas las cosas son mediatas e inmediatas y todas están ligadas entre sí, aun las más alejadas. En estas condiciones, resulta imposible conocer el todo sin conocer la parte, así como no puedo conocer la parte si no conozco el todo» (p. 422).

Agrega Morin que esta dificultad empírica es, sin embargo, sumamente vasta y nos viene de lejos: desde la escuela hemos aprendido a pensar separando, la geografía de la historia, por ejemplo, y esto está bien, pero no hay que establecer separaciones absolutas, porque todos sabemos que el hecho histórico acaeció en un entorno geográfico y, a la inversa, que el hecho geográfico tiene una referencia histórica.

Esta dificultad es la que permite entender con mayor profundidad la razón teórica por la que otros modelos colocan al mediador fuera del sistema que en este modelo conforma con las partes: el paradigma de la simplificación no sólo enseñó a separar; el problema es que, a partir de ahí, apartó el objeto de su entorno y aisló al observador de lo observado.

Por eso, es muy importante volver a las ideas de Pascal sobre el todo y la parte, porque ellas adelantaron otros tres principios: *individualidad, relación* e *integración.*

Estos tres principios interesan para al modelo porque indican los caracteres del sistema con el que trabajamos, compuesto de individuos humanos relacionados entre sí a través del conflicto, y cuyas posiciones tenemos que integrar a través de una conciliación de intereses que tenga en cuenta y respete los valores de cada uno.

La dificultad lógica de la complejidad nos ayuda a comprender el otro viraje, aquél que va *de la contradicción a la complementariedad.*

Morin dice que esta dificultad aparece cuando la lógica deductiva se muestra insuficiente para darnos explicaciones a algunos fenómenos y da el ejemplo del enfrentamiento a principios de siglo en el campo de la microfísica sobre el concepto de partícula: la concepción ondulatoria, para la cual la partícula era solamente eso, una onda, con la concepción corpuscular, hasta que Niels Bohr demostró que «esas dos proposiciones contradictorias eran de hecho complementarias, puesto que empíricamente los dos fenómenos aparecían en condiciones diferentes y lógicamente se debían asociar dos términos que se excluyen mutuamente».

Este concepto resulta sumamente atrayente en mediación, porque buena parte de la técnica de construir acuerdos consiste en transformar el carácter excluyente de la posición del otro con que las partes comienzan el abordaje de sus diferencias a través de la contradicción, para llegar a la complementación de los intereses.

## 6. Teoría del Caos

Dice que, en el plano de las ciencias físicas, asistimos al derrumbe del dogma central de la ciencia clásica que concebía un mundo perfecto cuya perfección provenía de la concepción divina.

Incluso cuando el determinismo de Laplace sacó a Dios del mundo le dejó a éste el atributo de la perfección. Para Laplace el mundo era una máquina perfecta donde no había espacio para el desorden. Era una máquina perfecta construida sobre unos ladrillos pequeños, los átomos.

Ese es el mundo que se derrumbó por los dos lados. Por el lado del átomo porque se vio que éste es un sistema sumamente complejo, mezcla de lo material y lo no material, mezcla de onda y corpúsculo, y sin ser ni lo uno ni lo otro. Por el lado del mecanicismo perfecto, desde hace treinta años, con la hipótesis de la dispersión, o sea, del origen del mundo a partir de una deflagración original que causa su nacimiento como producto del orden y del desorden. Del desorden, por la agitación desordenada de las partículas y de los átomos; del orden, porque ciertas partículas pueden asociarse en el desorden y dar lugar a la formación de nuevos núcleos como galaxias y astros.

Así como hemos privilegiado el trabajo sobre la base de las diferencias por sobre las mismisidades, esta dialógica permite plantearse un método de abordaje del conflicto que no dependa pura y simplemente del orden, como en los métodos de resolución por adjudicación, sino también del «desorden» que supone toda libertad, en este caso, la libertad de intercambiar cara a cara los términos en que el conflicto consiste por parte de los mismos involucrados sin nadie que resuelva por ellos, sino simplemente «con» alguien que los ayudará a hacerlo.

Este desarrollo también resulta relevante por la posibilidad de hacer útiles para la mediación términos complejos como *organización* y *sistema,* integrando el pensamiento de Pascal acerca de la parte y el todo.

*Organización* es lo que une a un sistema. A su vez, la noción de *sistema* es importante, porque los conflictos, como objetos de la mediación, son sistemas en la medida en que están dotados de algún tipo de organización que nos resultará esencial conocer.

Esto me ha sugerido la idea de reemplazar el concepto de trabajar con el objeto conflicto por el de trabajar con el sistema que el conflicto conforma.

La noción de sistema nos conduce al de *ecosistema*, que nos es de suma utilidad, porque en él subyace la idea de organización de la interacción entre el sistema que abordamos, y que como mediadores integramos, y los otros sistemas que lo rodean (familia nuclear, familia extensa, sociedad; minorías, mayorías, asamblea de socios, mercado) y lo influyen.

Asociado a estos conceptos está el de *auto-eco-organización*, porque se refiere a la organización de la máquina viva, con la que trabajamos en mediación, y la diferencia con la organización de la máquina artificial. La máquina viva tolera una gran cantidad de desorden. La artificial puede estar hecha de los materiales más fiables, pero en el momento en que se produce algún desorden se descompone y para.

Las sociedades humanas, los grupos, toleran una gran cantidad de desorden; un aspecto de ese desorden es lo que llamamos libertad.

Es muy importante para nosotros, porque podemos utilizar ese desorden para sostener *los principios de creatividad y de invención*, pues toda invención y toda creatividad aparecen como una desviación al orden preestablecido del sistema.

Volvamos ahora al último plano de la complejidad, el plano de la complejidad política. Para entender por qué nos interesa recordemos que hemos sostenido que la mediación es un proceso político. A nivel micro, pero político al fin y al cabo.

La globalización plantea la imposibilidad de desarrollar políticas nacionales hasta el punto de poder afirmar que ya no hay más políticas soberanas.

Ahora se hace necesario hablar de una ecología de la política y esto lleva al *principio ecológico de la acción* que dice que «la acción escapa a la voluntad del actor político para entrar en el juego de las interacciones del conjunto de la sociedad».

La consecuencia es que ya no se pueden hacer programas, porque los programas funcionan bien cuando las condiciones circundantes no se modifican.

Nuestro último viraje será entonces *del programa a la estrategia,*[11] porque estamos en la era de las estrategias, que es el arte de actuar en la incertidumbre.

Por eso la insistencia en el concepto de mediador estratégico como principio para dar autonomía a la mediación.

## 7. La negociación

### 7.1. *Consideraciones generales*

Creo firmemente que uno de los soportes clave de este modelo de mediación estratégica es dotar al mediador de una sólida preparación en materia de negociación.

Sin embargo, me apresuro a aclarar que el desarrollo del tema no tiene la pretensión de servir de texto suficiente para la preparación del mediador, sino reflejar los conceptos provenientes de distintas escuelas y teorías que he encontrado más relevantes para este modelo, tanto para dejar abierto el debate sobre su utilidad en el ámbito de la mediación como para reflexionar acerca de algunas paradojas que esos conceptos plantean.

No debe pasar desapercibido que la mediación, desde un concepto simplista o breve, es una negociación asistida o facilitada.

Por otra parte, el proceso que propongo distingue claramente un estadio de negociación, de la misma manera que prevé uno de convocatoria, otro de apertura, otro de comunicación y otro de clausura.

Y que ese estadio de negociación es una de las partes más creativas del proceso, aquella en donde mayor flexibilidad deberán tener las partes y el mediador.

La negociación es el esquema primario que subyace en todos los otros medios de resolución de disputas.

### 7.2. *Concepto*

Se puede conceptualizar la negociación como un proceso de comunicación directo o indirecto entre las partes, según la existencia o no de representantes, es decir, si aquéllas negocian cara a cara o a través de otras personas debidamente apoderadas por ellas.

### 7.3. *Condiciones*

Para que la negociación sea posible o un caso esté maduro para la negociación, la doctrina ha señalado que las partes deben reunir una serie de condiciones:

A. Interdependencia

Se trata de que las partes tengan una dependencia recíproca. Para la terminología de la teoría del conflicto soporte de este modelo se traduce por interacción (véase n. 10) y esa es la razón por la cual la negociación es, también, un proceso complejo.

La interacción tiene que ver con los resultados: si esa interacción es parcialmente interesante para una o para todas las partes habrá negociación, de lo contrario no.

B. Intereses potencialmente compatibles.

No basta con la interacción.

Se puede referir esta condición como ni nada en común ni todo en común o intereses parcialmente diferentes o parcialmente iguales. La cuestión es establecer en qué coinciden y en qué no.

Con la debida aclaración de que estamos hablando de intereses en sentido técnico, es decir, el que se le da al término en el ámbito de la negociación.

Cuando entremos en la negociación cooperativa o integrativa, o negociación por intereses para los teóricos de Harvard, vamos a hablar más ampliamente de este tema, pero por ahora digamos con ellos que interés es lo que está detrás de cada posición, lo que la motiva, aquello que impulsa a adoptar la posición. Es lo deseado.

C. Cooperación mutua.

Christopher Moore (1995: 39) dice que las partes deben basarse en su mutua cooperación para alcanzar sus metas o satisfacer sus intereses.

Por otra parte, Raúl Calvo Soler dice que la característica de los negociadores es que sean racionales (1997).

¿Qué quiere decir racionalidad? Que cada vez que el negociador toma una decisión elige el acto que maximiza sus intereses.

A primera vista resulta fácil advertir que existe contradicción entre esta condición y el concepto de racionalidad. Porque ¿cómo sería posible una negociación entre dos sujetos que cada vez que toman una decisión eligen el acto que maximiza sus intereses?

Aquí estamos ante un problema, porque si la pregunta se deja sin responder toda la especulación basada en la teoría se derrumba.

Confiemos en que, más avanzado este desarrollo, encontraremos alguna explicación para hacer que la contradicción sea sólo aparente.

D. Influencia recíproca.

Relacionado con el tema del poder (cap. 1, n. 49). Si una de las partes con relación a la otra o ambas partes carecen recíprocamente de toda posibilidad de lograr o impedir que la otra parte cometa actos que perjudiquen o favorezcan intereses en juego, habrá que buscar otro medio de abordar el conflicto.

E. Identificación y coincidencia de las cuestiones en disputa.

Compuesta de dos partes. La identificación de las cuestiones conflictivas o litigiosas hace a la materia de la negociación; la coincidencia, a la confluencia de la materia entre las partes. Moore (1995) se refiere a esta ecuación como una capacidad de las partes.

Es una condición obvia en negociación, donde las partes no están asistidas por un operador del conflicto; pero no en mediación, cuya única exigencia es la conciencia (cap. 1, 4.1.) de una o de ambas partes de que la situación es conflictiva.

Se ha señalado que las partes deben estar influidas por elementos tales como el tiempo, la reputación, el costo o el riesgo de someter el caso a la decisión de un tercero como un juez o un árbitro, por ejemplo.

Creo que no es una condición, entendiendo por ello lo determinante para que exista negociación, sino una serie de elementos que incentivan para elegir negociar.

No obstante, es bueno tener en cuenta que las variables tiempo y costo tienen directa implicancia entre sí, porque a mayor tiempo mayor tensión, mayor costo.

### 7.4. *El espacio de la negociación*

Ahora bien. ¿Cuál es el espacio de la negociación? O dicho de otra forma. ¿Qué interacciones pueden ser negociadas?

#### 7.4.1. Teoría del Conflicto

Volvamos por un instante a la teoría del conflicto y recordemos que las unidades conflictuantes podían tener distintas metas: concretas, simbólicas o trascendentes (cap. 1, n. 38).

A su vez la teoría del conflicto, al hablar del plano de la pureza en el análisis del conflicto, distingue distintos tipos de relaciones entre las unidades conflictuantes.[12]

### 7.4.2. Teoría de los Juegos

Font Barrot (1997) dice que Schelling (1980), a partir de la tradicional clasificación de los juegos en suma cero y no cero, distingue tres tipos de estructura de interdependencia estratégica, que proyecta en matrices de pago diferentes y que, para describirlos, recurre a la historia de Holmes y Moriarty identificándolos como H y M para cada jugador.

En la historia básica H y M están en distintos trenes que recorren una misma línea: sin posibilidad de comunicarse entre sí, cada uno debe decidir si baja o no en la próxima estación. Las estaciones en las que el tren parará, de forma sucesiva, son dos: A y B.

A. Juegos de puro conflicto.

La primera situación de interdependencia muestra una matriz de pago que debe arrojar cero en todos sus casilleros. De su estructura están excluidas necesariamente las hipótesis de cooperación y en ella el premio que uno gana lo paga necesariamente el otro. El saldo final es siempre invariable: nunca pueden ganar o perder ambos jugadores a la vez.

Las reglas para esta situación determinan que H gana 3 dólares si ambos bajan en distintas estaciones y pierde la misma cantidad si bajan en la misma estación; y a la inversa para M.

La matriz[13] de este juego se representaría así:

Moriarty

| | A | B |
|---|---|---|
| A | 3<br>–3 | –3<br>3 |
| B | –3<br>3 | 3<br>–3 |

Holmes

B. Juegos de pura coordinación.

La segunda situación de interdependencia compone una matriz en la que todos sus casilleros muestran que los jugadores ganan o pierden conjuntamente y por ello tienen el mismo incentivo para colaborar.

El supuesto del juego aquí es que ambos ganan si bajan en la misma estación y pierden si bajan en estaciones distintas.

La matriz quedaría así:

Moriarty

| | A | B |
|---|---|---|
| A | 8<br>4 | 0<br>0 |
| B | 0<br>0 | 3<br>5 |

Holmes

C. Juegos mixtos.

En esta tercera situación de interdependencia, las reglas indican que H y M ganan si aciertan a bajar los dos en la misma estación, pero H gana más si bajan en una y M gana más si bajan en otra. Ambos pierden si bajan en distintas estaciones.

La matriz quedaría así:

Moriarty

| | A | B |
|---|---|---|
| A | 3<br>3 | 0<br>0 |
| B | 0<br>0 | 3<br>3 |

Holmes

Como se ve, ambos tienen un claro incentivo en bajarse en la misma estación, pero sus intereses están en conflicto por la estación de que se trate.

Pero si no se bajan en la misma estación ambos pierden.

En estos juegos solamente la cooperación permite obtener beneficios, pero la estructura de recompensas es la que introduce el factor de competitividad que exige adoptar algún procedimiento de ajuste.

Si volvemos ahora a la pregunta que nos hicimos al principio de este punto acerca de cuál es el espacio de la negociación, desde el modelo teórico puro parecen absurdas tanto una escena que involucre a mediador y partes en un juego de puro conflicto, porque no existe ningún margen para la cooperación, como en uno de pura coordinación porque no existen intereses que ajustar.

Pero lo cierto es que, más allá de los modelos teóricos, que nos sirven para los desarrollos conceptuales, la praxis cotidiana demuestra, como sostiene Entelman, que rara vez las situaciones de conflicto son estrictamente competitivas, estrictamente cooperativas o responden a un único set de metas conflictivas.

Por ello, decimos que la negociación requiere, siempre, el manejo de motivaciones mixtas.

Ahora bien, si los juegos mixtos no nos ofrecen aparentemente problemas, la cuestión parece ser entonces qué hacer con los otros dos, porque si los dejamos afuera de las posibilidades de la negociación dejamos afuera una porción de la realidad, por ínfima que sea.

Esta es una pregunta que quedará pendiente hasta que el desarrollo del tema permita responderla.

### 7.5. *Dos cuestiones*

Si la negociación es, siempre, un intercambio de motivaciones mixtas, entonces la cuestión es cómo manejarlas. Esta cuestión, a su vez, depende de cómo vemos el conflicto y de cómo lo enfrentamos.

#### 7.5.1. Cómo vemos el conflicto

La primera cuestión se relaciona, a su vez, con un concepto muy caro a la teoría de los juegos, a la inteligencia y a la teoría del conflicto, que es el de las percepciones (supra, 2.2.), que constituyen un muy valioso aporte para el mediador.

Desde la teoría de los juegos, el mediador no sólo debe conocer cómo perciben ambas partes el conflicto, sino que tiene que tener una reproducción del juego al que ellas juegan y esto depende también de su percepción.

Para la obtención del conocimiento a través del procesamiento de la información que brinda la inteligencia, resulta obvio la importancia de las percepciones.

Destaquemos pues que, para el proceso de mediación, será fundamental conocer:

- Los hechos, sus posibles consecuencias y vínculos.
- Los intereses y objetivos relacionados.
- Los actores comprometidos o vinculados.

De la percepción dependerá el grado de acercamiento a la realidad del sistema interactivo y del error en ella el grado de escalada o pérdida de control.

Desde la Teoría del Conflicto la cuestión de cómo vemos el conflicto está íntimamente relacionada con uno de los planos de análisis del conflicto, esto es, con las dimensiones[14] y con la forma en que esas dimensiones condicionan de manera diversa las tres variables de la interacción.[15]

El conflicto puede ser visto, entonces, como algo para algo, como un vehículo para lograr algo, haciendo cálculos de pérdida/ganancia (dimensión objetal), o como algo a favor o contra alguien, donde el cálculo será de afecto/hostilidad (dimensión actoral).

7.5.2. Cómo lo enfrentamos

La segunda cuestión tiene que ver con los estilos para enfrentar los conflictos.

Concebida la negociación como un intercambio de motivaciones mixtas, podemos trazar una línea que, en cada uno de sus extremos, ubique a los dos estilos primarios de manera tal que partiendo de la competencia llegue a la cooperación:

Estilos primarios

motivaciones mixtas

Competitivo — Cooperativo

Aquí tenemos, pues los dos estilos básicos de negociación:

Distributiva — Integrativa

En un extremo la negociación distributiva, llamada así porque en ella las partes, obrando competitivamente, se distribuyen un monto fijo, se reparten la torta disponible.

En el otro extremo, la negociación integrativa, así llamada porque a través de la cooperación las partes, trabajando juntas, intentan explorar formas alternativas que les permitan crear valor y negociar sin despedazar la torta y despedazarse ellos mismos.

Ahora bien, en esta línea encontraremos estaciones intermedias. Para establecer la ubicación de cada una de ellas y describirlas, utilizaré, en parte, el método de Thomas Kenneth (1976) adaptado por Lowry y Harding (1995: 50) consistente en una grilla en la cual un eje representa el valor de la cuestión que se está negociando y el otro eje el valor que tiene la relación para el negociador.

A esa grilla agregaré otra en la que uno de los ejes representa la medida de la agresividad que el negociador utiliza para negociar y en otro eje representa el grado de cooperación de ese mismo negociador.

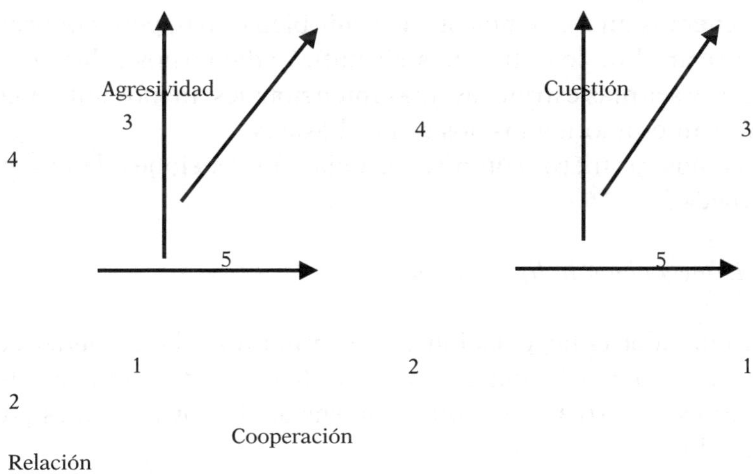


1. Esquivo: Poco agresivo y no cooperador. No persigue ni sus intereses ni los de su adversario. Las cuestiones no se atienden por descuido, demora o abandono de la negociación. Escasa valoración tanto de las cuestiones como de las relaciones.

2. Complaciente: Poco agresivo pero cooperador. Sacrifica sus intereses por la relación.

3. Competitivo: Agresivo y no cooperador. Persigue sus propios intereses a costa del adversario. Le interesa poco la relación.

4. Colaborador: Agresivo y colaborador. Trabaja junto al adversario para encontrar intereses comunes. Le presta mucha atención tanto a las cuestiones como a las relaciones.

5. Conciliador: Entre el esquivo y el cooperador. Valora lo expeditivo. Tendencia a partir las diferencias y a soluciones parciales a cambio de un mínimo de satisfacción para las partes. Queda a mitad de camino en la búsqueda de soluciones que se adapten mejor a las necesidades de las partes

El mediador debe conocer estos estilos de negociación porque se va a encontrar con partes que negocien utilizando uno u otro, alternativa o conjuntamente.

Lo importante será conocerlos y conocer el nuestro, porque todos tenemos uno, que nos puede venir bien o mal, pero conocerlo e identificar el de los otros nos permitirá adaptarnos a las circunstancias y ser más estrategas, más intencionales, menos auténticos.[16]

Volvamos ahora a los dos estilos básicos.

Veamos, primero, cómo se negocia en situaciones de alta competitividad.

### 7.6. *La negociación distributiva*

Para entender la negociación en general, uno debe entender cómo funciona la negociación competitiva, llamada distributiva porque las partes se distribuyen entre sí la sustancia por la cual están negociando.

Los estudios efectuados aportan algunos aspectos altamente predecibles. Pero veamos un enfoque que nos ayudará a ser competitivos sobre la base de un ejercicio utilizado en clase.[17]

Usted es Necesitado De Guita, propietario de un automóvil que siempre soñó tener y que el año pasado compró nuevo. Es un modelo estándar, que está en excelente estado gracias a sus cuidados y desvelos, y que tendría un precio de plaza de 14.000 dólares. Pero además usted, con todo amor, fue incorporándole detalles de confort por un monto aproximado a los 1.500 que, prácticamente, lo convirtieron en un modelo de lujo.

Ahora usted se ve en la imperiosa necesidad de venderlo para pagar una suma de 12.000 dólares en el juicio de ejecución hipotecaria en su contra, en el cual, de no mediar ese pago, su casa será rematada rápidamente. Usted está urgido de dinero y el tiempo lo acosa. Sabe que su vecino, el señor Hortensio Agarrado, tiene interés en su auto y que, una operación con él, tendría las ventajas de la rapidez y la liquidez, pero conoce los puntos que calza don Hortensio cuando de discutir de precios se trata. Usted va rumbo al café donde se va a encontrar con su vecino para discutir la venta; la sensación de bronca que le produce el sólo imaginarse a don Hortensio salir todos los días en su auto le va nublando la razón.

¿Cómo negociará usted?

Usted es Hortensio Agarrado y quiere comprar un auto usado porque el seguro y la patente de los nuevos han aumentado mucho. Usted sabe que su vecino, el señor De Guita, ha puesto en venta su auto, un modelo estándar que el año pasado compró de nuevo. Las averiguaciones que hizo le permiten concluir que en plaza tiene un valor aproximado de 14.000 dólares.

Sabe también que el señor De Guita le incorporó detalles por una cifra aproximada a los 1.500, que prácticamente lo transformaron en un modelo de lujo y que a usted le vienen muy bien para el tipo de trabajo que piensa desarrollar con el auto. Realmente son detalles que usted admira por el refinado buen gusto que demuestran. También sabe que su vecino anda últimamente con urgencias de efectivo. Usted, que siempre ha hecho honor a su nombre, es un negociador duro y siente un especial placer cuando obtiene cosas a bajo precio. En este momento usted se dirige al café donde discutirá la compra.

¿Cómo negociará usted?

Hagamos algunas consideraciones y veamos algunos conceptos.

Ambos negociadores tienen un precio reservado, que llamaremos Valor de Reserva (VR), que representa, para el vendedor el mínimo que aceptará y, para el comprador, el máximo que pagará. Toda cifra menor para el vendedor o mayor para el comprador, representará para cada uno de ellos una situación peor que la de no acordar o, a la inversa, una Mejor Alternativa al Acuerdo Negociado (MAAN).[18]

Cada uno de ellos deberá, entonces, determinar su VR. El VR depende de los intereses, de las creencias y de los valores en juego.[19]

Es necesario tener en cuenta que, en este tipo de negociación, los VR están enfrentados y bastante alejados, y que la idea del negociador racional es obtener un resultado que se ubique lo más lejos posible de su VR y lo más cerca posible del VR del otro.

En este caso en particular, el VR de Necesitado (VRV) es de 13.000 y el VR de Hortensio (VRC) es de 15.000.

Toda cifra que se ubique entre los 13.000 y 15.000 dólares estará dentro de la Zona de Posible Acuerdo Real (ZOPA),[20] ya que la subestimación o sobreestimación de los valores del otro puede crear zonas de posible acuerdo ficticias.

Sobre esta base, es posible trazar una primera línea de negociación:

| | | | | | | | | | | | | | | |
|---|---|---|---|---|---|---|---|---|---|---|---|---|---|---|
| | | | | | | VRV | | | | VRC | | | | |
| 10 | 10,5 | 11 | 11,5 | 12 | 12,5 | 13 | 13,5 | 14 | 14,5 | 15 | 15,5 | 16 | 16,5 | 17 |

.............ZOPAR............

Toda suma que el vendedor obtenga por encima de su VR y toda suma que el comprador pague por debajo de su VR será un excedente para cada uno de ellos (E).

Ambos querrán maximizar sus excedentes y, en consecuencia, aspirará a obtener más el vendedor y a pagar menos el comprador. Llamaremos a esos valores Valor de Aspiración del vendedor (VAV) y del comprador (VAC).

Por ejemplo, Necesitado aspira a obtener 15.500 y Hortensio a pagar 13.500.

Estos datos permiten trazar las ZOPAS del vendedor y del comprador, que estarán dadas por las cifras que se ubiquen entre los VR y los VA de cada uno. La ZOPA del vendedor, en este caso, estará ubicada entre 13.000 y 15.500, en tanto que la del comprador, entre 13.500 y 15.000.

Sobre estas bases es posible trazar una segunda línea de negociación:

VRV VAV VRC VAC

10 10,5 11 11,5 12 12,5 13 13,5 14 14,5 15 15,5 16 16,5 17

.............ZOPA R............

......................ZOPA V..............

..........ZOPA C........

Con estos datos a la vista, podemos formularnos dos preguntas:[21]

¿Cómo será la oferta inicial?

¿Conviene ser quien inicia la negociación?

Acerca de los dos primeros movimientos de los negociadores, permítaseme una digresión para realizar tres puntualizaciones:

a) El vendedor no podrá obtener más de lo que pidió.
b) El comprador no podrá comprar a menos de lo que ofreció.
c) Ambos, a través de la primera oferta y de la primera contraoferta, definirán el valor de la negociación distributiva, o, dicho de otro modo, la torta a repartir.

Pero volvamos a la oferta inicial, enfatizando que este es un punto central, ya que lo que se negocia primero es la exploración entre la cifra más alta y la más baja. Esta primera oferta también es importante porque suele generar el anclaje de la negociación, que depende de la estrategia y de ella dependerá en gran medida el futuro de la negociación y sus costos.

¿Cómo será, entonces, la primera oferta en una negociación competitiva? ¿De qué oferta inicial partirán obrando competitivamente? ¿De sus respectivos VR? Terminantemente no, porque el VR representa el acuerdo por debajo del cual me levanto y me voy, y el negociador competitivo partirá siempre lo más alejado posible de su VR.

¿Será del VA? En nuestro caso, ¿Necesitado pedirá 15.500 u Hortensio ofrecerá 13.500? Aquí es más dudosa la respuesta negativa, porque en este caso depende de la estrategia competitiva que cada uno adopte en función de la información que tenga. Desde la competencia pura diríamos que no, que ambos deberían ubicar sus ofertas en cifras que estén por encima y por debajo, respectivamente, de sus VA.

Pero, ¿cuál será el límite del negociador competitivo? Hay una zona que, excediendo el VR de cada negociador, llega a un extremo que, traspuesto por el otro, provoca directamente que no haya negociación porque la oferta se transforma en insultante (OI).

Este límite, como todos, depende de una serie de variables, pero estamos presentando un modelo de laboratorio que exige para su exposición de ciertas precisiones.

Una de las variables que hace que una oferta extrema (OE) se transforme en insultante (OI) es la ausencia en el proponente de un razonamiento que avale la oferta y que, al mismo tiempo, transmita la flexibilidad necesaria que anticipe la posibilidad de su modificación.

En nuestro caso, supongamos que cualquier oferta por encima de 16.500 por parte de Necesitado y por debajo de 11.500 por parte de Hortensio se interpreten como insultantes por el otro.

Tenemos aquí otros dos conceptos a través de este límite: la oferta extrema (OE) para cada uno, que marca el límite de ingreso en lo insultante (OI) y que, a su vez, establece el radio negociador de cada uno (RN), que va desde los respectivos valores de reserva (VR) hasta la oferta extrema (OE).

Así, será entre 13.000 (VRV) y 16.500 (OEV) el RN de Necesitado (RNV) y entre 11.500 (OEC) y 15.000 (VRC) el RN de Hortensio (RNC).

A su vez, entre las OE se crea otra zona, que denominaré Zona de Negociación Posible (ZONPO) y que tiene una característica especial: a medida que las ofertas se alejan de las OE y se acercan a los límites de la ZOPA REAL, aumentan su carácter de Razonables, por lo que serán denominadas OR.

| | | | | | | | | | | | | | | |
|---|---|---|---|---|---|---|---|---|---|---|---|---|---|---|
| | | | OEC | | | VRV | VAC | | | VRC | VAV | | 0EV | |
| 10 | 10,5 | 11 | 11,5 | 12 | 12,5 | 13 | 13,5 | 14 | 14,5 | 15 | 15,5 | 16 | 16,5 | 17 |

..............ZOPA R............

......................ZOPA V..............

...........ZOPA C.......

..................................RNV..................................

...............................RNC.........................

OI/....................................ZONPO...... ...............................OI

/.........OR........./................ZOPA R.........../........... OR.........../

Entonces, con estos parámetros:

a) Toda oferta menor de 11.500 por parte de Hortensio o mayor de 16.500 por parte de Necesitado será insultante y dejará afuera las posibilidades de seguir negociando.

b) Toda oferta que arranque de 11.500 por parte del comprador y de 16.500 por parte del vendedor, se ubicará en los extremos de las respectivas tolerancias. Ambas aparecerán lejanas de las posibilidades de acuerdo pero no abortarán la negociación. A medida que la primera se acerque a 13.000 y la segunda a 15.000, serán percibidas como razonablemente cerca para seguir negociando.

c) Cualquier oferta que se ubique a partir de 13.000 por parte del comprador y de 15.000 por parte del vendedor, estará dentro de la ZOPA REAL de la negociación y será aceptable para ambas partes, aunque el negociador competitivo de seguro seguirá negociando para mejorar.

Ahora bien, la primera oferta es imán y puede manipular la negociación. Entonces, ¿cómo empiezo? Si quiero ser competitivo y en a) ni siquiera comienza la negociación, entonces tengo que situarme en b) o en algún punto de la ZOPA REAL. Pero en este caso, a su vez, el negociador tendrá que optar entre comenzar por una OE o por alguna otra que se sitúe más cerca de la ZOPA REAL o dentro de ella. A medida que se acerque a ésta, el aumento de la razonabilidad provocará un aumento de las posibilidades de continuación de la negociación, pero la competencia demandará un cambio progresivo de actitud en el negociador.

De manera que podemos distinguir diversas opciones. En el caso de que el negociador opte por realizar una primera (OE), es decir, aquella que está al borde de lo que es creíble, deberá acompañarla por algún razonamiento que la avale y, además, dar señales de flexibilidad. En cambio, si la opción es partir de una primera oferta razonable (OR), dependerá de la zona en que la ubique para observar más o menos flexibilidad y, si la ubica dentro de la ZOPA REAL, expresar el alto costo que le irrogaría apartarse de esa oferta inicial. La flexibilidad se irá convirtiendo en dureza.

La primera oferta que se ubique entre la OE y el VR permite un gran margen de maniobra, pero ejerce una gran presión sobre la otra parte. Tiene que ir siempre acompañada de una estrategia correctiva.

A medida que la primera oferta aumenta el nivel de razonabilidad tiene la ventaja de asegurar la negociación, pero quita margen de maniobra. Por eso, tiene que ir acompañada de una firmeza progresiva.

El segundo punto es si conviene o no ser quien inicia la negociación. Aquí se pueden señalar ventajas y desventajas. Dejar que los otros la inicien tiene la ventaja de que quizás ellos establezcan una cifra mucho más cerca de la zona de acuerdo que yo imaginaba, pero la desventaja es que la primera oferta es imán y puede manipular la negociación.

Ahora bien, las investigaciones sobre el comportamiento de estas negociaciones (Lowry, L. R. y Harding, 1995: 55-58) indican que:

a) El valor a negociar es relativamente fijo. Cualquiera que sea la estrategia de Necesitado o de Hortensio en la determinación de sus respectivas ofertas iniciales, lo cierto es que ellos, al formularlas, dibujarán una torta que deberán distribuir después, porque toda negociación tiene un antes, un durante y un después.

b) Es un intercambio de suma cero. Es indudable que todo lo que gana uno lo perderá el otro.

c) Se genera a partir de las posiciones, que van cambiando a través de acuerdos transitorios de concesiones recíprocas.

d) Exige una secuencia continua de concesiones. Es el llamado ritmo de las concesiones o «danza» de la negociación (Raiffa, 1996, pág. 55). La buena técnica es que ese ritmo sea monotónico, tanto en lo ascendente como en lo descendente. Los saltos bruscos pueden ser peligrosos, pero si no es posible evitarlos, lo importante es poder percibir por qué se da el salto. Es bueno tener en cuenta que el fuerte en la negociación es aquél que menos necesita de ella y entonces no necesita forzar el ritmo.

e) Existe una relación entre el tamaño de la concesión y el tiempo invertido en ella. Cada concesión tiende a tener la mitad del tamaño de la que la precedió y lleva más o menos el doble de tiempo hacerla.

f) La danza de la negociación generalmente finaliza en un punto medio entre las dos primeras ofertas razonables, siempre que ese punto medio caiga dentro de la ZOPA REAL.[22] Es importante tener en cuenta esos dos aspectos, porque el punto medio no está dado a partir de cualquier oferta inicial. El primer límite está dado por la Oferta Insultante (OI), ya que, de no existir, la estrategia sería pedir 50.000 dólares por parte de Necesitado, de manera que aunque Hortensio contraofertara 0, el precio final sería de 25.000. Pero, como se explicó, en este supuesto ni siquiera hubiera existido negociación.

Con las características apuntadas, la negociación entre Necesitado y Hortensio puede ilustrarse de la siguiente manera:

Primer supuesto. Apertura sobre la base de Ofertas Extremas (OE).

OEV: 16.500.
OEC: 11.500.
Valor de la negociación o «torta» a distribuir: 5.000.
«Danza» de la negociación:

| Oferta n.º | Necesitado | Concesión | Tiempo | Hortensio | Tiempo |
|---|---|---|---|---|---|
| 1 | 16.500 | | | 11.500 | |
| 2 | 15.200 | 1.300 | 2′ | 12.800 | 2′ |
| 3 | 14.550 | 650 | 4′ | 13.450 | 4′ |
| 4 | 14.200 | 350 | 8′ | 13.800 | 8′ |
| 5 | 14.000 | 200 | 16′ | 14.000 | 16′ |

Segundo supuesto. Apertura sobre la base de Valores de Reserva (VR).

VRV: 13.000
VRC: 15.000
Valor de la negociación o «torta» a distribuir: 2.000.
«Danza» de la negociación:

| Oferta n.º | Necesitado | Concesión | Tiempo | Hortensio | Tiempo |
|---|---|---|---|---|---|
| 1 | 15.000 | | | 13.000 | |
| 2 | 14.400 | 600 | 10′ | 13.600 | 10´ |
| 3 | 14.100 | 300 | 20′ | 13.900 | 20´ |
| 4 | 14.000 | 100 | 40′ | 14.000 | 40´ |

El segundo supuesto demandó más tiempo por parte de ambos negociadores, porque el modelo teórico informa de que el aumento de razonabilidad en las ofertas iniciales plantea de forma paralela un aumento de dureza en el ritmo de las concesiones, por una parte, pero, por la otra, menor cantidad de jugadas, porque el hecho de negociar dentro de la ZOPA REAL y a partir de los VR, hace que el Excedente (E) de cada negociador se encuentre a la vista desde el comienzo.

Estas negociaciones tienen un alto grado de previsibilidad, ya que, de observarse el modelo teórico, los resultados pueden discernirse desde las jugadas iniciales. Pero las restricciones externas unidas a distorsiones en la percepción de los Valores de Reserva del otro, pueden modificar el resultado y aun abortar la negociación. Supongamos que la información con que cuenta Hortensio le ha llevado a la convicción de que el VR de Necesitado es de 11.500 en función del apremio por conseguir dinero y lanza su primera oferta a 11.000. La cercanía de esa oferta con el VR de Necesitado hará que Hortensio observe rigidez en las concesiones en función del aumento de razonabilidad que, para él, tiene esa oferta. A poco de mantenerse en esa posición, Necesitado abandonará la negociación porque, para él, la oferta es insultante (OI).

Pero volvamos al primer supuesto, es decir, dos negociadores competitivos obrando competitivamente parten de Ofertas Extremas (OE), pero que el apremio de Necesitado le haga perder de vista el ritmo de las concesiones.

Tercer supuesto. Se modifica el ritmo de las concesiones.

OEV: 16.500.
OEC: 11.500.
Valor de la negociación o «torta» a distribuir: 5.000.
«Danza» de la negociación:

| Of. | Necesitado | Concesión | Tiempo | Hortensio | Concesión | Tiempo |
|---|---|---|---|---|---|---|
| 1 | 16.500 | 11.500 | | | | |
| 2 | 15.000 | 1.500 | 2′ | 12.500 | 1.000 | 4′ |
| 3 | 14.200 | 800 | 3′ | 12.900 | 400 | 6′ |
| 4 | 13.600 | 600 | 5′ | 13.100 | 200 | 10′ |
| 5 | 13.200 | 400 | 8′ | 13.200 | 100 | 16′ |

Como se ve, no se puede pasar por alto la «danza», sencillamente porque, en estas negociaciones, lo que se cede es lo mismo que se pierde y una oferta arrítmica puede redefinir la torta: véase cómo, a la segunda jugada, la «torta» inicial de 5.000 dólares quedó redefinida en 2.500. La consecuencia está a la vista: el valor del precio final del contrato disminuyó a 13.200, con un excedente (E) mayor para Hortensio y menor para Necesitado.

### 7.7. *La negociación integrativa*

En el punto anterior desarrollamos la negociación competitiva o distributiva, así llamada porque las partes negocian repartiéndose la torta, como idealmente denominamos al objeto de esa negociación.

Vamos a tratar ahora la otra modalidad, colocada a la derecha de la línea trazada en el punto 2.5.2, llamada negociación cooperativa o integrativa porque aquí las partes intentarán superar la suma cero en su relación y negociarán asumiendo que el valor a repartir no es fijo, que la torta se puede ampliar.

Los principios esenciales de esta modalidad tienen que ver con los enunciados del modelo de Harvard,[23] denominada negociación por intereses, pero tanto para ilustrar la inconveniencia de la negociación por posiciones en algunos casos como el pasaje de una a otra, me parece muy ilustrativa una historia que contó el profesor Lowry, de la Universidad de Pepperdyne, a la que agregaré algunos datos extras:

Durante el mes de enero de 1991, en plena Guerra del Desierto, un amigo del profesor Lowry viaja a otro Estado para dar una conferencia. Para trasladarse hasta el aeropuerto donde tiene que abordar el avión que lo llevará hasta su destino, decide utilizar su automóvil, que dejará en el estacionamiento de forma gratuita, ya que dispone de un pase otorgado por su Universidad. Esto también representa para él la ventaja de disponer de su automóvil cuando regrese, lo que le permitirá viajar desde el aeropuerto hasta su casa con más rapidez por las demoras que suele haber para conseguir un taxi, con mayor seguridad por los asaltos que están sufriendo esos autos y, además, disfrutar del placer que, para él, significa conducir.

Al regresar y pretender salir del estacionamiento, nuestro profesor tiene una dificultad: esta vez se olvidó el pase y el pago del estacionamiento para retirar el automóvil le demanda la suma de 100 dólares en efectivo. En su billetera lleva sólo 50, lo que es insuficiente para retirar su auto.

Recuerda que en la terminal 3 del aeropuerto, ubicada a 100 metros del acceso a la misma, hay un cajero automático del cual puede retirar el efectivo que le hace falta para pagar el estacionamiento.

El profesor piensa en varias alternativas:

a) Llamar a su casa y pedir que lo vengan a buscar con el pase para retirar de forma gratuita el automóvil; o que le envíen el pase con un taxi.

b) Irse a su casa con un taxi y pasar a retirar su automóvil en el momento posible o deseado.

c) Sacar dinero del cajero, pagar el estacionamiento e irse a su casa con su automóvil.

Después de una breve reflexión descarta que le envíen el pase y, como no le gusta la idea de viajar en un taxi o que alguien de su familia lo haga por razones de seguridad, decide obtener el dinero del cajero eligiendo la última alternativa pero, cuando pretende llegar hasta él, el policía apostado en la puerta de entrada le informa de que, en virtud de las medidas de seguridad imperantes en la estación aérea a causa de la Guerra del Desierto, tiene órdenes de impedir el ingreso a la terminal, a la que sólo se puede acceder siendo pasajero.

Frente a esta nueva dificultad piensa en varias opciones:

a) Darle su tarjeta al policía y pedirle que saque el dinero que necesita para pagar el estacionamiento. No tiene suerte, porque el policía se niega.

b) Conseguir un pase para la terminal 3 en el mostrador de alguna aerolínea. Lo intenta primero con una empleada y después con el jefe, pero no lo obtiene de ninguna manera.

Así las cosas, nuestro profesor piensa que una posibilidad sería entablar una negociación y comienza a analizar las estrategias. Si negociara competitivamente con el policía, comenzaría por las posiciones. ¿Cuál es la posición del profesor? Sí, el ingreso a la terminal. ¿Cuál es la posición del policía? No, no lo dejo. Teniendo en cuenta los conceptos acerca de la primera oferta, el profesor explica al policía que tanto el sí como el no representan ofertas insultantes tanto para uno como para el otro y que deben salir de esas posiciones extremas si desean que la negociación continúe.

Deciden entonces negociar distribuyéndose la torta disponible. Desde la negociación competitiva, ¿qué tienen para distribuir? Seguramente espacio, porque recordemos que todo lo que necesita el profesor es recorrer los 100 metros que lo separan del cajero. Si el regateo distributivo se cumple, el profesor obtendrá 50 metros, o algunos más o menos, y el policía otros tantos. De manera que nuestro negociador competitivo, negociando competitivamente, ha logrado el resultado óptimo. ¿Le sirve? Parece que no, porque a pesar de haber logrado el ingreso a la terminal, igual se quedará sin los 100 dólares que necesita.

Llegado a este estado del análisis, el profesor sabe que tiene que modificar su estrategia, que tiene que cambiar la naturaleza de la negociación, pero no sabe por dónde empezar. Se pregunta nuevamente *por qué* el policía no lo dejó pasar desde el principio, aun antes de negociar con él. Repasa nuevamente las razones que le dieron tanto la empleada como el jefe de la aerolínea para negarle el pase y llega a una conclusión: todos le dicen que no puede ir a la terminal 3 porque no es un pasajero. Ahora que se ha formulado estas preguntas y que advierte que ha sufrido un problema de *escucha*, se da cuenta de que tiene otras alternativas. Se dirige al mostrador de la aerolínea, negocia con el jefe un monto de reintegro por devolver un pasaje una hora antes de viajar, saca un pasaje con su tarjeta de crédito, accede al cajero, obtiene los 100 dólares, devuelve el pasaje, cobra el reintegro, saca su automóvil del estacionamiento y se va a su casa.

El profesor resolvió su problema. Como puede apreciarse, lo que hizo fue negociar primero de forma competitiva y sin resultado; después, el cambio de escucha le permitió cambiar de interrogantes. Ya no se preguntó qué distribuir, sino cómo lo resuelvo.

El propio profesor, mientras conduce hacia su casa, se va preguntando qué hubiera ocurrido si en lugar de distribuir espacio con el policía le hubiera preguntado ¿cómo lo resolvemos? Es decir, qué hubiera pasado si cambiaba la naturaleza de la conversación. Este interrogante por ahora no tiene respuesta. Pero sí queda claro que tanto el recurso de escuchar bien como el cambio de interrogantes, sin restarles la importancia que tienen, no explican todavía cómo es esto de cambiar la naturaleza de la negociación. Un buen comienzo sería analizar los tres elementos que generalmente se mencionan cuando se habla de negociación:

a) Necesidades: Definidas como lo que se debe tener, coincido con Folberg y Taylor[24] en la utilidad que tiene la idea de jerarquía de las necesidades de Maslow,[25] sobre todo porque, como dice Glasser, toda conducta es un intento por satisfacer determinadas necesidades básicas.

b) Posiciones: Definidas como lo que se afirma, el ruido de lo que se dice, prefiero referirme a ellas como a los puntos de vista definibles que tienen las partes sobre las cuestiones; son las perspectivas del problema y su solución.

c) Intereses: Definidos como lo que se desea, lo que está detrás de la posición, lo que la impulsa, las razones por lo que algo se desea, prefiero referirme a ellos como a las necesidades abstractas que deben ser satisfechas para completar la negociación.

Son menos tangibles y mensurables pero bien reales para las partes. El interés no siempre es explícito e identificable. Para el mediador, su detección abre el desvío del conflicto, encierra la estrategia para la solución.

Se han distinguido diferentes tipos de intereses.[26] Prefiero distinguir entre intereses de procedimiento, esenciales, de relación y de principios, por su conexión con el tema de los valores.

Ubiquémonos ahora por un instante en el comienzo de la negociación del profesor con el policía: ¿Cuáles eran las posiciones?

La posición del profesor era sí, ir hasta el cajero; la posición del policía era no, no lo dejo. Desde una óptica distributiva las posibilidades se acabarían aquí, porque ella mira por encima de la línea de la negociación reparando sólo en las posiciones. Un primer movimiento hacia la integración o cooperación sería ubicarnos por debajo de la línea y preguntar ¿cuáles son los intereses[27] que sostienen la posición del profesor, el sí? En principio puede haber varios: acceder al cajero, conseguir dinero, ir seguro a su casa, ir más cómodo, irse placenteramente, ir más rápido. ¿Cuáles son los intereses que sostienen la posición del policía, el no? También en principio puede haber varios: cumplir la orden, hacer pesar la autoridad, que no lo sancionen. Y esto está bien que sea así, porque es cierto: las personas no tienen un solo interés.

Pero para un análisis adecuado, desde la mediación estratégica, todavía faltan elementos. Creo firmemente que cuando hablamos de negociación en el ámbito de la mediación estratégica, estamos hablando de cinco elementos: los tres anteriores y dos más, porque el mediador tiene que poder identificar la cuestión que las partes traen al proceso y tener, al menos, un orden de intereses que le permita moverse en la incertidumbre hacia la identificación de las «palabras clave».

d) Cuestión o tema: Refiere los aspectos identificables concretos de la negociación. Son tangibles y mensurables.

e) Valores: son los que ordenan los intereses, como la idea fuerza o la idea faro para guiar la búsqueda.

En función de estos conceptos podemos distinguir diversas áreas de trabajo:

– Las necesidades conforman el área de lo indiscutible.
– El área de los valores y de las posiciones corresponde al disenso.
– El área de los intereses al consenso.

Regresemos una vez más a nuestra historia. Obsérvese que hemos aislado posiciones e intereses pero ello no basta para explicar por qué asistimos a *esa* negociación y no a otra. Porque recordemos que el profesor privilegió conseguir dinero del cajero por encima de otras opciones que tenía. Es decir, existió un elemento «clave» para que ello fuera así: privilegió la seguridad suya y de su familia sobre otras razones y *ese* valor es el que, a su vez, determinó la cuestión o tema de la negociación y también es el que, como veremos, nos permitirá ordenar los intereses.

Con estos elementos podemos ahora emprender un nuevo análisis. Ahora sí podemos mirar por debajo de la línea de negociación y preguntarnos por los intereses que sostienen las posiciones pero con una idea más precisa del orden de importancia que ellos tienen.

Veamos. El profesor *necesita* dinero para evitar que tanto él como algún miembro de su familia viajen en taxi y, para ello, tiene *interés* en llegar hasta el cajero ubicado en la terminal 3 del aeropuerto. Obsérvese que no sólo han quedado fuera de la lista de prioridades del profesor los otros intereses señalados, a saber, ir seguro a su casa, ir más cómodo, irse placenteramente, ir más rápido, sino que también se ha podido determinar con precisión cuál es la necesidad y cuál el interés.

¿Y qué pasa con el policía? ¿Cuál es el valor que ordena sus intereses? No cabe dudar: la seguridad del aeropuerto. Ello le hace privilegiar el cumplir la orden por encima de otros intereses como hacer pesar su autoridad o evitar que lo sancionen.

Ahora sí que el profesor podrá cambiar la naturaleza de la conversación con el policía, porque podrá explicarle que la satisfacción de su interés en orden a sus necesidades no afectará el valor que ordena los intereses del policía.

Mirando nuevamente la línea de la negociación podemos preguntar:

a) Por encima de la línea, en el nivel de las posiciones, ¿hay conflicto? La respuesta es afirmativa porque el profesor dice sí y el policía dice no.

b) Por debajo de la línea, en el nivel de los intereses, ¿hay conflicto? No, porque el hecho de que el profesor vaya hasta el cajero no volverá inseguro al aeropuerto.

Pero para que esto tenga sentido en términos de negociación, el profesor deberá conversar con el policía de tal modo que le permita conocer ese valor, deberá ser capaz de transmitirle lo suyo y ambos saber escuchar.

O alguien, que se llama mediador, deberá ayudarlos a conversar.

Digamos, pues, que la negociación cooperativa o integrativa reconoce los siguientes principios:

a) Busca superar el intercambio de suma cero. El valor de la negociación no es fijo. Ambos persiguen sus objetivos pero al menor costo posible para el otro.

b) Tiene un enfoque globalizador y expansivo. Para no quedar atada al objetivo más obvio. Pregunta siempre por otros objetivos.

c) Se centra en los intereses y no en las posiciones. Toda negociación intenta resolver cuestiones. La distributiva apunta a las posiciones, la cooperativa a los intereses que subyacen en las posiciones.

### 7.8. *Algunos dilemas*

#### 7.8.1. El dilema de los prisioneros

Cuando analizábamos el punto C de las condiciones que debía reunir una situación para ser negociable, quedó pendiente un problema que era responder a la pregunta acerca de cómo sería posible negociar entre dos sujetos racionales, si cada uno, en cada acto, va a maximizar sus intereses.

Veamos esto desde el famoso dilema de los prisioneros a través del texto de uno de los ejercicios utilizados en clase:[29]

Usted es José de la Ganzúalarga. Ha sido arrestado en el bar «El atraco», al cual usted concurre astutamente para confundir a la policía. Entre sus pertenencias, la comisión policial encontró los planos del banco que, hace diez días, sufrió un robo cuantioso. Entre otras anotaciones que le secuestraron, también se encontró la mención de otro personaje, Agapito La Fuga. Con ese dato, la policía detuvo a Agapito en su reducto y ahora los dos están detenidos y acusados de cometer el atraco, en celdas separadas y sin posibilidad alguna de comunicación entre ambos. Dentro de una semana se llevará a cabo el juicio oral, al término del cual el tribunal dictará su sentencia. El fiscal le ha informado que si usted confiesa que ambos son cómplices y robaron el banco y Agapito no confiesa, a usted le darán 1 año de condena por colaborar en la investigación y a Agapito, por no colaborar, 25 años. Si se produce el caso inverso, es decir, si Agapito confiesa y usted no, Agapito recibirá 1 año y usted 25. Si los dos confiesan, les darán 10 años a cada uno; y, finalmente, si ninguno de los dos confiesa, les darán 3 años a cada uno.

Como se ve, el dilema contiene:

– Dos acciones por prisionero: acusar y no acusar.

– Cuatro perfiles de acciones: José confiesa y Agapito no; Agapito confiesa y José no; los dos confiesan; ninguno confiesa.

¿Cómo se representa en una matriz este juego?

José

| | Confesar | No confesar |
|---|---|---|
| Confesar | 10<br>10 | 25<br>1 |
| No confesar | 1<br>25 | 3<br>3 |

Agapito

Ha pasado la semana durante la cual usted reflexionó y ahora está frente al tribunal para declarar. ¿Cómo declarará usted?

Desde la racionalidad una buena forma de empezar sería preguntarle a José qué le gustaría que le pasara. La respuesta parece obvia:

Primero elegiría confesar y que Agapito no confiese. De esa manera, él cumple 1 año y Agapito 25; en segundo lugar, que ninguno confiese para cumplir 3 años; seguidamente, que los dos confiesen, para cumplir 10 años; y, finalmente, que es la peor para él, elegiría no confesar y que Agapito confiese, ya que deberá cumplir una condena de 25 años.

Pensando desde José no queda duda alguna cuál de las acciones le conviene elegir. Pero el problema es que Agapito piensa lo mismo y esto plantea una paradoja, porque si los dos confiesan, buscando lo que les gustaría que pasase, obtienen un resultado peor desde el punto de vista de la racionalidad, puesto que en lugar de 1 año deberán cumplir 10. Es decir, dos sujetos, actuando racionalmente, arriban a consecuencias irracionales.

7.8.2. El dilema del negociador. Aportes de la teoría de los juegos.
Como vimos, la mayor parte de la tensión en el intercambio de motivaciones mixtas es la que se da entre el impulso de competir y el deseo de cooperar.

La estructura propia del dilema del prisionero aparece también en la negociación, porque si ella es el manejo de motivaciones mixtas, la competencia puede resultar de la necesidad de no ser explotado o del incentivo de obtener la máxima ventaja individual. La cooperación, a su vez, se puede encontrar en variadas razones, como mantener una buena relación o solucionar de forma conjunta los problemas.

Coexisten, pues, la inclinación a la competencia propia del negociador que maximiza sus intereses, con el deseo de cooperar, que va de la mano del temor a ser explotado.

Entonces, tenemos que establecer cuándo vamos a ser cooperativos y cuándo competitivos, porque, como vimos, hay una gran diferencia según lo que decidamos.

Sobre la base de los diferentes experimentos de laboratorio realizados en Estados Unidos se ha hecho un estudio por computadora y, para evitar la explotación, se ha establecido una estrategia que contiene cinco reglas (Lowry y Harding, 1995: 47):

1. Empiece cooperando.

Sin arriesgar demasiado: «La demostración de cooperación puede ser pequeña, como por ejemplo responder de forma expeditiva y gentil a la solicitud de información que uno ya está obligado a compartir» (*Ibid.*).

2. Siga ojo por ojo.

Competividad por competitividad. En este punto es necesario estar advertido de que es más fácil el giro de la competencia a la cooperación que de la cooperación a la competencia. Por eso, si es cooperativo, cuídese.

3. Sepa perdonar.

Si después de competir su oponente se volvió cooperativo aplique el ojo por ojo. Esto le demostrará que la cooperación es el mejor negocio.

4. Sea claro y consistente en el enfoque.

La claridad ayuda a ser predecible y esto permite que su oponente se arriesgue a ser cooperativo.

5. Sea flexible.

La negociación es un proceso dinámico. Trate de no aferrarse a un solo enfoque.

Claro que para que estas reglas se puedan cumplir, tenemos que partir, desde la teoría de los juegos, de los juegos infinitos, porque un juego de una sola jugada no nos serviría ya que no habría posibilidad alguna de aplicar las reglas. Tampoco en un juego de varias jugadas en el que se sepa cuál es la última, porque esto produce un efecto de anticipación tal que la última jugada pasa a ser la primera y transforma al juego en el de una sola jugada. Estas reglas responden a la estrategia de los autómatas.[30]

Retrocedan ahora unos pasos para volver a 2.4.2 y referirnos a aquellos juegos que habíamos excluido de las situaciones de negociación, los de puro conflicto, con especial referencia a los de suma cero y los de pura coordinación.

Los de suma cero lo son por su propia estructura de recompensas, por la cual todo lo que gana uno lo pierde el otro. Pero con Font

Barrot (1997, pág. 57) nos preguntamos qué pasa si retrocediendo un paso lógico nos centramos en el juego de jugar a ese juego.

Concluiremos que ese metajuego ya no es más de suma cero, sino de suma positiva, porque al ponerse de acuerdo los jugadores para enfrentar competitivamente sus respectivas inteligencias para jugarlo aceptando sus reglas, ambos ganan en el placer de jugar.

En el plano de la negociación en el ámbito de la mediación estratégica, el mediador es un buceador que puede explorar para encontrar la forma de lograr que las partes encuentren alguna conveniencia en jugar al juego de la negociación antes que no jugarlo.

Así como la cooperación consistía en ponerse de acuerdo en jugar al juego, la clave será encontrar alguna razón que permita visualizar un resultado que ambas partes valoren como preferible al desacuerdo.

En los juegos de puro conflicto, cuando son de una única jugada, las posibilidades desde la teoría aparecen como improbables porque no permiten la sanción. Pero en mediación, la idea de continuar la relación que puedc hábilmente introducir el mediador, cambia el juego. El resto es cuestión de cambiar las percepciones.

En los juegos de pura coordinación, el secreto es la información. Si Holmes y Moriarty pudieran comunicarse no hay duda de que ambos elegirían la opción que les permitiese ganar a los dos.

La utilidad de estas especulaciones radica en el hecho de que, en la práctica, la mayoría de las negociaciones se plantean de una manera distributiva y aunque la situación no es de suma cero las partes se comportan como si lo fuera.

Por otra parte, en los juegos mixtos, los factores de conflicto y de cooperación se presentan simultánea e indisociadamente, pero los aspectos más negativos tienden a predominar sobre los positivos por la ley de Gresham.[31]

Esto sugiere que de la gestión del conflicto depende que la negociación siga o no. Y esa gestión depende en buena medida de cambiar los presupuestos del juego que juega la gente, priorizando las percepciones en la competencia y la información en la cooperación.

No quiero terminar sin hacer mención a una información que viene de la experiencia personal recogida en la praxis. La aplicación de la teoría de los juegos es un instrumental muy importante para enfrentar la negociación competitiva, porque nos da elementos para resolver situaciones en las que la decisión tiene que tomarse con muy bajas o nulas posibilidades de comunicación o cooperación y sin perjuicio de las decisiones del otro decisor.

Hasta aquí hemos hablado de técnica. Pero es menester no dejar de lado el arte. El arte del mediador para encontrar el equilibrio entre los aspectos más competitivos que permitan obtener la máxima ganancia individual y la cooperación, para generar beneficios conjuntos.

## Notas

1. Como surge del término mismo, la base epistemológica del modelo es el construccionismo.

2. Capítulo I, n. 37. El profesor Remo F. Entelman, abogado, Director del Posgrado en Asesoría Jurídica de Empresas de la Facultad de Derecho de la Universidad de Buenos Aires, viene investigando y enseñando esa teoría desde hace décadas especialmente en la República Argentina. Los desarrollos realizados por el profesor Entelman a esta teoría de origen sociológico, hicieron posible su aplicación a las relaciones interpersonales, que es decisivo para la mediación.

3. En el capítulo I, 1.4. se adelantan aplicaciones de estas disciplinas.

4. Pierce (1994) dice que «todos coincidimos, primero, en que el lenguaje construye el mundo, no lo representa. Concordamos en que no es posible representar el mundo tal como es con anterioridad a la representación, porque el lenguaje tiene un efectivo aspecto formativo. Decir cómo se llama algo no es simplemente nombrarlo o hablar sobre eso: es, en sentido muy real, convocarlo a ser como uno lo ha nombrado».

5. «Este nuevo paradigma consiste en nuevas maneras de pensar sobre nosotros mismos, nuestra relación mutua y la sociedad en la que vivimos.» Obra citada, página 268.

6. Glasersfeld (1994: 115 y 118).

7. En el sentido de la Teoría General de los Sistemas, es decir, los sistemas vivientes.

8. Glasersfeld (1994: 123).

9. En ese contexto debe entenderse la complejidad de la tarea del mediador, en la medida que su trabajo radica en percibir de qué manera perciben las partes y, además, de qué manera percibe él mismo, que conduce al tema de las cualidades, aptitudes y formación del mediador.

10. Singer (1969: 37). Este autor, dice que «podemos hablar de interacción cuando dos o más entidades realizan conductas recíprocas y puede detectarse una secuencia de por lo menos dos actos discernibles tales

que el primero pueda razonablemente ser interpretado como parcialmente responsable del segundo». Entelman, R., Papel de trabajo IV, pág. 4.

11. Viraje coincidente con el atributo sustancial del modelo de proceso que propongo. Véase capítulo I, 1.4.

12. «La incompatibilidad de metas en que el conflicto consiste puede existir, teóricamente, entre partes que solamente tienen esas relaciones conflictivas y ninguna otra de cooperación, o entre partes que además de tales relaciones conflictivas están vinculadas por intereses comunes y complementarios, que generan entre ellas cooperación o intercambio de cualquier naturaleza. Debemos distinguir también cuando las partes tienen una sola relación de conflicto sobre un set único de metas incompatibles, de los casos en que mantienen varios conflictos o el conflicto abarca más de una incompatibilidad sobre más de un set de metas. En la realidad, es muy difícil encontrar una relación de conflicto que se dé aislada de toda otra relación entre las mismas partes. Ello es obvio y se evidencia por el solo hecho de la existencia de un contexto social dentro del cual las partes conviven. Entelman, R., Papel de Trabajo, n.º III, pág. 8.

13. Una matriz es una representación de un perfil de acciones. Un perfil de acciones está conformado por las acciones de uno y las acciones del otro.

14. «Hay relaciones de conflicto en que la tónica está puesta en la relación entre los actores. Otras en las que el énfasis se da en la temática conflictiva, es decir, en la materia de conflicto, en los objetivos, metas, pretensiones y propuestas de las partes. En el primer supuesto hablamos de conflictos de dimensión actoral. En el segundo, de conflictos de dimensión objetal». Entelman, Remo F., Papel de Trabajo IV.

15. Véase capítulo I, n. 44. El profesor Entelman dice que «cada una de estas dimensiones condiciona de manera diversa el contenido de las tres variables de la interacción. (...) Con relación a la variable acuerdo-desacuerdo (...) Podemos decir que mientras en el conflicto de dimensión objetal las posiciones de los actores se fundan en un cálculo de pérdidas y ganancias, en los de dimensión actoral se basan en el "cálculo de afecto" (...) las alianzas, en el conflicto de dimensión actoral son de las que Caplow caracteriza como alianzas "contra alguien", más que alianzas "para algo". Estas últimas emergen de los conflictos de dimensión objetal (...) También en el nivel de la variable actos positivos y actos negativos, la relación de éstos es afectada por la dimensión en que se centre el conflicto. En los conflictos objetales los objetivos varían de uno de los temas conflictuales a otro de los temas conflictuales y los actos negativos o positivos se dirigen a cada uno de ellos independientemente, como actos que pueden ayudar o entorpecer la obtención de esas metas separadas. Cuando el conflicto tiene dimensión actoral los actos negativos y positivos tienden a concentrarse del mismo

modo en que tienden a fusionarse los objetivos, lo que contribuye al aumento de los actos negativos, al predominio del "cálculo de afecto" o, al menos, a la interpretación de que el adversario actúa no "para" obtener algo sino en "contra" de su oponente (...) Por último la variante amistad-hostilidad es afectada por la dimensión. Cuando el conflicto es objetal, las partes tienden a pensar en términos de ganancias o pérdidas propias, sin preocuparse por generar más costos o daños al adversario. (...) En el conflicto de dimensión actoral, los actos tienen fuertes percepciones de satisfacción o de disgusto en relación con el daño que le producen al adversario o la ventaja con que lo benefician.» Entelman, Remo F., Papel de Trabajo IV, pág. 15.

16. Este término despertó asombro y resistencia cada vez que lo utilicé en clase. Sólo tiene la finalidad de enfatizar las exigencias del modelo que demanda de forma permanente el uso de la estrategia.

17. Todos los derechos Ley 11.723 y sus modificaciones reservados por Fundación CEMFA. Autorizado su uso a Rubén Alberto Calcaterra.

18. «Cada uno de ellos tiene que tratar de determinar su MOAAN, mejor opción a un acuerdo negociado. Supondremos que mediante el análisis de las consecuencias de no lograr un acuerdo, cada uno de los negociadores establece el valor de umbral que él o ella necesita. El vendedor tiene un precio reservado, $s$, que representa el mínimo que aceptará; cualquier valor de contrato final, $x^*$ que sea menor que $s$ representa una situación para el vendedor que resulta peor que la de no acuerdo. Si $x^*$ es mayor que $s$, entonces podemos pensar en $x^* - s$ como el excedente del vendedor. El vendedor desea maximizar su excedente. El comprador tiene algún precio reservado, $b$, que representa el máximo que aceptará; cualquier precio de contrato final, $x^*$, que sea mayor que $b$ representa para el comprador una situación que resulta peor que la de no acuerdo. Si $x^*$ es menor que $b$, entonces podemos pensar en $b - x^*$ como el excedente del comprador (Raiffa, 1996: 53).

19. «En algunas culturas es aceptable reunir a la fuerza, pero verdaderamente, todos los argumentos en pro de uno mismo y evitar toda ayuda gratuita a la otra parte. En otras culturas es aceptable exagerar o incluso modificar la verdad aquí y allá, pero no en demasía. En otras culturas más, una farsa verdaderamente grande, si se lleva a cabo con sagacidad y buen humor, es algo de lo que hay que jactarse, y no algo de lo que haya que esconderse, especialmente si tiene éxito» (Raiffa, 1996: 54).

20. «Si $b$ es menor que $s$, es decir, si el precio máximo que aceptará el comprador es menor que el precio mínimo que aceptará el vendedor, no hay zona de acuerdo posible. No obstante, si $s$ es menor que $b$, entonces la zona de posible acuerdo (para el contrato final $x^*$) es el intervalo de $s$ a $b$», (Raiffa, *op. cit.*).

21. «Los jugadores que se ponen a sí mismo en el papel de uno o del otro de estos negociadores harán naturalmente muchas preguntas. ¿Qué análisis deben hacerse? ¿Qué trucos de negociación parecen dar resultado? ¿Debo abrir primero con una oferta? Si abro primero, ¿qué tan lejos debo ir? ¿Estoy en peor posición dando un valor razonable que me rinde un excedente respetable y permanezco firme o debo empezar con un valor extremo y marcar el paso de mis concesiones con las de la otra parte? ¿Cuál es un patrón de concesiones razonable? (Raiffa, 1996: 55).

22. «Una vez que hay dos ofertas sobre la mesa, la mejor predicación del contrato final es el punto medio, siempre y cuando el punto medio caiga dentro de la zona de acuerdo. Si el punto medio cae fuera de esa zona, entonces es difícil predecir dónde caerá el contrato final». (Raiffa, 1996: 56).

23. «En el Proyecto sobre Negociación, de Harvard, hemos desarrollado una alternativa para la negociación basada en posiciones: un método de negociación diseñado explícitamente para producir resultados prudentes de forma eficiente y amistosa. Este método, denominado negociación según principios o negociación con base en los méritos, puede resumirse en cuatro puntos básicos. Estos cuatro puntos definen un método directo de negociación que puede usarse en casi cualquier circunstancia. Cada punto trata un elemento básico de negociación, y sugiere lo que debe hacerse.

Las personas: separe a las personas del problema.

Los intereses: concéntrese en los intereses, no en las posiciones.

Opciones: genere una variedad de posibilidades antes de decidirse a actuar.

Criterios: insista en que el resultado se base en algún criterio objetivo». (Fisher, 1985: 11 y 12).

24. «Este concepto de jerarquía de necesidades, es pertinente para los mediadores en especial, dado que la mayoría de los clientes acude a los mediadores por la amenaza de pérdida de sus necesidades básicas», (1992: 87).

25. Maslow (1954). Coloca en la cúspide de la pirámide, que es también la parte más afinada de la misma, a la autorealización. En orden descendente y ocupando espacios cada vez más anchos, a las necesidades altruistas como la autoestima, a las necesidades sociales como el afecto, a las necesidades de seguridad y protección como refugio, vestido, cordialidad, hasta llegar a la base con las necesidades de supervivencia como el agua, el alimento, el aire.

26. Para la profesora Deborah M. Kolb existen intereses substantivos (costos, recursos, calidad, tiempo), intereses correlativos (mantener relaciones, proceso productivo a largo plazo), intereses de organización (función de protección, promover carrera, verse bien, salve su imagen). También se ha distinguido entre intereses comunes, diferentes, antagónicos y compatibles o incompatibles.

27. Fisher y Ury (1985: 55 y 56) dicen que en casi toda negociación cada parte tiene muchos intereses, no solamente uno y que uno de los errores comunes en el diagnóstico de una situación de negociación es suponer que cada persona de la otra parte tiene los mismos intereses. Esto casi nunca sucede. Todo negociador tiene unos electores, un público a cuyos intereses él es sensible, sea su empleador, su cliente, su empleado, sus colegas, su familia, su esposa. Comprender los intereses del negociador significa comprender la variedad de intereses ligeramente diferentes que él debe tener en cuenta.

28. En la Tercera parte, capítulo III, 10.4.1.2. se desarrolla este tema, pero por ahora digamos que las palabras clave son aquellas con las que, «en una palabra», se puede condensar, resumir, exponer la cuestión nuclear que domina cada historia.

29. Todos los derechos Ley 11.723 y sus modificaciones reservados por Fundación CEMFA, autorizado su uso al autor de este libro.

30. Axelrod, 1984, «propone, para el dilema del prisionero repetitivo, una estrategia cooperativa fundada en el principio de empezar cooperando en la primera jugada y, en las jugadas sucesivas, aplicar la norma del *tit for tat*, que podemos también llamar ojo por ojo: hacer con el otro lo que el otro nos haya hecho, esto es, cooperar si en la jugada anterior (que es la inmediatamente observable) el otro haya cooperado, y no cooperar si en la jugada anterior el otro no ha cooperado. En cuanto el otro vuelve a cooperar, nosotros restauramos la cooperación en la jugada siguiente y así sucesivamente (...) Esta estrategia propuesta por Axelrod ha sido puesta a prueba en un torneo que consistía en jugar series de 150 repeticiones del dilema del prisionero por parejas de jugadores siguiendo estrategias en forma de programas de ordenador. La estrategia del ojo por ojo fue la más productiva globalmente considerada, es decir, resultó ser la estrategia que más cooperación generaba. Sin embargo, es una estrategia que referida al juego entre dos jugadores no puede ganar nunca. Como máximo empata, y en el peor de los casos pierde por una sola jugada. Es una estrategia que consigue motivar la cooperación siempre que esta sea posible, a la vez que disuade la explotación». (Font Barrot, 1997: 147).

31. «Lo que se denomina Ley de Gresham muestra que los elementos más negativos, más peligrosos y más dañosos de la conducta de interacción conflictual, van con el tiempo excluyendo a aquellos otros que hubieran mantenido el conflicto en el estancamiento dentro de límites ecaptables». Entelman, R., Papel de Trabajo, IV, pág. 17.

# SEGUNDA PARTE

# LAS PARTES Y EL MEDIADOR

# 1

# Las partes

Yo no soy Yo sino por una identificación a un personaje que constituye el ideal de mi Yo.

HENRI EY, *Tratado de Psiquiatría*

## 1. Persona y personaje

Vamos a hablar ahora del material con el que trabaja el mediador. Vamos a hablar de ese material sensible, sumamente complejo que son las partes.

Más adelante afirmaré que la mediación es un contexto de adversarios al que las partes concurren para obtener resultados (tercera parte, cap. 3, n. 49). Este es un concepto introductorio muy importante porque, en mediación, rara vez, de entrada, nos vamos a encontrar con las personas.

Si la finalidad de esas personas es obtener resultados que obviamente sean convenientes para ellas, a los estilos de personalidad[1] que al mediador le resultará útil conocer al solo efecto de contar con un elemento más para moverse en el proceso, le tendrá que agregar el hecho de que cada una de ellas concurre a la mediación a representar el personaje que le permita obtener esos resultados deseados.

Resulta fácil apreciar por qué en párrafos anteriores me referí a la epistemología de la complejidad (tercera parte, cap. 2, 5) como soporte adecuado para el abordaje de los conflictos, en tanto la tarea del mediador arranca desde el doble registro que necesariamente debe hacer para entender qué discurso corresponde a cada área –persona o personaje– que las partes le traen.

Mientras el personaje le hablará desde la defensa de las posiciones, el mediador necesitará hablar con la persona que se esconde tras ese personaje. Recién cuando logre llegar allí habrá corrido el velo y podrá hablar con ese objeto extraño y multidimensional que es el hombre.[2] Pero no para ignorar al personaje que integra la persona, sino para hablar con el todo y no sólo con la parte (primera parte, cap. 2, n. 26). Recién entonces podrá hablar de sus anhelos, de sus sueños, de sus dolores, de sus placeres. Recién entonces podrá hablar de sus necesidades, de sus intereses, de sus valores. Recién entonces podrá acercarse a la perspectiva del problema desde las personas y comenzar una tarea que va a pasar por las tres fases básicas (tercera parte, cap. 2) del modelo que propongo:

– Deconstrucción del conflicto.
– Reconstrucción de la relación.
– Co-construcción de la solución.

## 2. La persona y el conflicto interpersonal. Fases de desarrollo

Desde una tipología del conflicto,[3] la experiencia indica que aquellos que más frecuentemente se presentan en mediación corresponden al área de los conflictos interpersonales.

Gulotta, G. y Santi, G. (1998: 91-98), afirman que, en general, una situación de conflicto interpersonal se desarrolla a través de cuatro fases:

A. Fase del inicio: Oposición potencial.
B. Conciencia de la existencia de un conflicto y su consecuente concreción.
C. Fase del comportamiento intencional: declaración definitiva del conflicto.
D. Resultados.

En mi experiencia recogida a través de la praxis, durante la primera etapa las partes presentan un sentimiento de asombro frente al conflicto. Todavía no lo aceptan, es como si no pudieran creer que «eso les está pasando».

Si ambas partes ingresan en el proceso de mediación en esta fase, el mediador puede trabajar el plano de la conciencia (primera parte, cap. 1, 4.1.), pero si sólo una de ellas lo está y la otra ha progresado hacia fases posteriores, tendrá que poner sumo cuidado en el manejo de la situación, ya que entre las partes existe un desequilibrio en cuanto a las prevenciones sobre las consecuencias del conflicto, por una parte, y, por la otra, la posibilidad de que el conflicto escale si la parte «consciente» del conflicto interpreta la actitud de la otra como meramente dilatoria.

La fase 2 contiene los preliminares de la contienda. Es muy común durante esta fase que las partes intenten diferentes contextos de abordaje mediante consultas a abogados, psicólogos, consultores familiares, contadores públicos y amigos. Si llegan a la mediación, el mediador tiene la oportunidad de administrar el conflicto evitando que progrese hacia niveles mayores de conducta conflictiva (tercera parte, cap. 1, n. 4).

La fase 3 es la de abierto conflicto en la que sólo se trabaja su resolución y corresponde a la mayoría de los casos que ingresan en el proceso de mediación.

La fase 4 corresponde al contexto dentro del cual se controvierte y la dirección que ha tomado el conflicto, esto es, constructivo o destructivo.

En relación a los contextos, creo que la mediación es uno de los modelos más sintónicos de abordaje y tratamiento de los conflictos interpersonales, en función de su metodología (primera parte, cap. 1, n. 32).

## 3. El comportamiento humano

También como aporte para el acercamiento del mediador a la parte, resulta útil decir que el comportamiento humano es una función de interacción entre las características personales y las condiciones situacionales. De ahí la importancia de los recursos que reformulan los problemas, reencuadran los hechos y los contenidos del conflicto y recontextualizan la situación (tercera parte, cap. 3, 8.3. - 8.5.).

## 4. Fuentes de información

Asimismo, el mediador obtendrá información de las siguientes fuentes:

4.1. *De la parte como sujeto*

4.1.1. Características.

- Físicas.
- Intelectuales.
- Emocionales.

4.2. *De las «áreas de carencia»*

Se ubican en el nivel de la expresividad, de la sensibilidad y del control emotivo, de la sensibilidad, de la influencia y de la competencia social.

4.2.1. Expresividad emotiva
Hay personas que padecen de expresividad emotiva. No pueden decir lo que sienten o tienen dificultades para ello. Con ellas, el mediador deberá realizar frecuentes movimientos para que se expresen. Los modelos de mediación que operan con el concepto tradicional de neutralidad, o sea, cuando no la han resignificado (primera parte, cap. 1, 1.8.1.), se encuentran con problemas para trabajar con estas personas, porque se encuentran en una disyuntiva: o violan la imparcialidad entendida como capacidad de no favorecer a ninguna de las partes o dejan a alguna de ellas sin la posibilidad de expresar sus emociones.

4.2.2. Sensibilidad emotiva
Hay otras con problemas en su sensibilidad emotiva. No pueden «ponerse en los zapatos del otro» o tienen dificultades para ello. Estas personas plantean serios problemas para hacer evolucionar el proceso sobre la base de la colaboración mutua, porque sólo se escuchan a sí mismas y siempre es la otra persona la causante del conflicto.

Adoptan posiciones rígidas y construyen un conflicto de tipo causal lineal: la causa es el otro; la consecuencia es el conflicto. La dificultad para el mediador es crear interdependencia con ellos (tercera parte, cap. 3, 10.3.1.).

4.2.3. Control emotivo
Está referido a las dificultades para comunicar lo que piensan. Estas personas plantean situaciones dramáticas en el proceso de mediación, porque su impotencia es tal que puede derivar en el abandono del proceso o en la adopción de actitudes y conductas violentas como desahogo. El mediador debe estar muy atento cuidando de que no se «carguen» de tensión por la propia represión de sus expresiones para evitar las consecuencias de la «descarga».

4.2.4. Sensibilidad social
Tiene que ver con la observancia de las reglas sociales y con la razón de su existencia. Estas personas no respetan esas reglas y las complicaciones para el proceso de mediación es que llegan tarde a las sesiones, no pagan los honorarios y no respetan las reglas del proceso. La dificultad mayor se plantea en el área del acuerdo, porque son muy proclives a llegar rápidamente a él, pero después no lo cumplen. Para ellos se revela como muy conveniente el modelo que propongo en cuanto prevé una etapa de rodaje del acuerdo (tercera parte, cap. V).

4.2.5. Influencia social
Revela la falta de capacidad de algunas personas para que los otros hagan algo para ellas. La cuestión se plantea cuando el conflicto ocurre entre una parte con carencia y otra parte con una gran capacidad en este área, sobre todo en el estadio negocial porque puede haber explotación de uno por el otro.

4.2.6. Competencia social
Entendida como la capacidad para afrontar, analizar y resolver problemas humanos. Para analizar este área es menester distinguir dos variables:

a) Cómo cada uno construye los problemas.

Hay personas que colocan los conflictos afuera, es decir, no son de ellos, no reconocen ninguna participación ni responsabilidad en su construcción, mientras otros se atribuyen toda la responsabilidad.

b) Cuál es su capacidad para resolverlos.

Aquí se puede observar una regla similar con relación adónde colocan la capacidad de resolución, o sea, la ubican como un potencial propio o se declaran incompetentes para depender de la solución que desde afuera pueda llegar.

Sobre la base de esas dos variables, se pueden aislar cuatro posibilidades:

a) El conflicto es externo y la capacidad de resolución también.

En mediación, ésta es la posición de la mayoría de aquellos que hablan primero: «Yo no hice nada para que este conflicto exista, así que no tengo nada que resolver». Es el discurso que tiende a deslegitimar al otro.

b) El conflicto es interno pero la capacidad de resolverlo está afuera de la persona.

Son los casos de auto-atribución de la génesis conflictiva pero con un bajo nivel de empeño para afrontar y analizar la situación, que se corresponde con un alto nivel de derivación para que otro analice y resuelva.

c) El conflicto es externo pero la capacidad de resolverlo es interna.

Este es el punto hacia donde necesitamos hacer evolucionar el conflicto en mediación, porque queremos trabajar poniendo el conflicto «afuera» de las personas pero contar con que ellas estén dispuestas a afrontarlo.

d) El conflicto es interno y la capacidad también.

Es el área de la culpa: «El problema lo tengo yo y sólo yo puedo resolverlo». Este es el discurso de quien se deslegitima a sí mismo. La gran dificultad del mediador es que, cuando esta historia es contada por todos, es una historia confirmada que impide salir a la persona de esta posición.

### 4.3. *De «la persona en situación»*

El mediador podrá observar la diferencia que existe en la forma de conducirse de la parte cuando mantiene entrevistas privadas con ella o conjuntas con la otra parte o es puesta «en situación».

Con este término, quiero referirme a la persona puesta en la escena del conflicto. Por ejemplo, un conflicto familiar donde se discute acerca de los distintos criterios que las partes tienen sobre las salidas de los hijos o su comportamiento en la escuela. O un conflicto entre distintas áreas de la gerencia de una empresa, la de finanzas y la de *marketing*, en el que se controvierte la conveniencia de adjudicar fondos para una campaña de publicidad.

Es muy útil que el mediador tramite la oportunidad de observar a las partes en disputa, la pareja marital o ambos gerentes, «en situación», o sea, frente a las otras personas que conforman el escenario del conflicto, por ejemplo, citando a una reunión con los hijos de ambos o con el gerente general. Está demostrado que, en estas oportunidades, las personas mantienen una regularidad o exteriorizan cambios con respecto a las actitudes, conductas y opiniones que mostraban en las reuniones con «la otra parte», de las que adoptan en una reunión integrada con otros que también son parte de la red del conflicto.

Este juego de regularidad y cambio es una fuente de información para el mediador.

### 4.4. *De los métodos para conducirse en el proceso*

Sobre la base de la clasificación que realizan Gulotta y Santi (1988: 100-101) y la experiencia recogida en la práctica, distingo:

#### 4.4.1. Pasivos

El reconocimiento del conflicto es nulo o mínimo y presenta las siguientes variantes:

##### 4.4.1.1. Ausencia

El problema es considerado sin importancia.

«Este conflicto se resuelve solo».
«Esta dis*cusión no es necesaria*».

4.4.1.2. Anulación

A través de varias acciones:

- La discusión es evitada para minimizar las reacciones de la otra parte.
- No se escucha que la otra parte plantea un conflicto.
- No se admite que lo que plantea lo sea.

Hay una actitud de subestimación hacia la persona de la otra parte o a lo que reclama en el sentido de que no tiene entidad de conflicto. Se manejan con abstracciones, bromas, hostilidad, burlas, pesimismo o cambian de tema, por ejemplo, haciendo cuestiones de semántica para que la discusión sobre el significado de las palabras reemplace la discusión del problema.

4.4.2. Distributivos

El reconocimiento del conflicto es explícito pero con búsqueda de concesiones o favorecimiento. Esconde una evaluación negativa del otro y una búsqueda de que cambie para que las cosas sean como él/ella quiere.

Se da con variables.

4.4.2.1. Coercitivos

Mediante el manejo emocional del otro para lograr obediencia o, directamente, utilizando amenazas.

> «Sabes muy bien que con esta separación estás destrozando a los niños».
>
> «Está bien. Si quieres separación, tendrás separación. Pero olvídate de los niños».

4.4.2.2. No coercitivos

Tratar de persuadir o convencer al otro para que haga o deje de hacer algo, pedirle que cambie o, aquellos más honestos, procurar el favorecimiento de forma expresa.

> «Te costaría tan poco hacer/no hacer lo que te pido».
>
> «Para comenzar a hablar de separación necesito tener la seguridad de que va a aceptar que yo me quede con toda la casa».

4.4.3. Integrativos

Aquí hay un reconocimiento explícito pero sin búsqueda de favorecimiento. La evaluación del otro es positiva o neutra.

Es común observar este método en los casos en que las partes han transitado por un largo camino de fracasos en los intentos de resolver sus problemas o vienen derivados de algún servicio de terapia en el que han analizado con profundidad la problemática y llegan a la mediación para acordar algunas cuestiones específicas o las metas son concretas (primera parte, cap. 1, n. 38) y el conflicto es objetal (tercera parte, cap. 2, n. 5) con una alta necesidad de las partes de resolverlo.

En este caso, las variables que he podido detectar dependen del grado de creatividad y flexibilidad de cada parte, en el sentido de que pueden explorar más o menos situaciones alternativas.

## Notas

1. Los rasgos de personalidad son patrones persistentes de formas de percibir, relacionarse y pensar sobre el entorno y sobre uno mismo, que se ponen de manifiesto en una amplia gama de contextos sociales y personales. Es útil, asimismo, incluir el concepto de trastornos de la personalidad, que son patrones permanentes e inflexibles de experiencias internas y de comportamientos que se apartan marcadamente de las expectativas de la cultura del sujeto y que se manifiestan en al menos dos de las siguientes áreas: congnoscitiva, afectiva, de la actividad interpersonal y del control de los impulsos. En general, el trastorno de la personalidad provoca malestar y deterioro laboral, social y afectivo. En el Apéndice 2 se desarrolla la clasificación de esos trastornos así como las características de cada uno de ellos según la Organización Mundial de la Salud.

2. Morin (1994: 433 y 434) dice que «Cuando hablamos del hombre sentimos que nos referimos a algo genérico y abstracto. El hombre es un objeto extraño, algo a la vez biológico y no biológico (...) El ser humano es de naturaleza multidimensional. Por otra parte, ese hombre que nuestros manuales llamaban *homo sapiens* es al mismo tiempo *homo demens*. Castoriadis dice: "El hombre es ese animal loco cuya locura ha inventado la razón" (...) En ese hombre que es *sapiens* y *demens* hay alguna mezcla inextricable, un pensamiento doble: un pensamiento que yo llamaría racional, empírico, técnico, que existe desde la prehistoria y es anterior a la humanidad (...) También hay un pensamiento simbólico, mitológico, mágico. Vi-

vimos permanentemente en ambos registros. No se puede suprimir la parte de los mitos, las aspiraciones, los sueños, la fantasía».

3. Entelman, R., Papel de Trabajo, n.º II, pág. 7, dice que hablar de una tipología supone admitir que hay distintas clases o subclases de conflictos y que, a esta altura del avance de la investigación pura sobre el conflicto, son diversas las clasificaciones intentadas. No se pregunta por la verdad o falsedad de una tipología, sino por su utilidad teórica. La que más le interesa es la de los autores que hablan de conflictos personales, además de los que con una u otra denominación involucran actores colectivos (intra o extra grupales, intra o extra sistemáticos, intra o extra estatales, nacionales o internacionales). Con la denominación conflicto personal se refiere al que se da entre dos o más individuos que no alcanza a ser un conflicto entre dos grupos sustantivos dentro de la sociedad, sin que ello signifique que las nociones que maneja ni las técnicas que trata de brindar no sean aplicables a conflictos entre grupos más numerosos, ya que, la casi totalidad de los conceptos desarrollados y de las técnicas con que trata de manejar los conflictos entre particulares, han sido extraídos de los estudios sobre los conflictos sociales o internacionales. La clasificación de conflictos personales, sociales o internacionales, excluye los conflictos internos del individuo, de los que se ocupa la psicología, y también la oposición psicológicamente conflictiva entre metas alternativas incompatibles que se proponga un solo individuo. Sin embargo, no niega que el manejo del conflicto enriquece sus posibilidades si al apuntar hacia los actores se tiene conocimiento de su problemática y de sus motivaciones. Por ello, la inclusión de los tipos de personalidad que contiene la n. 1 sólo tiene la finalidad de que el mediador tenga a su disposición un elemento más que colabore con su trabajo, pero sin la mínima pretensión de que lo utilice como diagnóstico.

# 2

# El mediador. Formación y capacitación

> La verdadera formación es aquella que promueve el desarrollo personal, profesional y social de los sujetos, así como la autonomía de pensamiento y acción.
>
> MARÍA CRISTINA DAVINI

Ya he hecho referencia al rol del mediador (primera parte, cap. 1, 1.8.). Interesa, pues, en este capítulo, abordar un tema que, a mi juicio, es decisivo para la suerte del proceso de mediación y de la mediación misma como medio de resolución de disputas. Es el tema de la formación y capacitación del mediador. Es este un tema que parece sencillo, pero presenta dificultades cuando se lo enfoca desde la complejidad[1] y que, como corresponde a un modelo que la reconoce como a uno de sus soportes (parte I, cap. 2, 5), trata de ser consecuente con ella.

En este sentido, la formación y capacitación del mediador seguirá la misma suerte que todo fenómeno complejo y deberá observar sus exigencias. Recordemos que, por definición, lo complejo no puede ser simple. La primera condición que impone la complejidad, entonces, es que la formación y capacitación del mediador no puede regirse por los principios de reducción, de división y de disyunción que caracterizan al paradigma de la simplicidad, porque ello la alejaría de la apropiación de los diferentes campos del saber implicados con la debida integración y traducción a nuestro campo, como se ha formulado en la Primera Parte, Capítulo II.

De manera que la formación que propongo debe pensarse a partir de la asimilación de los aportes de las disciplinas implicadas y de los principios y virajes expuestos en el citado capítulo.

Pero la formación también debe ser capaz de dar al futuro mediador un modelo de proceso que se estructure sobre la base de esos aportes, principios y virajes y que, además, dé cuenta tanto de la utilidad y el sentido de cada uno de ellos como de la oportunidad de su utilización.

La capacitación no debe detenerse en concebir al mediador como un operador especializado en virtud de la adquisición de una serie de conocimientos determinados, olvidándose del mediador como persona atravesada por una historia, que siente y piensa también de una manera determinada.[2]

Y menos aún, enviarlo a abordar un conflicto interpersonal en donde se topará con la disyunción entre persona y personaje (supra, cap. 1, 1) sin prevención alguna.

Finalmente, y en la medida en que el mediador va a operar coconstruyendo un proceso cuya característica es producir cambios, la formación debe incluir la experiencia necesaria para permitir al mediador conocer qué es el cambio y cómo opera en las personas y en los grupos.

Lamentablemente, debo decir que la mayoría de los programas de formación impartidos a los mediadores ha soslayado esos principios fundantes, y se han planificado sobre la base del paradigma de la simplicidad, exhibiendo carencias en tres niveles: en el nivel de los contenidos, en el de la pedagogía y en el del desarrollo personal del mediador.[3]

En el nivel de los contenidos se ha puesto poco énfasis en hacer del mediador un verdadero negociador, quizás por la influencia del concepto clásico de neutralidad que lo concibe como un mero facilitador de la comunicación entre las partes y niega que, como una parte del sistema que con ellas integra, deba participar de forma activa en el proceso de negociación que subyace en toda mediación.[4] Es menester que la preparación del mediador trascienda los postulados del modelo de Harvard, imprescindible por cierto, pero también insuficiente para manejar procesos en los que se negocia en situaciones de alta competencia y con negociadores expertos. El mediador necesita conocer los instrumentos que provienen de las teorías matemáticas y de los juegos (primera parte, cap. 2, 7.4.2.) no sólo para ser eficiente sino para no ser utilizado por esos negociadores.

Otra carencia, siempre en el nivel de los contenidos, ha sido relativizar la obviedad que representa el hecho de que aquellos que trabajarán con conflictos necesitan de una teoría del conflicto de base científica, que los dote de instrumentos idóneos de aproximación cierta a la parte no visible del iceberg, cuya parte visible es la que llega a la mediación bajo la forma de una disputa.

Todo mediador estratégico debe contar, también, con los recursos que la inteligencia y la estrategia le aportan para la recolección y el manejo de la información.[5]

En el plano de la pedagogía, ha prevalecido una transmisión de contenidos a cuyo mérito ya me he referido en los párrafos anteriores, acompañada de una incipiente o nula problematización.[6]

Todo ello ha contribuido poco para ayudar al futuro mediador a realizar el movimiento reflexivo necesario en todo proceso de apropiación del conocimiento y, en la praxis, para conducirse por los caminos de la incertidumbre que toda mediación propone. De esa manera, asimismo, se lo mantuvo alejado del principio ecológico de la acción (primera parte, cap. 2, 5.1), propio de este modelo de mediación estratégica.

Pero la orfandad mayor está en la nula información acerca de las implicancias que el proceso puede plantear al mediador en función del cruce[7] entre las historias de las partes y la suya propia, así como en la ausencia total de técnicas de desarrollo personal[8] que le permitan realizar el retorno auto-observativo y autocrítico que la complejidad reclama,[9] sobre todo en las mediaciones donde las emociones están profundamente implicadas.

Por otra parte, los atributos que pedimos al mediador, como la creatividad y la flexibilidad, no son cuestiones teóricas; también implican un cambio en la manera en que hasta ahora hemos estado concibiendo la formación de profesionales, un cambio que implica al sí mismo, al *self* del mediador, un cambio que radica en la exploración de sus propios potenciales.

Se puede entender ahora con facilidad la importancia del aporte de *las teorías del self, del sí mismo,*[10] en la formación del mediador.

El profesor Goolishian dice que siempre hemos comprendido qué somos y quiénes somos a partir de las narraciones que nos relatamos mutuamente.

Es a través de esta concepción narrativa del *self*, que se funda en la observación de la actividad que los humanos llevamos a cabo de forma inexorable, en público o en privado, que es la producción de significados a través del lenguaje, que nuestro modelo integra al mediador al sistema que conforma con las partes y le da sentido al término observación, en este contexto.

En un hermoso libro del que es autor, Osvaldo Ortemberg dice que «tras el mundo social que representa ejercer nuestra profesión, existe un mundo familiar, psíquico y sexual que, por el simple hecho de ser humanos, llevamos a nuestro lugar de trabajo» (Ortemberg, 1990: 93).

Cuando la gente consulta al profesional por una situación de conflicto, también le lleva su particular forma de verlo – proveniente fundamentalmente de su historia– que, a su vez, puede hallar alguna resonancia en la historia[11] personal del profesional. Y me apresuro a aclarar que esto no ocurre solamente en los casos de familia.

Resulta indispensable, entonces, la experiencia de un desarrollo personal que permita al mediador construir los miradores desde los cuales discriminar historias. De lo contrario, acumulará conocimientos pero frente a la intersección entre el tema del consultante y algún tema del mediador, diremos con Ortemberg que hará lo que siente en lugar de hacer su trabajo.

Desde el paradigma de la simplicidad se ha ignorado la necesidad de esta experiencia de desarrollo personal para la formación del mediador, sosteniendo que el único requisito que la doctrina exige del mediador para hacer su trabajo es aquel puesto de forma casi unánime por la doctrina como presupuesto condicionante básico de la mediación, esto es, cuando observe la neutralidad.

Ya he analizado por qué exigirle al mediador la condición de neutralidad en su práctica es hacerlo caer en un circuito donde cada fase de actuación encierra una contradicción y termina en una verdadera paradoja. También se ha desarrollado la idea de superación de esa paradoja que, justamente, pasa por resignificar el término neutralidad para entenderlo como una práctica en las narrativas que lleva a una coparticipación del mediador y de las partes en el proceso destinada a producir cambios (primera parte, cap. 1, 1.8.1.). Quiere decir, entonces, que la propia naturaleza de la función que al mediador le reconoce este modelo lo coloca en el lugar de un verdadero agente del cambio.

Un aspecto del desarrollo personal del mediador es, pues, aquello relacionado con el cambio, el cambio en las personas, empezando por él mismo, y cómo es la dinámica del cambio en los grupos, cómo opera el cambio en las situaciones contradictorias en la mayoría de las cuales las emociones están altamente comprometidas y los anclajes personales son profundos.[12]

## 1. El mediador como agente del cambio

Resulta frecuente observar, tanto en las mediaciones como en la vida cotidiana, situaciones que evolucionan hacia un cambio pero en las que, de forma brusca y por acción u omisión de una o de ambas partes, se produce un atascamiento, la cosa se atranca, se empasta, se clava en un determinado punto. Esto ocurre especialmente en las situaciones de conflicto, porque la gente defiende el «status quo», bloquea las situaciones.

¿Qué posibilidades tiene el mediador, agente del cambio, frente a ese bloqueo, a esas defensas? Una posibilidad de todo operador de conflictos es ponerse bélico con ellas. Una vez ubicada, se la ataca con todo el arsenal disponible. Este recurso puede destruir la defensa, pero utilizado sin prevención ni medida algunas puede también destruir todo lo que existe a su alrededor.[13]

Otro recurso es el pedagógico. Se puede explicar por qué la defensa no debiera estar allí y hasta se puede argumentar con razones que hacen a la simplificación o rapidez del proceso. Este recurso depende de dos circunstancias: que el operador sea un buen docente y que la parte acepte el lugar de alumno.

El mediador puede hacer también de torero. Deja que la defensa se haga presente una y otra vez. Permite que curse hasta que se agote y entonces le da la estocada final.

Este recurso depende del tiempo disponible y de la paciencia de la otra parte.

Otro intento puede ser pulsear con la defensa, ponerse competitivo con ella. Es una posibilidad rodeada de un alto grado de aleatoriedad por la posibilidad tanto de ganar como de perder en la contienda.

Finalmente, está el recurso estratégico para abordar la defensa sobre la base de la combinación de los recursos anteriores, teniendo en cuenta las características particulares de cada caso.

Para concebir la concepción estratégica el mediador debe entender que *el cambio es un proceso*, que tiene *fases*, que requiere *intervenciones sucesivas*, nunca de una sola vez, que debe ir *paso a paso* y que dependerá del *estilo de la persona*.

Quiero ahora terminar este capítulo con una historia que narró Graciela Peyrú durante la actividad citada en la nota al pie número 14, porque creo que situará al lector en una posición emocional adecuada para entender el concepto de desarrollo personal sobre el cual he vuelto de forma repetida, así como los procesos de cambio y de exploración de potenciales.

## 2. Una historia de vikingos

Corría el año 1000 en Dinamarca. Roskilde era la capital del reino, la muy rica ciudad real de los vikingos por la cantidad de tesoros acumulados. Por esa razón, estaba permanentemente asediada por piratas, suecos y noruegos.

Ubicada al final de un largo fiordo, era difícil entrar y salir de ella, sobre todo desde el mar.

Había mucha amenaza y el rey Canuto se vio obligado a elaborar un plan de defensa. Previendo que la única posibilidad de ataque era justamente por mar, mandó bloquear el canal de acceso con algo muy valioso para el reino. Algo que era como la propia identidad de ese pueblo: cinco barcos vikingos que fueron hundidos, estaqueados en el fondo del mar y llenados de piedras para hacer más firme el bloqueo.

En el año 1950, trabajos de relevamiento aéreo realizados desde Copenhague, preparatorios de los de limpieza y drenaje del canal, determinaron que esos cinco barcos todavía estaban allí.

¿Qué hizo este pueblo frente al problema? ¿Se puso bélico y los destruyó, por ejemplo? No. Desarrollaron una estrategia acorde con las circunstancias que comenzaba por rescatar esa parte de la historia.

Organizaron equipos rotativos que trabajaban día y noche para construir una especie de isla artificial en la zona donde se encontraban los barcos. Bombearon el agua hacia afuera para bajar el nivel y poder avistar los restos. Sacaron con las manos la capa de lodo que los cubría y las piedras que aún existían para no lastimar la madera. Cuando estaban adelantados en esta tarea, con las maderas en la superficie, tuvieron que bombear agua hacia adentro para evitar su resecado. Previamente, sacaron fotos aéreas que les permitieron ubicar con precisión la posición de los barcos. Construyeron entonces plataformas de madera para continuar la tarea, que duró dos años. Mientras investigaban la resina adecuada para evitar el resecado de las maderas, sacaron pieza por pieza y las colocaron en enormes bolsas de polietileno, llenas de agua de mar, a los costados del fiordo, hasta que desarrollaron la resina. Con el material rescatado armaron dos barcos que hoy están expuestos en un museo que levantaron en el mismo lugar donde las bolsas habían contenido las piezas, al costado del fiordo.

Cuando uno reflexiona acerca de esta historia, lo primero que aparece es el amor con que este pueblo fue a rescatar parte de su historia. Con el mismo amor y respeto deberá ir el mediador en busca de sus propias capacidades y potenciales durante su etapa de formación, que incluye el reconocimiento de sus límites,[14] así como aquellas atinentes a las partes durante el proceso.

Otro aspecto tiene que ver directamente con el tema de las defensas: cuando se está muy amenazado se puede llegar a hundir cosas muy valiosas de uno para defenderse de la amenaza, para bloquear un canal, como hicieron los daneses. Y el conflicto representa, para muchos, justamente eso: una amenaza.

Este modelo reconoce al mediador una serie de funciones que otros le vedan, entre las que está trabajar para el cambio implicándose en un sistema. Por eso también coloca prevenciones: la actitud del mediador con las defensas de la gente debe ser respetuosa, cuidadosa, porque allí donde se levantó una defensa pasaron muchas cosas, muchas cosas traumáticas.

Nadie bloquea por bloquear, pero el mediador debe saber que allí, adormecidas o relegadas frente a alguna amenaza, actual o pasada, puede encontrar las mejores capacidades, los mejores potenciales de la gente para trabajar el conflicto.

Si se puede pensar así en el tema de las defensas, entonces se puede tener dos actitudes. Una, igual a la de los daneses, en el sentido de ir en busca de esas capacidades con el mismo amor, con la misma dedicación, en lugar de correrlas, de abandonarlas, de olvidarlas, de dejarlas allí hundidas. La otra, distinta. Una vez que la función mayéutica (primera parte, cap. 1, 1.8) que el modelo le reconoce ha permitido que aquellos con los que trabaja se hayan reencontrado con sus capacidades, una vez reconstruidas, no deberá dejar que las coloquen en un museo como los daneses. Deberá echarlas a andar, ponerlas al servicio del proceso, para abrir esos canales que, bloqueados, impiden su desarrollo.

## Notas

1. Los postulados de una formación que comulgara con los principios de la complejidad fueron materia de un artículo que publiqué en 1992 cuando todavía este tema de la formación y capacitación de mediadores estaba en pleno proceso de gestación. En el apéndice 4 podrá el lector encontrar su texto.

2. En los cursos introductorios dictados en la Fundación CEMFA, la doctora Beatriz C. Negrotti hablaba de atributos y prerequisitos del mediador. Entre los primeros señalaba el ser observador, equilibrado, confiable, responsable, afable, flexible, creativo, colaborador, ético y tener capacidad de escucha; entre los segundos ser una persona de naturaleza equilibrada y perceptiva, con disposición al cambio y al desarrollo personal, motivado por la pacificación, con capacidad integradora, mirada amplia, informado, formado y capacitado en las técnicas de mediación y/u otros medios alternativos de resolución de conflictos.

3. Señalo las carencias porque mi propuesta de formación es este libro mismo.

4. Considero que se necesita con desesperación un mayor adiestramiento en el arte y la ciencia de la negociación y en el arte y la ciencia de la mediación. (Raiffa, 1996: 18). Sostiene que ese adiestramiento «debe incluir instrucción no sólo en el arte de las relaciones interpersonales, sino también en el campo de las técnicas analíticas para resolver problemas».

5. Durante los años 1997 y 1998, con la Dirección de Carrera del Dr. Remo F. Entelman y la Dirección Académica del que escribe, se dictó en el Colegio de Abogados del Departamento Judicial de San Isidro, provincia de Buenos Aires, un posgrado denominado «Resolución de Conflictos para la Formación de Negociadores y Mediadores», con una carga horaria de 220 horas, que constituyó a mi juicio uno de los programas más completos en el nivel de los contenidos. Sobre la base de una ponencia efectuada por el Dr. Remo F. Entelman, las Primeras Jornadas Bonaerenses sobre Métodos Alternativos de Resolución de Conflictos llevadas a cabo en el Colegio de Abogados del Departamento Judicial de Pergamino, provincia de Buenos Aires, Argentina, los días 8, 9 y 10 de mayo de 1997, declararon de in-

terés provincial los contenidos de ese programa. A su vez, sobre la base de sendas ponencias presentadas por el Dr. Remo Entelman, como Director del Instituto de Prevención, Administración y Resolución de Conflictos del citado Colegio y del que escribe, como Subdirector del mismo Instituto de Prevención, Administración y Resolución de Conflictos del citado Colegio y del que escribe, como Subdirector del mismo Instituto, el Octavo Congreso Provincial de Abogados de la provincia de Buenos Aires, Argentina, realizado los días 6, 7 y 8 de noviembre de 1997, declaró y recomendó lo siguiente: «El Octavo Congreso Provincial de Abogados declara (...) y por ello recomienda: 4. Contribuir a dicha formación mediante la implementación, en el ámbito de cada Colegio Departamental, de programas de formación y entrenamiento en el nivel de Posgrado, en los que, el estudio de los Medios Alternativos de Resolución de Conflictos se integre con nuevas áreas del conocimiento como las Teorías del Conflicto, de la Negociación, de la Información, de la Comunicación, de las Catástrofes Matemáticas y del Self; Oralidad, Neurolingüística, Inteligencia y Estrategia para la Toma de Decisiones, Lógica, Psicología, Interacción y Cambio. En este punto hubo dictamen mayoritario para que la tarea de formación y actualización se lleve a cabo en los Centros de Resolución de Conflictos dependientes de los Colegios de Abogados y de minoría para que esos cursos sean dictados también en otras instituciones. 5. Notificar a las Universidades públicas o privadas de todo el país que resulta de máximo interés para la abogacía moderna incluir en la currícula de grado las nuevas áreas de conocimiento propuestas. El estudiante tiene que saber que el proceso judicial no es la única forma de resolución de conflictos, sino la última alternativa a que debe acudir cuando fracasaron los otros medios. Para la consulta de la ponencia, ver Calcaterra, Rubén A.: «Hacia la búsqueda de formas de integración de medios de administración de conflictos en el sistema de Justicia de la Provincia de Buenos Aires», Revista Jurídica La Ley, Suplemento de Resolución de Conflictos, Buenos Aires, Argentina, 22 de mayo de 1998. Ese Programa, ampliado en contenidos con el desarrollo de cada una de las especialidades de la mediación y el agregado de la conciliación laboral, se dictó durante 1997 a 1999 como Maestría Interdisciplinaria en Administración y Resolución de Conflictos en la Universidad Nacional del Nordeste, con transferencia de tecnología de la Universidad Nacional de Buenos Aires, con una carga horaria de 615 horas incluida la elaboración de la tesina final. En el Apéndice 4 se incluye de forma esquemática.

6. He tomado la tipología utilizada por Davini (1989: 7-16). La autora dice que es necesario explicar claramente que toda práctica pedagógica se asienta –de manera consciente o inconsciente– en determinados supuestos respecto del significado que tiene enseñar y aprender; que toda acción pedagógica supone la acción –implícita o explícita– de un determinado mo-

delo de enseñanza-aprendizaje; y que toda práctica de capacitación produce ciertos efectos, algunos de ellos explícitamente buscados y otros implícitos, muchas veces no previstos o deseados. Es útil reflexionar acerca de estas opciones pedagógicas. Los tres modelos pedagógicos que propone, transmisión, adiestramiento y problematización, apuntan a diferentes fines formativos. Tomaré los dos que interesan a los fines de este punto: la transmisión puede simbolizarse como modelo de nutrición. En él, la principal actividad recae en el profesor, mientras que el alumno se limita a la copia mental de las informaciones. Es un modelo apto para introducir en las cabezas un número considerable de informaciones en un corto lapso. La relación profesor-alumno es de dependencia, asimétrica. Hay uno que sabe y otro que sabe menos. Con este modelo se ignora lo que sabe el alumno y se margina su creatividad. Se prescinde del análisis colectivo grupal de los problemas de la práctica, produciéndose, así, una ruptura entre teoría y práctica, que sólo queda reservada para aplicar las nociones impartidas en el curso. Se evita, de esta manera, la construcción del conocimiento desde los participantes a partir de sus problemas concretos. La idea de la problematización puede encontrarse en el esquema de la catálisis química. Los alumnos se convierte en el soporte principal de la formación y en fuente privilegiada del conocimiento. Se trata de una interacción de experiencias entre los sujetos que hace entrar en juego tanto el nivel consciente de sus conocimientos como la afectividad y la psicología profunda. El fin último perseguido es una modificación profunda de las actitudes ligada a un enriquecimiento en los conocimientos. Su punto de partida es la indagación sobre la práctica y el camino de la indagación es la pregunta: ¿cómo hago? ¿Qué dificultades encuentro cuando lo hago? ¿En qué situación lo hago? ¿Por qué lo hago de esta manera? La identificación de los problemas se avanza en la búsqueda de fuentes de información para comprenderlos y profundizarlos. Este es el momento de la reflexión teórica, que aparece efectivamente comprometida con la transformación de la práctica.

7. Rescato en este punto las nociones de transferencia y de contratransferencia, que vienen del Psicoanálisis. En términos sencillos se puede decir de la primera que lo que no es recordado es repetido en actos. La interpretación se basa en la indagación y elaboración de esas repeticiones, durante el análisis, para encontrar la génesis de los conflictos. La segunda está representada por el conjunto de reacciones que se generan en el terapeuta a partir de las reacciones del paciente.

8. Durante al año 1994 la Fundación CEMFA dictó, bajo mi dirección, el ciclo denominado «Desarrollo Personal para el ejercicio profesional de la Mediación Familiar», que integró teoría y práctica a través de temas como epistemología, comunicación, sistemas, identidad, valores, autoestima, proceso evolutivo individual, abordaje jurídico psicoanalítico del con-

flicto familiar, sociología y psicología del conflicto, vicisitudes de la evolución familiar, la familia como sistema, etapas y crisis familiares, resolución focalizada de los conflictos, violencia familiar y proceso de mediación, con cuestiones de desarrollo personal tales como exploración y autoconocimiento, imagen e identidad, potencialidades y bloqueos, permisos y prohibiciones, lo ideal y lo posible, mandatos individuales, familiares y generacionales, flexibilidad y creatividad, la libertad de crecer, síntesis vital y proyecto personal y profesional. El curso se impartió con una frecuencia mensual para favorecer la elaboración e internalización de los ejercicios de desarrollo personal entendido como un proceso de formación del mediador. La carga horaria se repartió entre los bloques de teoría y práctica y de desarrollo personal y fue idéntica para ambos.

9. Morin (1994: 433) dice: «es requisito absoluto que diferencia el modo de pensamiento simple, que cree alcanzar lo verdadero, que piensa que el conocimiento es reflejo, que no considera necesario conocerse a sí para conocer al objeto, y el pensamiento complejo, que necesita la vuelta autoobservable (y agregaría autocrítica) del observador-conceptor sobre sí mismo».

10. Como cualidad de la experiencia humana, la noción del sí mismo ha tenido una variada y fascinante historia que plantea problemáticas dificultades teóricas. En su núcleo, la pregunta ¿qué es el self? es a la vez metafísica y epistemológica. En sentido epistemológico, implica que cosas tales como el sí mismo puede ser conocido no sólo por uno sino también por los demás. En consecuencia, el self puede observarse, medirse, cuantificarse (...). En sentido metafísico, preguntar lo que algo es equivale a preguntarse acerca de la esencia de aquello sobre lo cual se interroga (...). Esta presunción esencialista ha sido central para gran parte de la historia de la psicoterapia, incluyendo, a nuestro entender, los movimientos fenomenológicos, introspectivos, psicodinámicos y las terapias psicoanalíticas y humanísticas (...). En estas teorías, los significados y la comprensión suelen reducirse a una estructura biológica y al funcionamiento de sistemas fisiológicos que, cibernéticamente, computan y dan origen al proceso psicológico denominado sí mismo (...). Hace unos veinte años, los psicoterapeutas comenzaron a alejarse de las constricciones impuestas por la psicología cognitiva y su visión del sí mismo como una máquina computante. Muchos científicos sociales comenzaron a explorar las consecuencias de definir al self como narrador, como resultado del proceso humano de producción de significado por medio de la acción del lenguaje (...) y, en el lenguaje, crear significados implica narrar historias» (Goolishian y Anderson: 293-296).

11. «La historia, tal como la concibo, no es siempre ni lineal ni causal. La vida de una persona no está, para mí, sometida a una repetición mecá-

nica que tiene por origen un traumatismo pasado. Los elementos históricos son necesarios pero no suficientes para explicar la aparición de problemas en lo cotidiano: a mi modo de ver, la función de esos elementos en el sistema terapéutico del que formamos parte decidirá sobre el mantenimiento de los síntomas, su amplificación, su atenuación o su desaparición» (Elkaim, 1990: 14). El autor dice que los terapeutas sistémicos dejaron de lado a todo lo que tuviera que ver con el pasado, centrándose en el «aquí y ahora» y en el futuro. Para ellos, nada que tuviera que ver con el pasado tenía importancia en el logro de los cambios. En el límite del enfoque sistémico introduce la noción de tiempo no como determinante sino para entender por qué algunas variables se amplificaban o no. Los sistémicos no sólo se habían olvidado el tiempo sino también de ellos mismos. Los consultantes tenían que encontrar, por sus propios potenciales y el acompañamiento del terapeuta, el contexto más conveniente. No les importaba qué pasaba en la realidad sino ayudarlos a ensanchar la visión para aumentar las posibilidades de cambio. Elkaim se pregunta qué pasa si en la co-construcción, los sentimientos y construcciones del terapeuta cumplen una función en el sistema. Es decir, si lo que resulta amplificado en el terapeuta no es sólo una vinculación con su historia sino que también influye para el estancamiento o el cambio del sistema. Desde aquí construye las nociones de resonancias y ensamblajes. «La resonancia se manifiesta en una situación donde la misma regla se aplica, a la vez, a la familia del paciente, a la familia de origen del terapeuta, a la institución en que el paciente es recibido, al grupo de supervisión, etcétera. El concepto de resonancia no es sino un caso particular de lo que denomino ensamblaje: las resonancias están constituidas por elementos semejantes, comunes a distintos sistemas de intersección, mientras que los ensamblajes están compuestos de elementos diferentes, que pueden estar ligados a datos individuales, familiares, sociales u otros (obra citada, pág. 16).

12. La temática que sigue está elaborada sobre la base de material expuesto por Peyrú (1994).

13. Es como abrir un dique en todas sus compuertas: la defensa que impide el paso del caudal de agua disponible desaparecerá, pero ese mismo caudal podrá provocar una inundación que será tan o más perjudicial que la falta de agua.

14. Por ejemplo, hay historias personales que a pesar de haber sido elaboradas por el mediador, hacen prudente que se abstenga de intervenir en determinado tipo de conflictos.

# TERCERA PARTE

# EL PROCESO DE MEDIACIÓN

El origen de todas las herejías es no concebir el acuerdo de dos verdades opuestas y creer que son tan incompatibles.

PASCAL, *Pensamientos*

# 1

# Etapa I: preliminar

## *Primer estadio: convocatoria*

| Objetivos: Generar y preparar el proceso. Predisponer a las partes. |
| --- |

Se nos ha cuestionado en alguna oportunidad la inclusión del estadio de la convocatoria como formando parte del proceso mismo, pero L. Randolph Lowry y Jack Harding (1995: 118) dan buenas razones para sostener su pertinencia: «(...) convocar a una mediación es con frecuencia la parte más difícil en la resolución de un conflicto. Si bien la alta tasa de éxito en la resolución de casos sometidos voluntariamente a la mediación es bien conocida, hay un hecho menos conocido que hace referencia a la tasa de éxito para lograr convocar a las partes a la mediación y que oscila entre un 10% y un 40% entre los distintos prestadores de servicios (...)».

El hecho de que las tasas más conocidas muestren la proporción de acuerdos logrados con relación a la cantidad de casos mediados, merece un doble señalamiento: por un lado, la vigencia del concepto que identifica éxito con acuerdo; por otro, que los datos más difundidos muestran sólo una parte de la realidad, ocultando aquella que tiene que ver justamente con la importancia decisiva que tiene la convocatoria para la existencia misma del proceso.

La realidad es que sólo de un 10% a un 40% de los casos que solicitan mediación llegan a hacer uso del servicio y que de ese porcentaje el «éxito» se alcanza en un 70% a un 80% de los casos.

El contraste entre lo bajo del porcentaje que corresponde a aquellos casos que responden a la convocatoria con relación a lo elevado de los que de ellos logran acuerdo, da cuenta de que lo que informan las partes que aceptan mediar sus disputas es una alta predisposición para acordar y esto resalta la importancia de una buena convocatoria.

## Pasajes

## 1. El pedido de mediación. Peligros

Los autores citados señalan que «(...) algunas partes tienen el temor de que la solicitud de mediación pueda interpretarse como un signo de debilidad» (pág. 110). Desde la teoría del conflicto podemos afirmar que este temor percibido por las partes tiene justificación en la denominada ley empírica del desarrollo del conflicto, para cuya explicación es necesario acudir a los conceptos de interacción, escalada y desescalada.

Coincidimos con Remo F. Entelman en tomar la definición de J. David Singer para el primero (primera parte, cap. 2, n. 24) y las descripciones de Luis Kriesberg[1] para el segundo y el tercero.

Tendrán aquí mucha influencia los antecedentes de la interacción conflictiva de las partes antes del pedido de mediación, pero lo cierto es que si las partes ya han producido una escalada, «(...) salvo que exista entre las partes un muy buen nivel de comunicación, dentro de un marco que dé posibilidad a un compromiso de tregua o desescalamiento, uno de los contendientes no puede fácilmente iniciar una acción de descenso. Ella sería interpretada por su adversario como un acto de debilidad, que en general no lo motivaría a descender también a un nivel más bajo de interacción. Por el contrario, le haría vislumbrar la ventaja de aumentar considerablemente su escalamiento a fin de colocarse en condiciones óptimas para el proceso de terminación del conflicto» (pág. 7).

Permítasenos aquí destacar dos verdaderas paradojas. La primera viene dada por el hecho de que, mientras se señala como una finalidad de la mediación aumentar cuantitativa y cualitativamente el nivel de la comunicación entre las partes, tratar de ingresar en ese campo podría producir una escalada. La segunda porque la posibilidad de alejar este peligro permitiría rescatar como positivo un sistema de convocatoria como el previsto por el criticado sistema de mediación previa al juicio organizado por la Ley 24.573 (infra, 2.2.1) para la Capital Federal, aunque el análisis debiera incluir si este pedido de mediación debe o no tomarse como una amenaza (también en términos de la teoría del conflicto) de juicio y las consecuencias sobre la interacción conflictiva. Pero ello corresponde a otro trabajo.

## 2. La convocatoria

Todo servicio de mediación, cualquiera que sea la forma que se adopte para su prestación –empresa, equipo o individualmente–, debe prever una organización que permita adoptar la estrategia de convocatoria que aparezca como más adecuada. La importancia que hemos dado a esta etapa exige la necesidad de analizar cuidadosamente la estrategia a utilizar para llevarla a cabo. Este análisis incluye:

### 2.1. *¿Quién convoca?*

Distinguimos tres posibilidades. Su elección dependerá de las características de cada caso concreto, especialmente de los antecedentes de la interacción conflictiva y del grado de comunicación que exista entre las partes.

#### 2.1.1. El mediador

2.1.1.1. Por sí

Todos los que comenzamos a prestar servicios de mediación desde épocas anteriores a la explosión que se produjo a partir de la puesta en marcha del sistema creado por la Ley 24.573 pasamos por esta experiencia. Eran los tiempos de hablar de lo que no existía, de proponer lo que aparecía como una práctica híbrida carente por completo de referencias y de referentes, de toda cultura social a su respecto, de manera que el pedido de mediación no existía: para mediar un caso había que proponerlo.

En ese contexto, la convocatoria tenía una alta dosis de difusión y quiénes, sino aquellos que la proponíamos, podíamos tomar a cargo esta tarea. Pero no teníamos ninguna experiencia de cómo llevarla a cabo. Lo usual era que tomáramos el teléfono y nos comunicáramos con «la otra parte», esto es, con aquella a la que no teníamos delante.

2.1.1.1.1. Algunos dilemas

Se nos presentaban entonces varios dilemas que parece útil recordar aquí porque aún hoy aparecen cuando el mediador decide tomar a su cargo la convocatoria de esta manera.

Cuando uno contacta con la parte en conflicto, en general recibe dos respuestas: negativa o intento de hablar de los problemas.

El primer dilema es, entonces, cómo vencer la renuencia sin inducir lo mismo que se quiere evitar, esto es, el intento de hablar de los problemas, porque ésta posibilidad lleva al segundo dilema que es cómo hablar con uno lo que estamos tratando de hablar con todos.

El tercer dilema se le presenta al mediador para generar en la parte la confianza necesaria tanto en la mediación como en el mediador, sin hacer alianza.

2.1.1.1.2. Ventajas y desventajas

Sin perjuicio de lo expuesto, se han señalado ventajas de la convocatoria llevada a cabo por el propio mediador. No cabe dudar de que está en mejores condiciones que cualquier otro para manejar la amenaza que implica para la parte que realiza el pedido de mediación el peligro ya señalado (supra, 1) y, en este sentido, protege mejor al que pide. La posibilidad de articular mejor la información también se ha señalado como ventaja.

Entre las desventajas se ha mencionado que puede comprometer su neutralidad. Resignificado este término (primera parte, cap. 1, 1.8.1), desde el concepto de neutralidad que hemos presentado, esta desventaja se nos presenta como intrascendente. La que sí presentamos como notable desventaja es que cuando el mediador mismo realiza la convocatoria, es una tarea que no cobra. Y, en la mayoría de los casos, en el estado de relativo desarrollo en que todavía se encuentra la mediación en la Argentina, unido al bajo nivel de la cultura consensual, ésta suele ser una etapa que requiere bastante trabajo.

2.1.1.2. Por su soporte

Por soporte entendemos la asistencia técnica que puede rodear al mediador, tanto como integrante del panel de mediadores de una empresa, como cuando presta el servicio organizado por él mismo.

Y decimos técnica porque la o las personas que lleven a cabo esta tarea deben recibir entrenamiento previo.

En el caso de las organizaciones que cuenten con un panel de varios mediadores, la convocatoria también puede ser llevada a cabo por uno de ellos que luego no va a conducir las etapas posteriores del proceso.

Para aquellos profesionales que presten el servicio organizados de forma individual, pueden tener una persona entrenada en cómo llegar a acuerdos de reciprocidad con otros colegas para prestarse mutuamente apoyo o de honorarios para que se hagan cargo de esta etapa.

2.1.2. Por las partes

Cuando el nivel de comunicación entre las partes no se ha interrumpido totalmente y existe también un aceptable nivel de confianza mutua, resulta altamente conveniente intentar que lo que se presenta a continuación como el anticipo epistolar, se lo haga llegar a la otra parte a través de aquella que pide el servicio.

2.2. *Cómo convocar*

2.2.1. Mediación anexa a los tribunales

Una buena parte de las jurisdicciones estatales y federales de Estados Unidos requieren de la mediación en algunos o en todos los casos que se presentan ante los tribunales. Se ha señalado la dificultad que presentan estos programas, en cuanto a la falta de voluntariedad de las partes, a la ausencia de libertad para elaborar las reglas del procedimiento y a la pérdida del control de los mismos por ellas. A pesar de sus limitaciones, estos programas han sido capaces de aumentar las probabilidades de acuerdo.

La experiencia de la República Argentina resulta interesante en la medida en que estableció, a través de la ley 24.573, la regla de la mediación prejudicial obligatoria para todos los casos que se presenten ante los tribunales, con la excepción de aquellos taxativamente enumerados en la ley. Al mismo tiempo, después de un período durante el cual se implementó solamente la denominada mediación oficial, en la cual el mediador era elegido exclusivamente por sorteo, por Decreto 91 del año 1998 se introdujo la mal llamada mediación privada, que amplió para las partes la posibilidad de disposición en cuanto a la designación del mediador, mediante el trámite de proponer el requirente una lista de ocho mediadores al requerido para que éste, dentro del plazo de tres días, elija uno de ellos bajo apercibimiento de ser elegido por el requirente.

De cualquier manera, en ambos casos, tanto el pedido de mediación como la forma de convocar deben hacerse según las directivas de las normas legales que los reglamentan de forma estricta en los artículos 4, 5 y 6 de la ley 24.573 y 3 y 6 del Anexo I del Decreto 91/98, que en lo que interesa transcribo:

*Ley 24.573, art. 4. El reclamante formalizará su pretensión ante la mesa general de recepción de expedientes que corresponda, detallado la misma en un formulario cuyos requisitos se establecerán por vía de la reglamentación. Cumplida la presentación se procederá al sorteo del mediador y a la asignación del juzgado que eventualmente entenderá en la litis.*

*Art. 5. La mesa general de entradas entregará el formulario debidamente intervenido al presentante quien deberá remitirlo al mediador designado dentro del plazo de tres días.*

*Art. 6. El mediador, dentro del plazo de diez (10) días de haber tomado conocimiento de su designación, fijará la fecha de la audiencia a la que deberán comparecer las partes.*

*El mediador deberá notificar la fecha de la audiencia a las partes mediante cédula, adjuntando copia del formulario previsto en el artículo 4. Dicha cédula será librada por el mediador, debiendo la misma ser diligenciada ante la Oficina de Notificaciones del Poder Judicial de la Nación, salvo que el requerido se domiciliare en extraña jurisdicción, en cuyo caso deberá ser diligenciada por el requirente.*

*A tales fines se habilitarán los formularios de cédula de notificación cuyos requisitos se establecerán reglamentariamente.*

*Decreto 91/98, ANEXO I.*

*Art. 1. Tipos de mediación. Mediador sorteado oficialmente y mediador designado privadamente. .... La designación podrá ser por sorteo, cuando el reclamante formalice su requerimiento en forma oficial ante la mesa de entradas del fuero que corresponda o, por elección, cuando probadamente lo designen las partes o a propuesta de la parte reclamante.*

*DE LA ELECCION PRIVADA DEL MEDIADOR.*

*Art. 3. Mediación privada. ... Designación del mediador por las partes. El mediador será designado:*

1. *Por acuerdo entre las partes.*
2. *Por propuesta del requirente que efectuará al requerido a efectos de que éste seleccione, de un listado no menor a OCHO (8) mediadores, aquél que llevará adelante la mediación. Los mediadores propuestos deberán tener distintos domicilios entre sí.*

*El requirente deberá notificar por medio fehaciente al requerido el listado de mediadores y sus domicilios para que dentro de los TRES (3) días de notificado, el requerido opte por cualquiera de los propuestos. La opción ejercida por el requerido, deberá notificarla fehacientemente en el domicilio constituido por el requirente a esos efectos y el mediador elegido será considerado designado para llevar a cabo la mediación. Si hubiere más de un requerido, éstos deberán unificar la elección y en caso de no lograrse conformidad, el requirente elegirá directamente el mediador del listado propuesto.*

*El silencio o la negativa a la elección habilitará al requirente a elegir directamente, del listado propuesto y debidamente notificado, el mediador que intervendrá en el conflicto. Si el requirente no lograra notificar al requerido, podrá elegir directamente un mediador de la lista oportunamente ofrecida en su notificación frustrada. El mediador designado, con las constancias de las notificaciones fracasadas, no podrá dirigir otra notificación como no sea al mismo o mismos domicilios que los utilizados por el requirente para intentar notificar el listado propuesto.*

*La propuesta del requirente debe incluir en su texto la transcripción de este artículo.*

*DEL PROCEDIMIENTO EN LAS MEDIACIONES OFICIALES Y PRIVADAS*

*Art. 6. Notificación de la audiencia. La notificación de la audiencia debe ser practicada por el mediador pudiendo hacerse en forma personal o por cualquier medio fehaciente con, por lo menos, TRES (3) días hábiles de anticipación a la fecha fijada, contados desde la recepción de la notificación. La notificación debe contener los siguientes requisitos:*

1. *Nombre y domicilio del destinatario.*
2. *Nombre y domicilio del mediador y de la parte que requirió el trámite.*
3. *Indicación del día, hora y lugar de la celebración de la audiencia y la obligación de comparecer con patrocinio letrado y de hacerlo en*

*forma personal con transcripción de lo establecido en los párrafos segundo y tercero del artículo 11 de la ley 24.573.*

4. *Transcripción del apercibimiento de aplicación de la multa prevista en la ley y en esta reglamentación para el caso de incomparecencia en las mediaciones oficiales.*
5. *Firma y sello del mediador.*

La notificación por cédula sólo procede en las mediaciones oficiales. Para las notificaciones en los casos de mediación privada se utilizan instrumentos creados por los Correos autorizados oficialmente por el Estado Nacional, que proveen a los mediadores de la información y prueba de esas notificaciones.

2.2.2. Mediación consensual

Con este término me refiero a la mediación que se lleva a cabo por un servicio que se preste fuera del sistema de mediación anexa a los tribunales, o identificado como mediación pública. Por servicio, el que se preste bajo cualquiera de las formas ya mencionadas en el punto 2.

Era común que se utilizara el término mediación privada para referirse a este tipo de servicio. Ya he sostenido la inconveniencia de hacer la distinción utilizando esos términos. Como bien dice Obarrio (1997) «(...) Privado es lo que se ejecuta a la vista de pocos, en confianza, y que es particular y personal de cada uno. En tal sentido, la mediación *siempre* es privada, aun la del sorteo. No habrá una mediación pública de los derechos privados... Ni pública porque trabaja sobre la materia de los derechos privados, ni privada, porque su proyección es comunitaria».

En función de esas consideraciones, este autor prefería distinguir entre *mediación prejudicial* y *mediación concertada* (*ibid.*).

El decreto 91/98, si bien incurrió en la inconveniencia de utilizar uno de los términos, mediación privada, para distinguirla de la mediación oficial (artículos 3 y 4), introdujo la necesidad de acudir a otro término para nombrar el servicio al que nos estamos refiriendo.

Parece conveniente, entonces, distinguir entre *mediación prejudicial* en sus dos versiones, privada y oficial, y *mediación consensual.*

Que quede bien claro que creemos que mediación es una sola y que todo este discurrir tiene que ver con la referencia hecha al sistema creado por la ley 24.573 en la República Argentina.

Permítasenos algunas sugerencias para aquellos que tomen a su cargo la convocatoria. La primera es tener mucha prudencia al referirse a las ventajas de la mediación, para no incurrir en la sobreventa; ésta es una tentación del entusiasmo por atraer a la gente. La segunda, es evitar prometer. La mediación no es un proceso de resultados y, aunque así lo fuera, está comprobado que cuando la oferta incurre en este error el resultado es un aumento de la resistencia que se pretende vencer.

Nuestra etapa de la convocatoria otorga relevancia a la entrevista previa, cuya finalidad y alcance se desarrollan más adelante, que se celebra aunque las dos partes hayan pedido conjuntamente el servicio y pareciera impropio hablar aquí de convocatoria.

En la práctica funciona así: cuando una parte concurre a informarse o a requerir el servicio, se mantiene la entrevista –que es gratuita– y, si toma la decisión de convocar a la otra, que ahora constituye una decisión informada, completa un formulario de solicitud de mediación y abona un arancel administrativo que cubre los gastos del envío de correspondencia a la otra parte y de honorarios del entrevistador.

Técnicamente, el proceso de mediación ha comenzado en el momento en que la parte requirente toma esa decisión informada de hacer uso del servicio.

2.2.2.1. El anticipo epistolar

El contacto con la otra parte comienza con el envío, por parte del servicio o a través de la requirente, de una carta de invitación y de folletería explicativa. La carta contiene una invitación del prestador del servicio para mantener una entrevista informativa gratuita y anticipa que, en los próximos días, una persona del servicio llamará por teléfono para contestar las preguntas que desee hacerle y, en su caso, para concertar la entrevista previa.

2.2.2.2. La entrevista previa

Ya hemos anticipado la relevancia que otorgamos a la entrevista previa, a la que consideramos una herramienta estratégica del proceso. Es un verdadero modelado de la mediación, en la medida en que:

a) Provee información básica.

A las partes, sobre la mediación, sobre otros medios de resolución de conflictos (infra, cap. 4, n. 4) y sobre el prestador del servicio. A éste, sobre las partes y el conflicto.

Tal vez las partes carezcan por completo de información sobre la existencia, modalidades y posibilidades de abordaje que el amplio abanico de medios y sus variantes ofrecen. Resultará muy práctico y pedagógico contar con algún tipo de medio impreso que permita a las partes comprender la diferencia entre métodos de adjudicación por consenso y por adjudicación, como la negociación y la mediación, por un lado, y el arbitraje y el juicio por el otro, y ofrecerles así un panorama más completo de las posibilidades actuales.

Contribuye a instalar una nueva cultura social que el usuario conozca algo de la evolución de los ADR, como por ejemplo que una «primera ola» rescató los medios alternativos frente a la creciente litigiosidad social y a la sobrecarga de los tribunales y que una «segunda ola» desarrolló variantes a partir de aquellos cuatro, como la evaluación preliminar neutral, el juicio sumario por jurados, el mini proceso, la escucha confidencial, la determinación de hechos conjunta o neutral, la gestión de casos, la medaloa, el ombudsman, el arbitraje vinculante y no vinculante, el base-ball, el alto-bajo, el night base-ball, el med-arb, el arb-med y el incentivo para el arbitraje.

Que sepa que un caso puede ser abordado por una combinación de ellos; que aprecie la riqueza que ofrecen estos métodos y sus variantes, así como también la posibilidad cierta que la mediación ofrece en materia de reducción de tiempo y costo material y emocional, en cuanto a un mayor control del proceso y del resultado, de mejorar la calidad de la comunicación entre ellas, de confrontar intereses subyacentes, de la importancia de su potencial pedagógico en cuanto comunica una nueva forma para abordar diferencias en el futuro. Así como de sus límites.

A su vez, el informe que el evaluador realiza sobre esta entrevista tiene mucha importancia para el mediador que intervendrá en el caso. Por ejemplo, puede contener consideraciones acerca de la capacidad de las partes para tomar decisiones de forma responsable, o precisiones que alerten al mediador acerca de temas o aspectos respecto de los cuales una o las dos partes han manifestado reticencia y que, tomados prematuramente durante los primeros contactos, pueden provocar una deserción del proceso.

b) Trabaja la derivación.

Como sostienen Lowry y Harding (1995: 19) «(...) La elección del proceso puede resultar ser la decisión más importante para resolver el caso de forma eficiente».

Siguiendo a la teoría del conflicto, concebimos al conflicto como una relación social que, como clase, integra el género de los fenómenos sociales, lo que «supone considerarlo como integrando la trama social» (Entelman, II: 3).

Esa relación social debe analizarse desde distintos planos, entre los que se encuentran la conciencia (primera parte, cap. 1, 4.1), pureza (primera parte, cap. 1, n. 64), intensidad (supra, n. 4) y regulación[2] del conflicto, así como el poder (primera parte, cap. 1, n. 64) de los actores que lo integran, que en casos complejos pueden ser varios, conformar varias partes y traer diferentes temas.

Las partes, finalmente, pueden tener distintas y variadas metas u objetivos conflictivos (primera parte, cap. 1, n. 46).

Frente a la complejidad de este fenómeno, no parece prudente hacerlo ingresar en un medio de resolución sin más.

Una de las finalidades más relevantes de la entrevista previa es evaluar el caso. Evaluar con las partes cuál podría ser el proceso más adecuado para la resolución de su caso debe formar parte de la prestación de todo servicio responsable.

Existen tres condiciones cuya presencia hace óptimo un caso para ser mediado y cuya ausencia debe prevenirse en el informe:

b.1) El nivel de conciencia, es decir, en qué medida la/las partes reconocen estar en conflicto.

b.2) El grado de reconocimiento de la necesidad de resolverlo, que tiene directa relación con el objetivo para el que se pretende utilizar la mediación. Por ejemplo, «verse» con el otro en lugar de resolver el conflicto.

b.3) La selección del contexto. La mediación es un acto social libre y, por lo tanto, debe ser elegida por las partes y no impuesta desde afuera.

c) Incrementa la credibilidad.

La mediación, como producto que se ofrece y cuya inserción en el mercado está en pleno desarrollo, requiere cimentar su credibilidad social y ello comienza por evitar indicarla para casos que no son mediables. No tenemos duda de que ello, además, contribuye a incrementar la credibilidad del prestador del servicio.

d) Trabaja la reticencia.

En la mayoría de los casos, la reticencia del usuario responde a una falta de información sobre la mediación y las características del servicio. La entrevista previa permite al evaluador establecer si la causa de la reticencia responde a esa razón y cubrir su déficit o si existen otras, como el precio del servicio, la naturaleza del proceso, la resistencia a tratar cara a cara los problemas, la elección del mediador o la influencia de terceros.

La posibilidad de hablar de estas cuestiones tiene una gran influencia para su superación.

e) Provee la primera estructuración.

La evaluación que este modelo ofrece a las partes, unido a la posibilidad de recabar la más variada información sobre el prestador y la mediación, opera una fuerte estructuración inicial que les comunica, desde el inicio, la modalidad del proceso de mediación al que someterán su caso.

Adoptada por las partes la decisión informada de someter su caso a mediación, la finalidad esencial de la entrevista previa es la de acordar los términos de la misma, entre los que se encuentran:

2.2.2.2.1. La elección del mediador

Para el caso de organizaciones que cuentan en su servicio con un panel de mediadores, el entrevistador realiza aquí una verdadera mediación del mediador, porque fuera de los casos en que las partes ya traían la elección, puede ocurrir que este punto requiera de todo un asesoramiento sobre el perfil y antecedentes de cada uno de los mediadores y de más de una reunión –también de forma conjunta– con las partes.

En materia de mediación prejudicial, las normas legales transcritas anteriormente dan cuenta de la forma prevista para la elección del mediador.

2.2.2.2.2. Los honorarios

Este punto no se limita al monto, sino también a la oportunidad y a la proporción que asume cada parte y a que todo ello es libremente acordado entre el prestador del servicio y las partes.

Existe un interesante debate alrededor de los criterios que se utilizan para la determinación de la remuneración, esto es, si se fija en función del tiempo de trabajo que consume la mediación –y en este caso cuál es la unidad de tiempo que se toma– o sobre la base de una proporción sobre el monto de la controversia.

Recomendamos el interesante y completo trabajo de Gobbi y Caivano (1996: 12-17) sobre esta cuestión, pero anticipamos nuestro desacuerdo con la opinión de estos autores, coincidente con la doctrina que citan.

En un trabajo anterior (Calcaterra, 1998: 3-27) que reproducimos a continuación en su parte pertinente, hemos propuesto un sistema de retribución que integra monto del caso y tiempo de trabajo, fijando mínimos y máximos, lo cual permite hacerlo rentable para el prestador del servicio y previsible para los usuarios.

*«Proyecto de aranceles para mediadores en los Centros de Resolución de Conflictos de los Colegios de Abogados.*

*Para esta propuesta se ha tenido en cuenta lo siguiente:*

1. *Los mediadores son abogados desarrollando un trabajo que debe considerarse como una modalidad especializada de ejercicio de la profesión.*
2. *Como abogados, deben cumplir con todas las leyes que rigen para la abogacía en el ámbito de la provincia de Buenos Aires.*
3. *Se les exige una infraestructura que deben sostener.*
4. *Que se debe tratar de disminuir en la mayor medida posible las desventajas que se han señalado respecto a honorarios por hora y a honorarios por porcentaje de acuerdo al monto del caso.*
    - 4.1. *Que con relación a los honorarios por hora se ha dicho que el peligro es que el mediador «estire» el proceso para aumentar su ingreso.*
    - 4.2. *Que con relación a los honorarios por porcentaje de acuerdo al monto del caso, que el mediador haga uso de su facultad de declarar finalizada la mediación sin explorar alternativas de forma suficiente, de tal modo que gane más en menos tiempo.*
5. *Que, sin perjuicio de un debate mayor en el que tal vez sea necesario la modificación de la Ley 8480, los honorarios de los abogados en función de mediadores debe integrar un sistema armónico con los honorarios del abogado en función de asistente de parte, de tal forma que unos no jueguen en desmedro de los otros ni hagan inviable el sistema para los usuarios.*

6. *Que el tiempo de duración media de una mediación puede apreciarse, de forma prudencial, en diez horas.*
7. *Que el resultado de la mediación no debe identificarse con «éxito» o «fracaso» de la misma, por lo cual los honorarios de los mediadores no deben sujetarse a él.*
8. *Que fijar los honorarios del mediador sin perjuicio del resultado del proceso de mediación obra como aliciente para las partes en la búsqueda de acuerdos y aleja el peligro ya experimentado en la Capital Federal de arreglos efectuados «por afuera del mediador» después de haber aprovechando su gestión.*
9. *Que para la mediación en casos de familia debe preveerse la intervención interdisciplinaria, lo que hace necesario fijar honorarios que contemplen dos operadores: el abogado mediador, director del equipo, y el psicólogo o psiquiatra como auxiliar de la mediación.*
10. *Que, finalmente, el Centro de Mediación debe percibir un arancel que, junto a la matrícula a percibir anualmente de los mediadores, como se propone, cubra su infraestructura de personal, que debe ser entrenado para la función, ya que no será solo administrativa sino destinada también a proveer a la etapa de la convocatoria, según nuestro modelo de mediación.*

*Por ello, propongo el siguiente Plan de Honorarios y Aranceles Administrativos:*

I. Asuntos patrimoniales

*Se propone un honorario que integra monto del caso y tiempo de trabajo, fijando mínimos y máximos para hacerlo rentable para el mediador y previsible para los usuarios. El honorario va disminuyendo de forma proporcional a medida que va aumentando el valor del caso.*

| Monto del reclamo* | Valor hora | Mínimo hora | Honorario máximo** |
|---|---|---|---|
| *Hasta $ 5.000* | *0,50% del monto* | *$ 15* | *$ 300* |
| *Hasta $ 10.000* | *0,45% del monto* | *$ 25* | *$ 550* |
| *Hasta $ 15.000* | *0,40% del monto* | *$ 45* | *$ 675* |
| *Hasta $ 20.000* | *0,35% del monto* | *$ 60* | *$ 800* |
| *Más de $ 20.000* | *0,30% del monto* | *$ 70* | *4% del monto total reclamado* |

* *Incluido intereses.*

** *Por toda la mediación.*

II. Asuntos no patrimoniales excluidos los asuntos de familia: 50 dólares la hora.

III. Asuntos de familia:

*a) Los asuntos de divorcio o separación personal en los que se trate alimentos y liquidación y adjudicación de bienes de la sociedad conyugal, son asimilados a los patrimoniales y se aplicará la escala del punto I incrementada en un 50% que será el honorario del auxiliar de la mediación. El honorario máximo se eleva al doble debido a la complejidad de los casos de familia, cuya duración siempre es mayor.*
*b) Los asuntos que sólo traten el aspecto vincular tendrán un valor de 125 dólares por hora de trabajo del equipo, suma que corresponderá 75 al abogado mediador y 50 al auxiliar de la mediación.*

IV. Herencias conflictivas: *Para los casos de división y adjudicación de bienes en las herencias conflictivas, regirá la escala del punto I. Si fuere aconsejable la intervención del auxiliar de la mediación y las partes estuvieren de acuerdo, la escala se incrementará en un 50% que será el honorario del auxiliar.*

V. Arancel del Centro de Mediación: *Por única vez y en el momento de requerir el servicio, el requirente abonará, por cada requerido, el equivalente a una hora de servicios según los puntos anteriores excluido el honorario del auxiliar de la mediación, suma que, de ser exitosa la convocatoria, deberá ser compartida por las partes. Si la convocatoria arrojara resultado negativo, el Centro de Mediación reintegrará el 50% de la suma percibida.»*

Nos apresuramos a enfatizar que los párrafos transcritos forman parte de un proyecto más amplio y específico para los Colegios de Abogados de la Provincia de Buenos Aires, pero los rescatamos como útiles para ilustrar los criterios que sustentamos. También creemos que cualquier prestador de servicios de mediación puede adaptarlos a su proyecto.

En cuanto a la oportunidad para percibir el monto de las retribuciones, aconsejamos pactar el cobro del valor hora antes de cada reunión. Existen excelentes trabajos cuya lectura aconsejamos para apreciar la diversidad de razones que no se agotan en la mera conveniencia material del prestador del servicio (Ortemberg, 1990: 93-99 y 1995: 153)

También resulta altamente aconsejable que todas las partes que concurran al proceso asuman una proporción en el pago del servicio. Hemos comprobado que ello contribuye en varios aspectos. Uno es el atinente al equilibrio del poder. Dada la valoración social que se le adjudica al pago, suele suceder que las personas se consideren con «más derechos» cuando han colaborado con él que cuando no lo han hecho. Y lo hacen pesar durante la mediación. Otro, el relacionado con el nivel de compromiso y de interés en no dilatar y en focalizar los aspectos más operativos y útiles del proceso.

Las Reglas de Mediación Comercial de la Asociación Americana de Arbitraje (AAA), promulgadas en enero de 1992, prevén una tarifa de inscripción de 300 dólares, a pagar según acuerden las partes. Adicionalmente deberán pagar una tarifa que se fija de acuerdo a la cantidad de horas que demande la intervención del mediador. La parte que inscribe el caso no tiene ningún cargo cuando pide a la AAA que invite a la otra parte a mediar y si el caso concluye después de intervenir la AAA, pero antes de la resolución del conflicto, el cargo que debe afrontar es de 150 dólares. Antes de iniciarse el proceso cada parte debe depositar una parte de la tarifa que cubra el costo de la mediación y una suma que cubra los gastos, todo ello sujeto a rendición de cuentas por parte de la AAA en el momento en que finalice su intervención.

La firma JAMS/Endispute, una de las empresas de servicios de mediación y arbitraje que mayor número de causas maneja en EEUU, tiene una política de costos en base al valor hora de duración de las audiencias calculado y pactado de antemano. Los honorarios por servicios profesionales incluyen el tiempo de lectura y preparación de la sesión, la sesión misma, el tiempo que demanden audiencias extraordinarias y cualquier otro servicio o tarea adicional y deben ser abonados antes de la mediación. El acuerdo que las partes y esta prestadora de servicios firman es tan meticuloso que hasta prevé eventuales gastos en alimentos, bebidas y viajes de los mediadores.

El Mediation Center for Family Law de Ventura, California, EEUU, tiene una tarifa de 200 dólares la hora de día (toda sesión que comience antes de 5:00 pm) y de 250 dólares por hora de tarde (toda sesión que comience después de 5:00 pm), pagadera al final de cada reunión. Si el caso demanda de comediación el costo asciende a 275 dólares/hora de día y 300 dólares/hora de tarde. Los tiempos que el mediador utilice fuera de los horarios de sesión son facturados a 200 dólares la hora y se requiere un depósito para conferencias telefónicas. La preparación por parte del mediador del bosquejo final de acuerdo marital, que incluye el bosquejo, su envío a las partes, la preparación del original para la Corte y el tiempo que lleva firmarlo, tiene un costo de 500 dólares. Si las partes optan por que el Centro prepare y ejecute documentos estándar solicitados por la Corte, su costo es de 200 dólares para aquellos que deban presentarse en el Estado de Ventura y de 300 dólares para otros Estados. Si la Corte requiriera una Declaración de Ingresos y Gastos o una Declaración de Información e Inventario de Bienes y Deudas, el costo para su elaboración por el Centro es de 100 y 75 dólares respectivamente. Las sesiones deben ser canceladas por las partes con 24 horas de anticipación, salvo las programadas para los lunes que deben serlo a más tardar el viernes anterior al mediodía. En caso contrario provocan un cargo de 100 dólares.

En la República Argentina, para el caso de la mediación prejudicial, la ley 24.573, en su artículo 21, párrafos primero y segundo y 22, establece la pauta en base a la cual se tarifan los honorarios:

*Art. 21. El mediador percibirá por su tarea desempeñada en la mediación una suma fija, cuyo monto, condiciones y circunstancias se establecerán reglamentariamente. Dicha suma será abonada por la o las partes conforme al acuerdo transaccional arribado.*

*En el supuesto de que fracasare la mediación, los honorarios del mediador serán abonados por el Fondo de Financiamiento de acuerdo a las condiciones que reglamentariamente se establezcan.*

A su vez, el decreto reglamentario 91/98 estableció las sumas y los plazos para su pago y las facultades del mediador para perseguir su cobro en su artículo 21.

*DE LA RETRIBUCION DEL MEDIADOR*

*Art. 21. Honorarios del mediador. Oportunidad de pago. Ejecución. Los honorarios que percibirá el mediador por su tarea en las mediaciones oficiales en que resultare sorteado, se fijan de acuerdo a las siguientes pautas:*

1. *Asuntos en los que se encuentren involucrados montos hasta la suma de PESOS TRES MIL ($ 3.000): PESOS CIENTO CIN-*

*CUENTA ($ 150), retribución que será considerada básica a los efectos del artículo 10 de la ley 24.573.*

2. *Asuntos en los que se encuentren involucrados montos superiores a PESOS TRES MIL ($ 3.000) y hasta PESOS SEIS MIL ($ 6.000): PESOS TRESCIENTOS ($ 300).*
3. *Asuntos en los que se encuentren involucrados montos superiores a PESOS SEIS MIL ($ 6.000) o se trate de asuntos en los que no se determinó el monto en el formulario de requerimiento: PESOS SEISCIENTOS ($ 600).*

*A los fines de determinar la base sobre la que se aplicará la escala mencionada, deberá tenerse en cuenta el monto del acuerdo o el de la sentencia comprensivo del capital y sus intereses.*

*Si promovido el procedimiento de mediación, éste se interrumpiere o fracasare y por cualquier causa no se iniciare el juicio por parte del reclamante dentro de los SESENTA (60) días corridos, quien promovió la mediación debe abonar al mediador, en concepto de honorarios, la suma de PESOS CIENTO CINCUENTA ($ 150) a cuenta de lo que correspondiere si se iniciara posteriormente la acción y se dictare sentencia o se arribare a un acuerdo. El plazo se contará desde el día en que se expidió el certificado negativo de mediación.*

*Si el juicio fuere iniciado dentro del término mencionado, la parte deberá notificar la promoción de la acción al mediador que intervino. El mediador tendrá derecho a percibir de quien resulte condenado en costas en el pleito, el monto total de sus honorarios o la diferencia entre éstos y la suma que hubiere percibido a cuenta, por lo que la conclusión del proceso le debe ser notificada y debe ser citado antes de disponerse el archivo o paralización de las actuaciones o de homologarse algún acuerdo que ponga fin al juicio.*

*En caso de que el reclamante desista de la mediación cuando el mediador ya ha tomado conocimiento de su designación, a éste le corresponderá la mitad de los honorarios a que hubiere tenido derecho en el supuesto de concluir la mediación.*

*En las mediaciones privadas los honorarios pueden acordarse libremente rigiendo subsidiariamente las pautas que anteceden.*

*En todas las mediaciones, salvo pacto en contrario, una vez celebrado el acuerdo entre las partes, éstas deben satisfacer los honorarios del mediador al finalizar la audiencia.*

*En el supuesto de que los honorarios no sean abonados en ese momento, deberá dejarse establecido en el acta, el lugar y fecha de pago que no podrá extenderse más allá de los TREINTA (30) días corridos. En este supuesto el mediador está facultado para conservar en su poder todos los ejemplares de los instrumentos en los que conste el acuerdo hasta tanto le sea pagada su retribución.*

*Los honorarios no abonados en término pueden ser ejecutados por el mediador habilitado con la sola presentación del acta en la que conste la obligación del pago, la que tiene fuerza ejecutiva sin necesidad de homologación ni reconocimiento de firma alguna, de conformidad con lo dispuesto en el párrafo tercero del artículo 12 de la ley Nro. 24.573.*

*En las mediaciones oficiales, el juez sorteado en su oportunidad, será el que deba entender en la ejecución, y en las mediaciones privadas, será competente la Justicia Nacional en lo Civil.*

2.2.2.2.3. Quiénes asistirán al proceso

La naturaleza, características y estado de la interacción conflictiva brindarán mucha información para establecer, en esta etapa temprana, la conveniencia de hacer intervenir en el proceso a otras personas, además de las partes, y la posibilidad de evaluarlo con ellas.

Un evaluador entrenado puede detectar esta conveniencia y hasta plantearlo como una necesidad, por ejemplo, en el caso de la existencia de terceros que pueden verse afectados con las decisiones que eventualmente se adopten en la mediación o que de ellos dependa la posibilidad del efectivo cumplimiento de los acuerdos.

Otra circunstancia a tratar es la posibilidad de pedir informes o pericias a expertos. Es muy aconsejable tener una idea clara del pensamiento de las partes al respecto y la disponibilidad que ellas demuestren, ya que, entre otros aspectos como el de la elección de aquéllos, está aquí involucrado el económico.

Comentario aparte merece la intervención de los abogados de las partes en el proceso porque, con referencia a ello, se pueden escuchar tanto opiniones que la valorizan como otras que la califican como de entorpecimiento.

La mediación se describe como un medio de resolución de conflictos para las partes. Pero una mirada desde el marketing nos obliga a replantear la cuestión y a preguntarnos quiénes son los clientes del mediador. Con Nina Mierdring pensamos que los clientes de todo prestador de servicios en mediación son los clientes *y* sus abogados, porque éstos también tienen intereses en el proceso, entre los que se cuentan el prestigio, el dinero, la reputación con su propio cliente, con la otra parte, con el otro abogado. El mediador debe tener en cuenta esos intereses y validarlos.[3]

Para nuestro modelo, la participación de los abogados de las partes resulta indispensable a partir del Sexto Estadio –Negocial– de la Etapa III –Actuación de la disputa–. Ahora bien, cuando una de las partes manifiesta su decisión de concurrir con su abogado desde el inicio del proceso, el evaluador deberá insistir con la otra parte si ésta decide no hacerlo, enfatizando la importancia de mantener la simetría en este punto.

2.2.2.2.4. El alcance de las cuestiones

Sin perjuicio de la confección de una agenda de trabajo que el mediador confeccionará durante la Etapa II, que puede modificar el temario que las partes hayan acordado con el evaluador, resulta muy útil la detección, por parte de éste, de temas que una o todas las partes se nieguen a tratar, o que quieran limitar o circunscribir a determinados aspectos.

Por ejemplo, una de las partes puede estar de acuerdo con someter a mediación la disolución de una sociedad conyugal o comercial, pero advertir que se negará a tratar aspectos que tienen que ver con la relación personal, pasada o actual, con su ex cónyuge o socio.

## Notas

1. Llamamos escalada o escalamiento a un movimiento hacia magnitudes mayores de conducta conflictiva. Inversamente, el desescalamiento es un desplazamiento hacia magnitudes menores (...). El aumento o disminución de la conducta conflictiva se advierte básicamente en el aumento o disminución de los recursos utilizados (...) puede advertirse también en el número de personas implicadas en la acción conflictiva (Kriesberg, 1975).

2. Entelman, R. Papel de trabajo III, página 22 a 24, dice que se trata de hasta qué punto la conducta conflictiva está institucionalizada o regulada. En el nivel estatal el Derecho aparece como una institución que regula el manejo, el trámite, las metas y los objetivos de las conductas conflictuales, dado que el ordenamiento jurídico define las conductas prohibidas y, por lo tanto, las permitidas. Pero la regulación en que consiste el Derecho no provee solución para los conflictos que se generan dentro del amplio ámbito de las conductas permitidas, que también dan lugar a metas o pretensiones legítimas incompatibles. La extensión, importancia y eficiencia de los sistemas de regulación depende de la vigencia que las reglas respectivas tengan respecto de las partes en conflicto. Tal vigencia puede ser he-

terónoma, como en el caso del Derecho, donde la aceptación de las normas no depende de la voluntad de los súbditos, o autónoma, como en la mayor parte de las situaciones del derecho internacional, donde no existe un sistema coercitivo general, con jurisdicción centralizada al cual los Estados deban someterse.

3. Conceptos vertidos en el Curso de Habilidades para la Mediación, organizado por AIRAD en el marco de la Escuela Argentina de Mediación, Malibú, California, 31 de julio al 4 de agosto de 1995.

# 2

# Etapa II: enmarcamiento de la disputa

Esta etapa es, al diseño de nuestro modelo de proceso, lo que, a la pintura, el borroncillo en colores previo a la ejecución del cuadro; o a la escultura, el modelado en tamaño reducido de la figura.

Es la plantilla de una obra que se edificará sobre tres pilares: la deconstrucción del conflicto, la reconstrucción de la relación y la coconstrucción de la solución.

## *Segundo estadio: propedéutico*

| |
|---|
| Objetivos: Contextualización, introducción y estructuración del proceso. Infundir seguridad y confianza. Construir una alianza de trabajo. Evaluación recíproca mediador/partes. |

En este estadio el mediador desarrolla una función pedagógica, proveyendo a los participantes de los elementos necesarios para estructurar el proceso.

Es el momento del primer contacto entre las partes en este contexto y están inquietas. Todo lo que vuela es tensión. Por ello, el mediador debe ayudarlas a crear un clima de seguridad y confianza que contribuya a construir la necesaria alianza de trabajo en dos niveles: mediador/partes, para merecer confianza y obtener colaboración, y partes entre sí, para implicarlas en una activa participación.

## Pasajes

## 3. Apertura

### 3.1. *La disposición del ambiente*

Sobre este punto mucho se ha dicho sobre la importancia de contar con ambientes aireados, de colores cálidos y con adecuada iluminación, como si estos elementos fueran distintivos de la mediación y no comunes a cualquier espacio en el que trabajar resulte confortable. Reduciremos, pues, este punto, a puntualizar aquellos aspectos que sí creemos pueden tener relevancia específica en la organización de un buen servicio.

Resulta indispensable contar con dos salas preferentemente no contiguas.

La naturaleza de los conflictos determina en gran medida el mobiliario y su disposición y es bueno recrear los ambientes en los que habitualmente acontece cada uno de ellos.

En mediación familiar es aconsejable un ambiente informal dotado de sillones dispuestos circularmente, sin mesas de por medio, y algún elemento con respaldo más alto que los demás asientos. De los sillones, uno de ellos de dos o tres cuerpos, si el espacio lo permite. Ello contribuye a la lectura no verbal como se verá más adelante. También es aconsejable tener almohadones y un piso alfombrado o de madera para hacer posible sentarse en él. No nos olvidemos que la presencia de niños puede ser habitual en este tipo de mediaciones, de manera que es bueno tener a mano algunos elementos lúdicos. Pueden hacer falta.

Para otro tipo de mediaciones y a partir del sexto estadio de la etapa III –negociación– de la familiar, es conveniente una mesa oval con tapa de vidrio. Ello permite mayor comodidad para desarrollar las tareas propias de esa parte del proceso sin perder de vista el lenguaje corporal de los participantes.

Se ha aconsejado destinar un lugar para los abogados que estaría dispuesto detrás de sus clientes, como en una segunda fila. No lo creemos prudente para nuestro medio. Ya hemos anticipado a partir de qué estadio la presencia de los abogados de las partes es relevante para nuestro modelo y qué relación asignamos a éstos con el mediador. Ello exime de comentarios sobre el lugar que consideramos se les debe asignar.

Creemos indispensable contar en ambas salas destinadas a la mediación con un rotafolios o una pizarra y con relojes bien visibles. Los primeros son de una gran utilidad para proyectar gráficos, enfatizar aspectos de las narrativas o asentar fórmulas de negociación, pero, fundamentalmente, constituyen un elemento operativo para el mediador teniendo en cuenta que hay personas que son más visuales que otras. La presencia de relojes bien visibles permite el registro del transcurso del tiempo de la reunión, su utilización como recurso estratégico del mediador y auxiliar indispensable para la técnica de conducción de las entrevistas. Por ejemplo, si la hora de mediación ha sido acordada en 120 dólares y las partes hace treinta minutos que discuten de forma estéril y se muestran renuentes a dejar de hacerlo, el mediador puede ensayar una intervención diciéndoles que llevan invertido 60 dólares en ello e invitarlos a llegar al acuerdo de usar el tiempo a razón de 2 dólares el minuto para seguir con la discusión o invertir el dinero de otra forma. Esta es una razón más para acordar el cobro de la reunión por adelantado.

La técnica de conducción de entrevistas requiere firmeza en el respeto del tiempo de su duración y de un adecuado manejo del mismo durante su transcurso. Más adelante nos referiremos a ello.

Finalmente, disponer en la misma sala de una computadora que permita ir asentando los acuerdos parciales a los que van arribando las partes resulta muy útil para agilizar la tarea, hacerla participativa y motivadora.

### 3.2. *Lectura no verbal*

La antropología, la etología, la lingüística, la psicología y la sociología se han dedicado al estudio del comportamiento no verbal.

Nuestro interés está centrado en la función y utilidad que tiene para quien realiza el comportamiento y para el que observa, percibe, interpreta e interactúa en el proceso comunicativo, en aspectos que intervienen en la capacidad de enviar señales que tiene la ubicación espacial y como instrumento significativo de expresión de las emociones y actitudes, conscientes o inconscientes.

Sin dejar completamente de lado la perspectiva del comportamiento como un fenómeno de la dinámica interior de las personas, que siguen sus propias leyes, más que al análisis causal prestaremos atención al contexto comunicativo que lo comprende y a las reglas que definen el funcionamiento de éste último en una situación de interacción. Un contexto se constituye a partir de una situación concreta que comporta un objetivo determinado; cómo el contexto es vivido por los participantes como algo distinto, es el metacontexto, que se usa para indicar las experiencias subjetivas del contexto que pueden implicar una distorsión de la comunicación con confusión de significados.

Watzlawick, Bavelas y Jackson (1989) dicen que el estudio de la comunicación humana puede subdividirse en tres áreas: la sintáctica, que abarca los problemas relativos a la transmisión de la información (canales, ruido, redundancia, codificación, capacidad); la semántica, que se preocupa por los significados; y la pragmática, que se refiere a cómo la comunicación afecta la conducta. La pragmática abarca tanto lo verbal como lo no verbal.

La comunicación tiene propiedades o axiomas que abren la posibilidad de estudio de la pragmática. El quinto axioma sostiene que «los seres humanos se comunican tanto digital como analógicamente. El lenguaje digital cuenta con una sintaxis lógica sumamente compleja y poderosa pero carece de una semántica adecuada en el campo de la relación, mientras que el lenguaje analógico posee la semántica pero no una sintaxis adecuada para la definición inequívoca de la naturaleza de las relaciones» (pág. 68).

En la comunicación humana es posible referirse a los objetos de dos maneras: por un símil o semejanza autoexplicativa (por ejemplo un dibujo) o por su nombre (con la palabra). Este es el lenguaje digital en el que las palabras, como los dígitos de la computadora, constituyen signos arbitrarios que responden a una convención semántica de cada lengua.

En lo analógico hay algo «similar» a la cosa, en aquello que se usa para expresarla. La comunicación analógica es, pues, todo lo que sea no verbal, pero no solamente lo corporal, sino también la expresión facial, la postura, los gestos, la inflexión de la voz, la secuencia, el ritmo y la cadencia de las palabras. Queremos agregar, como importante para nosotros en este punto, la disposición ambiental que asumen los cuerpos de los participantes.

El comportamiento no verbal normalmente no es el resultado de una intención consciente, pero es bueno tener en cuenta que puede ser controlado por quienes conocen los efectos de las señales no verbales. También que lo no verbal nos permite hacer inferencias, que se revelan útiles como esquema de referencia, pero no para obtener previsiones definitivas.

Se ha señalado el pasaje de ingreso de las partes a la reunión de mediación como un excelente medio de información analógica, describiendo tres tiempos: «Al principio el mediador invitará a las partes a acomodarse espontáneamente: esto le ofrecerá la oportunidad de «leer» los mensajes no verbales.» El segundo tiempo se corresponde con las comunicaciones que envía el mediador y que «sugieren a las partes, de manera sutil y eficaz, expectativas de actitudes y comportamientos a asimilar; por este motivo, él, en un segundo tiempo, invitará a las partes a sentarse una al lado de la otra, más que una frente a la otra (...) las personas que se sientan una al lado de la otra tienden a considerarse menos antagonistas que aquellas hechas acomodar frente a frente». El tercer tiempo tiene que ver con un movimiento del mediador: «Ahora, visto que las partes se sientan una al lado de la otra, existe el peligro de que perciban al experto como un elemento adverso: para evitar esta eventualidad, el mediador colocará un sillón entre los dos cónyuges, a igual distancia, con el fin de configurar un triángulo equilátero ideal» (Gulotta y Sareti, 1988: 140-141).

La experiencia recogida en la práctica nos permite coincidir y disentir con los maestros italianos.

Coincidimos con la posibilidad de «leer» que permite el primer tiempo y hemos recogido algunos indicios. Por ejemplo, si la mesa es rectangular y el lugar del mediador está claramente marcado en una de las cabeceras, podemos esperar, de quien ocupa la cabecera contraria, un comportamiento competitivo con el mediador. En las partes que ocupan lugares cercanos a la puerta de salida de la sala se han observado conductas de menor colaboración y mayor especulación. En mediación familiar la ubicación de los menores con relación a sus padres transmite el sistema de alianzas existentes. En mediación empresaria el representante de la empresa y el abogado que se acomodan uno enfrente del otro nos avisan de la existencia de una relación interna entre ellos.

No estamos de acuerdo con acomodar a las partes una al lado de la otra y menos en esta etapa del proceso. En primer lugar, existen importantes diferencias interculturales con relación al uso y al significado de la señal no verbal proximidad-distancia, pero en general los estudios experimentales ponen de manifiesto que las personas prefieren la proximidad de individuos que no les sean hostiles o con los que tienen una relación puramente formal. En segundo lugar, la proximidad física puede ser percibida como una invasión del territorio personal del individuo. Forzar a las partes a adoptar una posición que ellas no han elegido nos parece que puede incomodarlas y arriesgar al mediador al obtener una negativa «de entrada». En tercer lugar, y fundamentalmente, porque se pierde la oportunidad de leer el claro mensaje que envían las partes cuando, comenzando enfrentadas, en algún momento se acomodan juntas.

El tercer tiempo denota la influencia que tiene en los autores el concepto de neutralidad. Ya hemos hecho mención a la neutralidad resignificada y pudimos apreciar que la distancia física del mediador con las partes es sólo una acepción de ese soporte de la neutralidad que es la equidistancia. Nuestro concepto de neutralidad flexibiliza la rigidez con que las demás escuelas imponen al mediador el manejo de «su» ubicación espacial con respecto a las partes.

### 3.3. *Saludo inicial y cotejo de datos*

El momento del ingreso de los participantes en la sala de mediación puede deparar sorpresas para el mediador, porque aquí comienza el manejo del poder y la generación de confianza.

Puede ocurrir que una parte o su abogado, ya sea porque tiene alguna referencia o conocimiento de las actividades sociales, culturales o simplemente de los «hobbies» del mediador, o porque ha tenido en alguna oportunidad algún contacto de índole profesional o personal con él, haga referencia a ello en el momento del primer saludo y hasta pueda tutearlo. Esta referencia y modalidad de trato pueden obedecer a una desinteresada motivación de la parte o a satisfacer otras de muy variada índole, como «ganar la confianza» del mediador o colocarse *one up* sobre la otra parte.

El mediador debe estar preparado para responder con rapidez a esta situación, haciéndose cargo de ella, dirigiéndose a la otra parte para que pueda expresar si la misma le afecta y enviando el mensaje que toda maniobra de este tipo extenderá a todos los participantes los beneficios que con ella se pretenden obtener. Por ejemplo, «el doctor recuerda mi época de tenista en el club al que él también concurría y efectivamente allí mantuvimos una activa relación social. Me pregunto si esa circunstancia les afecta a ustedes y, en ese caso, les agradecería que me lo digan y analicemos si es necesario el cambio de mediador. También veo que el doctor prefiere tutearme. Si ustedes aceptan que nos tratemos de esa manera a mi no me molesta que todos nos tratemos así».

Si esta emergencia no ocurre, o sorteada la misma, es bueno que el mediador, en el tono más distendido y cordial que le sea posible, pregunte a las partes cómo se sienten. Está demostrado que abrir y administrar este espacio para exteriorizar y reconocer emociones disminuye el nivel de tensión propio de esta etapa, entre las que se encuentran las que experimenta el mediador, que también deben ser reveladas por él. Y decimos administrar porque es habitual que las partes no se limiten a la descripción de sus estados de ánimo sino que pretendan continuar con el relato de sus cuestiones. El mediador debe limitar la respuesta al tema de la pregunta y aquí comienza el ejercicio de su poder de dirección del proceso y a transmitir su naturaleza paradojal, ya señalada en capítulos anteriores.

Su intervención continúa con el cotejo de los datos de los participantes y de los eventuales derivadores, como nombres, domicilios, teléfonos y todo aquello que cada servicio incluya en la planilla de identificación del caso.

Nos referimos a cotejo y no a recopilación de datos, porque en nuestro modelo esa parte ya se llevó a cabo durante la primera etapa del proceso –la entrevista previa– y el mediador ya cuenta con un informe del evaluador.

Christopher W. Moore (1995) dice que la designación de un colaborador para llevar a cabo la tarea primaria de recolección de datos, si bien ahorra tiempo, «puede estorbar el *rapport* y la confianza entre el mediador y los litigantes durante las fases ulteriores. Por eso, aun contando con una persona idónea para ello, es conveniente que el mediador realice a su vez una entrevista, aunque sea breve, durante la fase de obtención de datos (...) Es lo que se ha denominado la etapa «social» de la entrevista (Survey Research Center, 1969). En este breve período de conversación informal, el mediador tratará de mostrarse franco, cálido, inteligente e interesado. Debe lograr que la conversación exhiba un tono y un contenido positivos y sinceros. No debe incluir temas que puedan distanciarlo del litigante» (págs. 142-143, 149-150).

Nos preguntamos si el mediador debe hacer lo transcrito sólo durante la fase de recolección de datos o ello es parte de lo que debe hacer durante todo el proceso.

Creemos que existen otras razones para que el mediador coteje datos. Puede ocurrir que esta sea la primera oportunidad en que todas las partes se encuentren reunidas si las entrevistas previas se celebraron con cada una de ellas por separado. En este caso, tiene importancia que todos conozcan los datos de todos. También puede ser que las partes concurran a la mediación por alguna derivación. Ya hemos anticipado que la legitimidad de la autoridad del derivador es una fuente de poder del mediador y que éste debe invocarlo. Esta es la oportunidad para hacerlo. Finalmente, es posible que algún dato demande ser rectificado por error en la información dada en la entrevista previa o por equivocación del evaluador.

## 4. La exposición inicial del mediador

Este pasaje está indicado de forma unánime por los autores, y su finalidad y contenido coinciden en gran medida, con ligeras variantes que tienen que ver con el modelo de mediación que integre.

Para nosotros esta exposición es esencial para estructurar el proceso y para controlar el tono de las reuniones.

Lo importante es desarrollar una exposición con la que el mediador se sienta cómodo y que se adapte al nivel de experiencia que las partes tienen con respecto a la mediación, porque a mayor experiencia menor cantidad de datos será necesario transmitir.

4.1. Experiencia previa de las partes

*«¿Han participado alguna vez en un proceso así?»*

4.2. Cuando las partes llegan a la mediación hay una asimetría: no todos quieren la mediación o no la quieren en la misma medida. Por eso, lo primero es vender el producto:

4.2.1. Hablando de las alternativas y resaltando las dos ventajas más simples de la mediación pero a la vez interesantes para las partes:

*«Lo primero que quiero decirles es que estamos muy conformes con estos procesos, que ofrecen la oportunidad para que la gente busque soluciones a muy bajo costo y en muy corto tiempo comparado con un juicio.»*

4.2.2. Circularizando de entrada:

*«Sabemos también que algunas personas llegan a la mediación a disgusto porque en general aquí se viene a hablar de problemas y además creen sinceramente que no han contribuido a crearlo, pero lo cierto es que cuando existe algún tipo de relación entre las personas, el hecho de que algunos tengan problemas hace que todos los tengan.»*

4.3. Es importante que el mediador acepte la interacción conflictiva que las partes llevan a la mediación, que la legitime y que redefina las percepciones que ellas tienen en cuanto a su dimensión, pasándola de actoral a objetal (primera parte, cap. 2, n. 40).

*«Resulta obvio que si ustedes están aquí es porque tienen diferencias y experimentan un cierto grado de frustración y molestia con el otro, pero esos sentimientos son normales, causados por el verdadero problema que no son ustedes sino el conflicto que vamos a poner aquí sobre la mesa.»*

4.4. Ahora el mediador va a hacer una intervención que define el ámbito y el espacio de la mediación con una frase que orienta la perspectiva de trabajo, basada más en el presente y el futuro que en el pasado, sin dejar de tenerlo en cuenta:

*«No es necesario recrear viejas disputas ni estar de acuerdo con el pasado para acordar sobre el futuro y la mediación nos abre un espacio para intentarlo.»*

4.5. De inmediato recompensará a las partes por haber elegido la mediación, interpretará esa decisión como una expresión de las conductas que espera de ellas y efectuará las primeras maniobras de anticipación y de devolución del poder.

Felicitando y al mismo tiempo enfatizando sobre la participación activa y colaborativa de las partes, anticipa, por un lado, su derecho a reclamar sobre un abanico de actitudes que aquellas puedan adoptar durante el proceso, como renuencia, especulación o falta de transparencia en el aporte de datos; por el otro, permite desarrollar técnicas de refuerzo[1] durante el proceso premiando las conductas activas y colaborativas:

«*Quiero felicitarlos porque lo primero que informan las personas que llevan sus diferencias a mediación es que quieren resolverlas actuando de forma activa y colaborativa, sin que otros resuelvan por ellas porque el poder de decisión, en mediación, lo tienen las partes*».

4.6. Ahora el mediador se refiere a la estructura del proceso y lo hace previsible, en una maniobra de ida y vuelta que parte de la base de que la previsibilidad contribuye a la estructuración.

Con la expresión «entre todos», deja en claro cuál es su ubicación en el proceso: él no está afuera, no es un simple observador ni un semáforo que distribuye y ordena el tráfico de las partes, sino que se integra en ese sistema de participación activa y colaborativa y, desde el inicio, se reserva el derecho de «enumerar, clasificar, fijar posición y analizar».

Esto constituye un giro copernicano en la concepción que la mayoría de los modelos de mediación tienen sobre el rol del mediador, al cual sólo le permiten la neutralidad resignificada. Se abre el camino, así, a la intervención estratégica que reconoce funciones al mediador que en otros modelos tiene vedadas, como la de promotor de alternativas.

Finalmente, con las repetidas referencias a la realidad, maniobra nuevamente con la anticipación, fijando estratégicamente los criterios de análisis de necesidades y posibilidades:

«*Entre todos enumeraremos los problemas, los clasificaremos, fijaremos la posición que cada uno tiene con relación a ellos y analizaremos las necesidades reales y las posibilidades reales de satisfacerlas*».

## 4.7. *Las reglas de juego*

4.7.1. Respeto mutuo, orden para hablar, planificación de reuniones. Comienza con otra maniobra de anticipación, describiendo la conducta deseada para ponerse en posición de extinguir la contraria.

Con el término «al que le he dado la palabra», realiza un refuerzo de su poder de dirección del proceso y del carácter paradojal de la mediación que, en el nivel verbal, enfatiza la voluntariedad y la libertad decisional pero, en el nivel contextual, los somete a un proceso altamente estructurado que «vehicula el siguiente mensaje: les doy el permiso para combatir, pero sólo cuándo y en el lugar establecidos por mí» (Gulotta y Santi, 1988: 146).

Es importante incluir reglas sobre puntualidad, cancelación de reuniones y duración de las mismas.

En este punto se revela nuevamente la importancia del cobro por anticipado de la entrevista, porque está demostrado que lo que se pagó no se cancela o se cancela en menor proporción.

Coincidimos con Folberg y Taylor (1992: 289) en que dos horas de duración para cada reunión es el tiempo más recomendable, porque un tiempo menor es insuficiente para desarrollar las etapas de apertura (resumen de la anterior y plan de trabajo para la que cursa), desarrollo (del plan de trabajo) y cierre (balance, programación de la próxima y asignación de tareas que eventualmente se encomiende realizar a los participantes) en cada una de ellas.

Al respecto, es muy ilustrativa la «Murphys´s Law and Counseling» (Ley y Consultoría de Murphy) que dichos autores incluyen en su trabajo como broma profesional: «Primera Ley del tiempo restante: si existe un avance significativo va a ocurrir durante los últimos cinco minutos de una sesión; Segunda Ley de tiempo restante: va a ocurrir sólo cuando no sea posible exceder el tiempo».

Aconsejamos, también, fijar alguna regla para las demoras. Por ejemplo, a los veinte minutos de demora se levanta la reunión quedando el pago de la misma a cargo del que provoca su anulación.

El manejo del servicio del agua o de alguna infusión también puede ser un recurso del mediador para retomar el control de la reunión cuando el intercambio entre las partes ha alcanzado un tono inconveniente. Tener previsto, para ese momento, el ingreso en la sala de un auxiliar que realice el despliegue que tal servicio puede demandar interrumpe por completo la escena y «saca» a las partes de la situación.

*«Para ello, es necesario que observemos algunas reglas: la primera es la del respeto mutuo, sobre todo escucharse sin interrumpir al que le he dado la palabra. Todos van a tener las mismas oportunidades de hablar y frente a ustedes tienen papel y lápiz para anotar lo que quieran decir cuando tengan la palabra.*

*La segunda es respetar la puntualidad en los horarios que fijemos para las reuniones y recordar cancelarlas con la mayor anticipación posible si surge algún imprevisto. Para que puedan organizar su agenda trabajaremos aproximadamente dos horas por reunión».*

4.7.2. Voluntariedad.

*«Tengan presente que este proceso es voluntario, así que todos tienen la posibilidad de retirarse si no creen conveniente seguir.»*

4.7.3. Confidencialidad

Podría dar lugar a un capítulo aparte y hay trabajos muy completos sobre ella cuya lectura recomendamos.[2] Aquí nos interesa destacar que es un capítulo de las cuestiones de ética. La confidencialidad debe ser objeto de clarificación y ser definida con la mayor precisión. No basta con pronunciar el término, porque él puede ser entendido de diferente manera por los participantes, tanto en relación a su significado como a su alcance.

Algunos la toman como sinónimo de secreto absoluto y, por lo tanto, no pueden hablar con nadie de lo que en la mediación ocurre, ni aun sobre sus dudas, lo que se constituye en un factor de opresión. Otros no tienen claro los límites: ¿puede ser objeto de comentarios con mi cónyuge, con mis amigos, con mis compañeros de trabajo? Por ello, es útil preguntar qué entiende cada uno por confidencialidad y, a partir del intercambio de percepciones, acordar su alcance.

También es necesario hacer la distinción entre confidencialidad hacia afuera y hacia adentro del proceso. La primera, se refiere a la que se observará entre todos los que participen en la mediación, incluido el mediador y los miembros de su equipo en su caso, y los terceros; la segunda, entre el mediador y las partes, referida al flujo de información que éstas suministran a aquél durante las reuniones con cada una de ellas por separado. En éste último caso, hablamos de confidencialidad asumida por la parte cuando el mediador puede transmitir, a una parte, toda la información recibida de la otra menos aquello que ésta le prohibe transmitir; y de confidencialidad restringida cuando nada puede transmitir salvo aquello que la parte le permite.[3]

Sobre el soporte de la confidencialidad, el mediador realizará otra maniobra de refuerzo acerca de la completud y transparencia informativa y explicará a las partes el sentido de las reuniones con cada una de ellas por separado:

«*Este proceso es confidencial y esto requiere que nos pongamos de acuerdo sobre el significado y el alcance de esta palabra... Para garantizar esto fíjense que el convenio que vamos a firmar contiene una cláusula por la cual yo me comprometo a guardar secreto sobre lo que aquí ocurra y ustedes no podrán citarme como testigo si esto deriva en un juicio.*

*Por esa circunstancia, pueden ustedes confiar y yo exigirles que la información que me proporcionen para ayudarlos será transparente y completa. Tengan en cuenta que además de las reuniones entre todos, también tendré reuniones con cada uno de ustedes por separado de modo que en ellas podamos tratar cuestiones y manejar información que no quieran tratar ni revelar en presencia de la otra parte, y todo lo que en esas reuniones hablemos tampoco lo revelaré a la otra parte, salvo aquello que ustedes me autoricen a revelar* (como se ve, en este caso hemos optado por la confidencialidad asumida por la parte).»

## 4.8. Los roles

El discurso debe incluir el tema de los roles:

4.8.1.Con relación al mediador ya hemos hecho referencia a los roles en capítulos anteriores y a las partes en este pasaje.
Baste entonces agregar aquí que en esta exposición inicial el mediador introduce la cuestión de la neutralidad y lo hace enviando tres mensajes. Primero: él, como las partes, tiene una posición. Segundo: refuerza su lugar «adentro» del proceso. Tercero: desde allí comunica flexibilidad, porque esa posición no es irreductible, reci-

be puntos de vista de los demás y está dispuesta a ser objeto de intercambio y de negociación.

De inmediato completa la descripción con una maniobra de anticipación destinada a legitimar las funciones de síntesis, mayéuticas y de promoción de alternativas que ya hemos descrito.

*«Mi rol aquí es el de colaborar con ustedes desde una posición neutral, pero si alguno siente que no lo estoy siendo, por favor, hágamelo saber y hablaremos sobre ello. Si en algún momento sienten que los presiono tengan en cuenta que mi función es también la de ser abogado del diablo para ayudarlos a evaluar sus puntos fuertes y sus puntos flacos».*

4.8.2. El rol de los abogados.

Mucho y bueno se ha escrito sobre ello.[4] Por nuestra parte, lo primero que queremos señalar es que el abogado, a partir de la percepción social de su función todavía vigente, es requerido por el cliente para que le indique cómo puede ganar. El primer juego que el cliente le plantea es un juego de «suma cero», para el que también le ofrece la responsabilidad total de su manejo. El abogado se encuentra así en una compleja trama, entre los intereses del propio cliente y los intereses de la mediación, que lo obliga a repensar su práctica y los objetivos de su intervención en los conflictos.

Comenzaremos diciendo que el abogado puede pensar su participación en los conflictos como aliado de su cliente o como aliado de la solución. Desde esta hipótesis estará en condiciones de escuchar y tener en cuenta las razones de la otra parte y «mediar» para que su cliente también lo haga.

Puede elegir entre ser absolutamente intervencionista y ser el «soporte» del juego o adoptar un rol que le asigne «mostrar» la problemática para que el cliente decida.

Pero no se agota aquí su función. Destacamos el trabajo de Gulotta y Santi (1988: 19-28) sobre el tema, porque nos ha aportado elementos para estructurar la exposición y para dejar en claro las ventajas de considerar imprescindible la presencia de los abogados de las partes a partir del pasaje de la negociación y hasta el final del proceso.

Estos autores, entre los objetivos de la intervención del abogado en la mediación, distinguen cuatro fases.

La fase de la consulta, referida al tiempo en que las partes no están todavía en el proceso de mediación. Durante esta fase, su función abarca diversas consideraciones:

a) Acerca de la evaluación que él hace de la capacidad de su cliente para decidir responsablemente acerca de su propio futuro.
b) Con el cliente, la explicación de la mediación como medio de resolución de conflictos, sus diferencias con otros medios, sus límites y sus reglas.
c) Sobre la persona del mediador, que incluye la posibilidad de selección directa por él o que provea al cliente de una lista de mediadores para que éste elija.

La fase asistencial comprende el tiempo en que la parte ya está en la mediación. Ya hemos anticipado a partir de qué estadio nuestro modelo considera imprescindible la participación de los abogados.

Durante esta fase, su función es múltiple y sumamente delicada.

Suministrará a su cliente toda la información técnico-legal y el apoyo de otros profesionales en cada campo necesario, que resulten útiles para hacer evaluaciones apropiadas.

Evaluará con el mediador los avances del proceso y los pasos seguidos para alcanzarlos, elaborará propuestas en beneficio de su cliente, sugerirá alternativas a las propuestas de la otra parte y considerará constantemente las posibilidades que paso a paso se presentan con el fin de desarrollar intercambios de concesiones idóneas y oportunas.

El rasgo esencial que el profesional debe mantener durante todo el tiempo de la relación se resume en el respeto constante del deseo de autonomía del cliente. Esto significa que éste puede llegar a conclusiones que no guarden una total coincidencia con las del defensor pero que, de cualquier manera, éste sienta como suficientemente justas respecto del resultado al que conducen.

En ésta, como en la fase sucesiva, son muy importantes las relaciones del abogado con el colega de la otra parte. Se trata, de hecho, de un espíritu de colaboración que visualice los intereses de los clientes como un todo y no como contrapartes.

Cuando Gulotta y Santi incursionan en la última fase, la que denominan de revisión, se revela claramente las desventajas de no considerar imprescindible la presencia de los abogados en el proceso, dejando bien a la vista las ventajas de sí considerarlo, como en nuestro modelo.

Dicen que esta fase se refiere al tiempo en el cual la parte ya «estuvo» en el proceso, lo que establece otra diferencia, porque entonces la revisión legal de los acuerdos no formaría parte del proceso de mediación.

Refuerzan esa idea cuando continúan señalando que, después de alcanzar el acuerdo, el abogado puede cumplir diversos roles: como revisor del acuerdo redactado o como redactor del acuerdo.

El abogado revisor puede dirigir diferentes grados de investigación.

Una, acerca de la modalidad con la cual el acuerdo ha sido alcanzado: quién lo ha escrito, qué valores se persiguieron, si alguno ha sufrido presiones, qué significado tiene el acuerdo para cada una de las partes.

Este sondeo permite al abogado verificar si el acuerdo realmente refleja las intenciones de cada uno y, por lo tanto, si existe la posibilidad de que luego una de las partes niegue o refute cualquier aspecto particular no reconociéndose en él.

Esta indagación es extremadamente delicada porque la precedente serie de preguntas podría generar dudas de manera tal que pusiera en riesgo el acuerdo alcanzado.

Por lo tanto, es necesario aclarar qué soluciones repensar y terminar y profundizar la mediación.

Otra, acerca del acuerdo financiero. Esto comprende las conversaciones con expertos o peritos, aun cuando el cliente hubiese afirmado ya en la fase de mediación que no deseaba esos consejos.

Otro aspecto fundamental de análisis tiene que ver con los costos y las consecuencias inherentes a la opción decidida.

Es posible que los clientes elijan renegociar algunos puntos. Esto, inevitablemente, hace subir los costos de la mediación y, por lo tanto, necesita una atenta y concienzuda evaluación.

El abogado, en esta fase investigativa, puede encontrarse en la situación delicadísima y embarazosa de encontrar que el acuerdo es sustancialmente inicuo y, por lo tanto, proponer uno mejor. Debe entonces evaluar qué grado de presión le compete ejercitar.

Superada la fase investigativa con la confirmación de los resultados de la mediación, el procedimiento alcanza conclusiones con la redacción del acuerdo. La redacción no es simplemente de conceptos, sino que también involucra elecciones procedimentales y sustanciales.

Queda todavía por considerar la relación entre el abogado revisor y el mediador y el abogado de la contraparte. Este punto se refiere tanto a las comunicaciones necesarias para aclarar las eventuales ambigüedades como a tratar lo precedentemente transcrito, pero, sobre todo, para determinar qué hacer en el caso en el cual el acuerdo se revele «ex post» insatisfactorio.

Finalmente, el mediador deberá tener en cuenta los distintos tipos de negociación en las que participan los abogados. Una, la que tiene que ver con los intereses de su cliente; otra, la interna entre el abogado y su cliente con relación a las concesiones a efectuar. En ambas el mediador puede ayudar.

También puede ocurrir que los abogados participen en la mediación en doble rol de tales y de representantes de una estructura a la que deban rendir cuentas. En este caso, la tarea del mediador será muy útil para ayudar al abogado a entender bien el sentido de las concesiones y las razones para celebrar un acuerdo, para que las pueda transmitir bien. Es una forma de mediar entre el abogado y la estructura que representa.

El mensaje del mediador tiene dos direcciones. Una va hacia las partes; la otra hacia los abogados.

*«El rol de sus abogados es muy importante aquí, pero es distinto al que ustedes están acostumbrados, porque ellos los ayudarán a evaluar y a decidir defendiendo sus derechos pero sin la necesidad del antagonismo que deben usar en los tribunales.»*

### 4.9. *Aclarando dudas*

Este es el momento del primer reenvío del proceso a las partes y el mediador lo hace con varias finalidades. La primera contiene la genuina finalidad de cotejar si lo que ha dicho quedó claro. Otra, permite al mediador, que ha estado observando los mensajes no verbales enviados por los participantes durante su exposición, estimular al que aparece como más callado o perturbado o carente de iniciativa. Para ello, puede dirigir su mirada hacia él mientras formula la pregunta.

Algunos autores sugieren que el mediador invite a las partes a proponer reglas para hacer más participativo este pasaje. No estamos de acuerdo. La exposición inicial es un recurso que responde a la estrategia de transmitir el poder del mediador sobre la administración del proceso y ello debe ser indelegable de entrada.

*«¿Tienen alguna duda sobre lo que he dicho?»*

## 5. El acuerdo de relación profesional

Somos partidarios de hacer suscribir por separado este acuerdo del pacto de confidencialidad. Para el caso de que fuera necesaria la presentación del pacto de confidencialidad en algún ámbito, nos parece que si forma parte del acuerdo de relación profesional, expone tanto al mediador como a las partes a revelar datos que, como los honorarios, tengan interés en mantener confidenciales.

Aconsejamos incluir referencias a los asuntos sujetos a mediación, la declaración de las partes de participar de forma activa y colaborativa, de brindar información completa y transparente, de aceptar los períodos experimentales que el modelo prevé, de la organización de las reuniones con las previsiones que hemos expresado, del monto, modalidades y forma de pago de los honorarios que incluye la proporción en que cada parte los soportará.

Es bueno aclarar con las partes que la lista de los asuntos sujetos a mediación puede ser modificada durante el curso del proceso. Por lo tanto, esa parte del convenio debe prever un espacio suficiente para ello de forma visible y dejarlo abierto. Con ello, se comunica una estructura flexible de trabajo.

El acuerdo también puede incluir referencias que tienen que ver con lo específico de la mediación. Por ejemplo, en mediación familiar, temas como la expresión de las emociones y el compromiso de evitar los arrebatos de cólera y los ataques personales, así como el de la participación de los menores en el proceso.

## *Tercer estadio: exploratorio*

| |
|---|
| Objetivos: Búsqueda de datos, definición y descomposición de problemas. Delimitación de áreas de acuerdo y de desacuerdo. |

Si bien el objeto principal de este estadio es la recopilación de información relevante que le permita organizar el proceso, aquí comienza el trabajo del mediador con las narrativas.

La búsqueda de datos incluye la ubicación del estilo narrativo e interaccional de las partes y su capacidad de entender y respetar consignas, porque mientras el mediador les acota la exposición, éstas tienen la primera oportunidad para contar sus problemas y ventilar emociones.

Si bien el mediador tiene el informe del evaluador, la definición de los problemas puesta sobre la mesa en presencia de todos tiende a ubicar al mediador con mayor precisión, en términos de la teoría del conflicto, el grado de conciencia que las partes tienen acerca de los mismos y qué dimensión le asignan y, a cada una de ellas, escucharlo desde la perspectiva de la otra.

La descomposición de los problemas incluye la división y ampliación de las metas u objetivos conflictivos en términos de la teoría del conflicto y facilita su examen y tratamiento.

La delimitación de áreas de acuerdo y de desacuerdo comienza apuntando al encuadre del plano de la pureza del conflicto, pero produce resonancias tanto en las variables como en las dimensiones.

Es muy importante que el mediador ubique y comunique a las partes que, junto a las metas u objetivos incompatibles que los traen a la mediación, existen metas u objetivos compatibles, porque la coexistencia de ambas, además de facilitar la descomposición de los problemas, influye de forma directa en la dimensión del conflicto y, desde ahí, puede propagarse a las variables, como ya hemos expuesto (supra, n. 5).

## Pasajes

## 6. La exposición inicial de las partes

Interesan aquí varias cuestiones.

6.1. *Acotar la exposición.*

El mediador comenzará formulando tres preguntas a cada parte:

– ¿Qué quiere resolver?
– ¿Por qué lo quiere resolver?
– ¿Qué soluciones intentaron?

Este es un momento difícil del proceso porque, en este segundo reenvío, las partes pueden intentar desarrollar sus cuestiones en lugar de contestar concretamente a las preguntas formuladas por el mediador. Esto le obligará a realizar nuevas maniobras de control del proceso mediante la puesta de límites que, a su vez, reforzará su poder de dirección del mismo.

Nuestro modelo asigna a esas tres preguntas el carácter de recurso estratégico de ineludible utilización en este pasaje para la estructuración y el desarrollo ulterior del proceso.

El primer aspecto estratégico es suprimir el primer mandato que la cultura de la adversariedad inculca a las partes: organizar el relato de tal modo que la conclusión sea «yo tengo razón y en consecuencia el otro no la tiene»

Para ello, hay que incluir en la fórmula un término que contenga algo atractivo para las partes. Y ese término es preguntar «qué quiere», pero atándolo de forma inmediata a una finalidad específica que las obliga a precisar sus cuestiones al mismo tiempo que les permite una variedad de respuestas que comienzan a construir la narrativa, a dibujar metas u objetivos conflictivos y a suministrar información sobre los planos, las variables y las dimensiones del conflicto.

«Por qué lo quiere» sigue obligando a la parte a desarrollar su discurso centrándolo en ella, con lo que perseguimos que no escale el conflicto mediante referencias a la otra parte, y que exponga sus motivaciones sin quejarse ni acusar, supresiones que contribuyen a que la otra parte pueda escuchar todo atentamente.

Ya haremos referencia en el capítulo siguiente a los diferentes niveles de escucha y en qué medida determinados actos del habla los afectan y determinan.

También se persigue la primera aproximación a las necesidades, a los intereses y a las palabras clave.

«Qué soluciones intentaron» parte de colocar en el nivel expreso el solucionar y la intención de hacerlo por ambas partes, mientras se atribuye a los otros contextos el resultado de ausencia de solución que los conduce a la mediación.

Finalmente, el conjunto de las tres preguntas intenta alejar del proceso la polaridad actor-demandado, que crea un contexto en el que uno demanda y el otro contesta, para llevarlos a uno en el que los dos demandan.

¿Qué? Que el conflicto, todavía visto desde la óptica de cada uno, se resuelva.

6.2. *¿A quién se le da la palabra primero?*

Se han dado diversas respuestas a esta pregunta y también diversas razones que las avalan. Existe, pues, un abanico de posibilidades, que van desde darle prioridad al requirente, por ser el «demandante», hasta elegir a la otra parte para impulsar su participación, aumentar su confianza y evitar el peligro de que darle la palabra al requirente pueda ser visto como una preferencia hacia él.

Nosotros preferimos formularle primero las tres preguntas a la parte requirente y, en el caso de que las dos hubieran concurrido a formular el pedido, a aquella que, según el informe previo, aparece como la que más metas conflictivas tiene que satisfacer. En términos adversariales, al demandante, aunque la demanda haya sido presentada de forma conjunta.

El criterio está basado en darle, de entrada, el máximo impulso al proceso, porque el criterio inverso puede provocar un estancamiento o «impasse» según la respuesta.

En efecto, existe un alto grado de probabilidad de que la respuesta oscile entre pedir que le preguntemos a la otra parte lo que le estamos preguntando a ella, hasta que nada quieren y que están allí simplemente porque la otra parte lo requirió.

Estas respuestas pueden encerrar una especulación o un «poner afuera», un no involucrarse con las causas del conflicto y la razón de ser del proceso, que, si bien nos dan las primeras pistas sobre la forma de conducirse en él, nos obligan a hacer, desde el comienzo, lo que haremos después, esto es, cuando una parte ya contestó estas preguntas y es la que interviene en segundo orden la que adopta esta posición.

Esta conducta, cuando aparece, debe ser contestada por el mediador insistiendo para que la parte exprese al menos algo que quiere, por qué lo quiere y que hizo antes para obtenerlo, como refuerzo.

Esto puede demandar que el mediador se vea obligado a reunirse de forma separada con la parte renuente, para indagar si ella obedece a una simple especulación o si existen razones por las que la parte no desea responder en presencia de la otra. Pero, cualquiera que sea la razón, el mediador, en este pasaje inicial, debe hacer una «impasse» para trabajar con la parte algo de ella y no común a las dos.

De cualquier manera, la finalidad de obtener respuesta, aun a riesgo de esta «impasse», es que esa parte, que viene expresa o implícitamente señalada como la «que debe proveer», se involucre en el proceso desde su deseo. Que al ponerlo en palabras registre que tiene intereses propios que están más allá de responder a los deseos del otro. Y, fundamentalmente, que haya una simetría desde el inicio y que una parte no se posicione como víctima de estar allí por responder sólo a los deseos de la otra.

### 6.3. *El manejo de las emociones*

Puede llamar la atención que, en nuestro modelo, el mediador adopte una actitud tan intervencionista que acote el relato de las partes, sobre todo durante este segundo reenvío a ellas del proceso.

Seguimos en este aspecto el modelo circular narrativo de Sara Cobb y, con ella, la crítica al modelo lineal, que piensa que darle la oportunidad a la gente para que cuente toda su historia permite que ventilen las emociones.

«Sin embargo, la experiencia es otra: cuanto más hablan de lo que les enoja, eso los enoja más. El modelo circular busca romper el circuito de relatar – enojarse – relatar – enojarse, pero esto requiere la reflexión. El rol del mediador en el modelo lineal es el de un buscador de datos y la neutralidad se entiende como un bloqueo de su propia historia» (Cobb, 1993).

En nuestro modelo el mediador, como vimos, cumple otra función y, desde ella, la expresión de las emociones, como emergente de las narrativas, es un producto más sobre el cual operan los recursos.

Existen, sin embargo, algunos aspectos prácticos referidos a la reflexión con las partes y a su posibilidad de actuar, que contribuyen al control de los desbordes.

El primero, está destinado a salir al cruce, de forma prematura, del uso de las emociones cuando se advierta que se están utilizando como una forma de manipular al mediador y al proceso. En este caso, el espacio reflexivo se destinará a que ellas adviertan que al mediador no lo tienen que convencer de nada y que, contrariando sus propios intereses, mientras atienden a las emociones no están atendiendo al proceso.

El segundo, tiene por finalidad eliminar el llamado «efecto platea» al servicio del cual su presencia puede estar siendo utilizada por las partes. Previo a la maniobra debe preguntar si ellas están cómodas con el nivel de las emociones con las que se están manejando y, en caso de que respondan afirmativamente de forma expresa, o implícitamente con la continuidad de la escena, el mediador, utilizando algún pretexto, abandona la sala por un momento. Si al regresar, las partes han modificado el comportamiento, queda comprobado que la escena que las partes estaban interpretando estaba dirigida al mediador y que éste la ha desbaratado privándoles de su presencia.

También creemos que hay puntos para una reflexión más general que la específica que el mediador hace con las partes durante el proceso

Uno coincide con la opinión de Folberg y Taylor (1992: 85) en el sentido de que «dado que la mediación es una fusión de conceptos de las disciplinas de la psicología, el asesoramiento, el derecho y otros servicios humanos, consideramos necesario contar con un vocabulario y entendimiento comunes acerca de las personas, los cambios y los procesos» y ambos autores hacen un interesante aporte para ello (págs. 85-107). También Moore (1995: 206-224), que incluye algunas estrategias para descomprimir las emociones intensas.

El otro, con los peligros que acechan a los prestadores del servicio de mediación que provienen de los dos campos que mayor cantidad de operadores le aportan, esto es, el derecho y la psicología.

Los abogados mediadores, cuya formación de base poco les ha informado sobre el manejo de las emociones, incluidas las propias, pueden caer en el error de no prestarles atención.

Si ello ocurre con las emociones de las partes, éstas pueden llegar a ponerse aún más emotivas por creer que el nivel que están utilizando pasa inadvertido.

Si no reflexiona el mediador sobre cómo se siente él con las emociones de los otros, no está cumpliendo con el retorno auto-observativo que la complejidad de su tarea le exige.

A los mediadores que provienen del campo de la psicología también les cabe el sayo del párrafo anterior, y, con respecto a las emociones de las partes, el peligro es caer en una interpretación que provoque un «deslizamiento de contextos» de la mediación a la terapia, confundiendo los campos de trabajo.

De manera que cuando nos referimos a las emociones, nos referimos a las de todos los que participan en el proceso, incluidos el mediador, los abogados de las partes y aquellos cuya presencia sea solicitada por su relación personal con éstas y con el objeto del conflicto. Excluimos a los terceros que intervengan con el carácter de peritos o técnicos.

## 7. Definición de temas y confección de la agenda de trabajo

### 7.1. *Definición de los temas*

El mediador tiene las cuestiones que las partes han manifestado al evaluador como objeto de la mediación. Sin embargo, en este pasaje, el producto aparecido de la exposición de aquellas puede aportar aspectos a tratar.

A pesar del control restrictivo que efectuó sobre la exposición de las partes, el mediador sabe que la gente viene a la mediación con una queja y que el primer tema a dilucidar consiste en establecer si esta coincide con el motivo de la consulta. Y ello, por dos razones: una, para no dejarse llevar por la queja y empantanarse y quedarse con ella; la otra, para advertir si la queja no encierra una cuestión subyacente que sí debe ser atendida porque lo contrario equivaldría al conocido refrán de pretender «tapar el sol con un harnero».

Sin perjuicio de los temas que surjan de la exposición de las partes, en una nueva maniobra de estructuración del proceso, el mediador confirmará con aquellas los temas que han traído como objeto de la mediación.

Con los temas definidos, el mediador intentará reformular aquellos cuya formulación literal los etiquete de una manera negativa, de tal modo que genere una plataforma que aliente la búsqueda de soluciones.

Es útil contar con un repertorio para efectuar reformulaciones. Por ejemplo, en los casos en que los cónyuges concurren a mediar su divorcio, alimentos y visitas y se muestran muy preocupados por las consecuencias económicas y de relación con los niños que el divorcio provoque, el mediador puede proponer como tema el «cómo hacemos para que el divorcio no les hipoteque económica y emocionalmente la vida».

7.2. *La confección de la agenda*

Existen diversos criterios para fijar las bases de atribución jerárquica a los temas. Un resumen de la cuestión permite mencionar los siguientes:

- Ad hoc.
- Como fueron saliendo.
- Elección alternada por las partes.
- Por orden de importancia consensuado.
- Primero los más difíciles.
- Primero los más fáciles.

Creemos que la estrategia del mediador debería ser aquella que asegure el máximo impulso para el proceso, teniendo en cuenta la naturaleza de las metas u objetivos conflictivos, la duración del conflicto, sus dimensiones y variables.

Por ejemplo, en algunos casos, comenzar por aquellos temas sobre los cuales potencialmente habría acuerdo y cuyo vasto perfil produce repercusión sobre otros de más difícil solución, puede infundir confianza a las partes e impulsarlas hacia logros en esas otras áreas de dificultad.

## Notas

1. «El efecto del refuerzo ha sido evidenciado a nivel experimental en numerosos trabajos, especialmente en los relativos al comportamiento durante entrevistas. Se ha podido comprobar así que si un determinado acto o comportamiento del sujeto entrevistado es seguido de un refuerzo o «premio» por parte del entrevistador, el primero producirá aquel determinado tipo de comportamiento con mayor intensidad y frecuencia» (Ricci Bitti y Cortesi, 1980).

2. Folberg y Taylor (1992: 256-271); Altieri (1997: 1-13); Kovach (1994: 139-162); López Faura (1997: 23-26).

3. Los asuntos que las partes quieren mantener a resguardo del conocimiento del otro constituyen verdaderas áreas de reserva en cuyo manejo el mediador debe tener sumo cuidado porque, cuanta más experiencia tengan las partes en mediación más las usarán para el manejo de información falsa o inexacta y que no puede ser corroborada por el mediador con la otra parte. Asimismo, debe ser muy firme en los casos en que el secreto tiene que ver con la violación de derechos que el otro no conoce y dejar bien sentado que de esa manera la mediación no funcionará; también puede decirle que con ese objetivo la mediación no lo puede ayudar o preguntarle cuál es el objetivo de mantener el secreto y trabajar con él: por ejemplo, si dice que el objetivo de ocultar que va a vender la casa con el poder que ella olvidó que le dio, es la estabilidad del vínculo, le digo que el secreto no la va a ayudar porque cuando ella se entere se va a poner furiosa.

4. Recomiendo: Cardella (1997: 20-23); Kovach (1994: 77-79); Lerer (1994 y 1998). Este trabajo propone estrategias y consejos prácticos para el asesor legal que implican los diferentes roles en cuanto a la determinación de la índole del conflicto, de la evaluación de los hechos, objetivos, metas, intereses y necesidades del cliente, los riesgos y costos del pleito, de la propuesta de mediación a la otra parte, de planear el proceso, de seleccionar al mediador y de asistir a su cliente durante su transcurso.

# 3

# Etapa III: actuación de la disputa

Aquí está el corazón del proceso. En su transcurso se juega la deconstrucción del conflicto y la reconstrucción de la relación que, si bien como hemos anticipado en el capítulo anterior, junto a la coconstrucción de la solución, constituyen los pilares del modelo, los dos primeros resultan determinantes para el resultado del proceso, entendiendo por ello no sólo la posibilidad de encontrar un acuerdo, sino, fundamentalmente, de modificar la interacción.

El estadio de la deconstrucción incluye las prevenciones acerca de la comunicación y del manejo de la información que se presentan con más frecuencia y que el mediador debe tener en cuenta. Los recursos[1] operativos se presentan en tres niveles:

A. Los que favorecen el desarrollo de las cuestiones y que están referidos al proceso en general. Ellos son:

- La escucha activa.
- La lectura corporal.
- La reformulación del/los problema/s.
- El reencuadre de los hechos o contenidos del conflicto.
- La recontextualización de la situación de conflicto.
- La paráfrasis.
- El resumen.
- La formulación de preguntas.
- Las entrevistas con cada una de las partes o «caucus».

B. Los específicos de las tres tareas clave del mediador a partir de esta etapa que son: B.1. La legitimación de las partes; B.2. La alteración de las pautas interaccionales a través de la modificación de las reglas de acción y de las reglas de significado; B.3. La creación de la interdependencia, a través de la circularidad.

Ellos son:

- La connotación positiva, que favorece la reatribución, el cambio de las palabras «clave» y el reposicionamiento.
- La externalización.
- Las explicaciones negativas.
- Las preguntas circulares.

Finalmente, cada cambio logrado en la narrativa necesita de: B.4. El anclaje.

Si bien su presentación se hace a través de pasajes ordenados sucesivamente, su utilización en el proceso es indiferente a ese orden; depende única y exclusivamente de las necesidades del proceso mismo.

## *Cuarto estadio: deconstrucción del conflicto*

> «La deconstrucción no se ocupa de lo nuevo sino de lo viejo, de lo familiar. Es un repensar lo cotidiano –tan familiar que resulta casi invisible– descubriendo, en esa familiaridad, ciertas cualidades cruciales que parecen absolutamente inesperadas e imprevisibles y que, de alguna manera, desvían o comprometen la escena misma en que se encuentran.»
>
> Mark Wigley

| |
|---|
| Objetivo: Desarrollo y análisis del conflicto. Identificación de cuestiones, posiciones, intereses y necesidades. |

## Prevenciones

### A. La comunicación

El contexto de la mediación requiere la expresión de las partes de forma directa y personal. En este sentido, es diferente a otros contextos, especialmente al judicial, en el que, generalmente, las partes no se hablan sino a través de sus abogados. El mediador necesita que hablen entre sí.

Con la comunicación directa se persigue también:

a) La comprensión de la posición del otro, sin el «filtrado» de información que frecuentemente se produce cuando la comunicación es indirecta, o sea, cuando es el representante de la parte el que la recibe y la transmite a ésta.

b) La comprensión por el mediador de las cuestiones que las partes traen a la mediación, así como de las posiciones, los intereses y las necesidades que giran en torno a las primeras.

c) La posibilidad de identificar[2] la naturaleza de los conflictos ocultos o subyacentes y manifiestos de las partes.[3] Para ajustar conceptos y diferenciar este punto del siguiente, relacionamos esta cuestión con el plano de la conciencia, con el análisis acerca de la intensidad de la conducta conflictiva y su relación con los términos escalada y desescalada, y con las metas u objetivos de las partes, según la teoría del conflicto que utilizamos como soporte del modelo.

d) La existencia e influencia de los contratos psicológicos incumplidos, entendiendo por ello todo aquello no material que cada parte había puesto como expectativa con relación a la otra y que el conflicto frustra.

A.1. *Contenidos*

Aconsejamos distinguir tres cuestiones para que la comunicación sea eficaz:

a) Lo que se intenta comunicar.

El primer paso lo da quien emite el mensaje. Es útil que el mediador coteje el mensaje por medio del parafraseo «A ver si yo entendí bien...»

b) Lo comunicado.

Frente al parafraseo la parte ratifica o rectifica el contenido.

c) Lo recibido.

El tercer paso es el cotejo del mensaje con la otra parte, pero no limitándose a preguntar si entendió, sino pidiéndole que exprese qué entendió.

Como afirma Phoebe Snover Prowsky, hay dos elementos que debemos tener en cuenta cuando pensamos en la comunicación en un sistema. Uno es la intención del individuo y otro el efecto que produce.

En el momento en que el mensaje parte, entra en un terreno de nadie, en un desierto sistémico en el que puede sufrir accidentes a nivel del sistema mismo y a nivel intrapsíquico del receptor.

En ese desierto, el mensaje se verá enfrentado a diversos desafíos: culturales, de género, de lenguaje, de percepción, de las fantasías, de las defensas, de los preconceptos, que, a manera de filtros, influirán en él y lo llevarán deformado al receptor que hasta podrá atribuirle una intención que el emisor no tuvo.

El mediador debe trabajar para asegurar la fidelidad del mensaje y, además, para separar el efecto de la intención preguntando al emisor cuál fue ésta.

Los malentendidos son los causantes de gran parte de los conflictos.

A.2. *Niveles*

El mediador también debe estar atento a los diferentes niveles de escucha de las partes en su trabajo con la comunicación entre ellas.

a) Un primer nivel es el de la desatención. Es el de las personas que lisa y llanamente ignoran lo que dicen los otros. Con ellas el intercambio de mensajes es prácticamente nulo porque incurren en todo tipo de violaciones a las reglas del proceso (no las escucharon) y cuando han terminado de decir lo suyo sienten que nada tienen que hacer allí. En el caso de participantes de este estilo, se manifiesta la utilidad de la entrevista previa, ya que, el evaluador, no sólo alerta al mediador sino que hasta puede aconsejar no intentar la mediación.

b) El segundo nivel está dado por aquellos que simulan que escuchan pero en realidad, mientras los otros hablan, ellos están pensando qué van a decir después. La comunicación eficaz se hace muy difícil. Se los detecta porque su intervención es como un monólogo interrumpido por el hablar de los demás, es decir, toleran que los otros hablen pero no siguen el curso de la conversación, sino que, cuando ellos hablan, retoman lo que habían dejado de decir.

c) El tercer nivel está dado por los «escuchas selectivos», que son aquellos que sólo oyen lo que quieren oír o aquello que les resulta conveniente para su posición y/o intereses. Hay que tener mucho cuidado con hacer de abogado del diablo con ellos y también con algunos recursos de la legitimación como la connotación positiva, el reencuadre y la externalización, porque en el primer caso pueden interpretarlo como que el mediador se puso en su contra y, en los segundos, a su favor.

d) El nivel que más nos ayuda como mediadores es el de las partes que tienen una escucha atenta. Este tipo de escucha implica hacerlo con todos los sentidos, es decir, no sólo se oye lo que los demás dicen sino que también se lo puede ver, palpar y hasta oler. Esto no significa estar de acuerdo con el discurso de los otros y, contrariamente a lo que se cree, constituye una gran ventaja para el que escucha, porque este estilo permite escuchar «todo» lo que los demás dicen. La escucha atenta responde al principio del viejo refrán chino: «El que habla pierde la oportunidad de escuchar».

A.3. *Estrategias*

a) Persuasión.
b) Negación.
c) Argumentación o pelea.
d) Queja.
e) Acusación.
f) Justificación.
g) Excusa.

A.4. *Requisitos*

Para lograr que la comunicación sea productiva para el proceso, el mediador debe lograr que sea:

a) Espontánea: Tiene que ver con el flujo de la comunicación. Cada parte debe sentir la necesidad de comunicarse, sin que el mediador tenga que instar para ello.

b) Colaborativa: Cuando las partes no retacean la comunicación y la información se brinda de manera transparente y completa.

c) Recíproca: Todas las partes deben procurar la productividad de la comunicación.

d) Creativa: Que no sea cerrada, que motive al otro a comunicarse, que explore en las dificultades para superarlas.

e) Empática: Que cada parte pueda ponerse en el lugar del otro, tanto para entender como para ser entendido, en el plano de las ideas, de las emociones y sin evaluar.

f) Confirmada: Debe estar precedida por el cumplimiento de los tres pasos ya enunciados en A.1.

El mediador dispone de varios recursos discursivos para proveer este tipo de comunicación, como la reflexión, el resumen, el esclarecimiento, el replanteo, la paráfrasis y el intercambio de papeles.

## B. La información

En un modelo de mediación estratégica este es un punto central. Ya hemos visto que el acopio de datos, que es la información, y su categorización y ordenamiento, que es el proceso inteligente de su procesado, constituyen los pasos previos ineludibles para la integración y el empleo de los mismos, que es la estrategia (primera parte, cap. 1, 1.4.).

También he sostenido que la mediación es un contexto de adversarios que asisten a ella para lograr resultados y he advertido sobre la posibilidad de manipulación, tanto del mediador como del proceso de mediación, que las partes pueden intentar.

Recordemos, también, que una responsabilidad básica del mediador es procurar que las partes arriben a la etapa de elaboración de acuerdos con la mayor información para mejor proveer al llamado consentimiento informado.

Finalmente, enfatizamos aquí que, para este modelo, una nota distintiva de la mediación es la función de promotor de alternativas que tiene el mediador.[4]

Para todos estos aspectos el proceso que lleva de la información a la estrategia cobra una importancia fundamental, tanto para el mediador como para las partes.

## Pasajes

## 8. Desarrollo de las cuestiones

Ya hemos visto que las partes han tenido una entrevista previa (Supra, Etapa I, Primer estadio, Pasaje 2, punto 2.2.2.2) en la cual han manifestado al evaluador las cuestiones que quieren someter a mediación y también han trabajado con el mediador en la definición de los temas (Supra, Etapa II, Tercer estadio, Pasaje 7, punto 7.1).

Sin embargo, ello no impide que en el curso del proceso aparezcan nuevas cuestiones[5] que puedan incluirse en la agenda por acuerdo de las partes. Uno de los efectos de la mediación es «poner sobre el tapete», hacer manifiesto lo subyacente. Cuando esta cuestión aparece, el mediador debe tratar con las partes el tema y aconsejar su abordaje, porque lo subyacente está casi siempre determinando lo que aparece en la superficie y en muchas oportunidades es de tal magnitud que se revela como indispensable trabajar primero con ello, llegando hasta la derivación en otro servicio, como puede ser una terapia focalizada en la dificultad.

Estamos, entonces, en el pasaje del proceso en el cual el mediador efectúa el reenvío a las partes para que «cuenten» su historia.

Recuérdese que, hasta aquí, ha venido haciendo un control restrictivo de la exposición de las partes. Aquí «abre» el proceso al discurso de las partes. Pero ello no significa que el mediador se tome un descanso.

En nuestro modelo, la mediación es un proceso en el discurso (Primera parte, Capítulo I, punto 1.7) y a ese nivel opera el mediador.

Ya adelantamos que el mediador dispone de una serie de recursos. Comenzaremos por los que favorecen el desarrollo de las cuestiones y que están referidos al proceso en general.

## 8.1. *La escucha activa*

Este es el recurso con el que el mediador abre el canal perceptivo-auditivo, acompañando su escucha con la palabra, los gestos, la postura y los movimientos (Negrotti, 1996).

Transmite interés en lo que la parte dice y cuida de que las partes se escuchen.

Se transmite al parafrasear, resumir, preguntar, legitimar, generar alternativas, colaborar en la evaluación de las opciones, al redactar el acuerdo o trabajar en el desacuerdo.

Para ello es necesario:

- Estar psíquicamente confortable.
- Eliminar distracciones.
- Establecer contacto visual.
- No emitir juicios.
- Preguntar con claridad.

Requiere:

- Detener el deseo de ser el centro de la atención.
- Detener el deseo de hablar.
- Detener el modo evaluativo.

## 8.2. *La lectura corporal*

Parece inverosímil que a pesar de los trabajos de Darwin en el siglo pasado, hasta la década de los años 60 no se haya tomado conciencia de la importancia en situaciones de interacción del lenguaje no verbal, basado en los movimientos del cuerpo, de la cara, de las manos, en la disposición espacial que asumen los cuerpos, en la entonación de la voz, en el ritmo y las inflexiones del discurso (Darwin, 1982).[6]

Watzlawick, Beavin Bavelas y Jackson (1967) pusieron de manifiesto los efectos pragmáticos de este tipo de comportamiento y demostraron la enorme importancia comunicacional del contexto en el análisis de la comunicación humana y en su estudio como instrumento significativo de expresión de las emociones, de las actitudes y de los conflictos.

Mehrabian (1971) encontró que el impacto total del mensaje no verbal se distribuye en un 7% para las palabras, un 38% para lo vocal, que incluye el tono de voz, los matices y otros sonidos, y un 55% para lo no verbal.

Normalmente, los comportamientos no verbales no son el resultado de una intención consciente, pero pueden ser conscientemente controlados por los que conocen los efectos de las señales no verbales.

Estos comportamientos han sido objeto de estudio por diversas disciplinas y la gran cantidad de datos y observaciones ha dado lugar a la constitución de nuevas disciplinas.

Así, la lingüística comenzó reconociendo dos clases de fenómenos: a) el terreno de los gestos, de las posiciones del cuerpo, de las comunicaciones mímicas y b) el terreno de las entonaciones, de las inflexiones de voz, de los énfasis emotivos. Actualmente, la quinésica y la paralingüística, respectivamente, se ocupan de ambos fenómenos.

La prosémica, como una sección de la antropología, estudia la utilización del espacio personal y social y la percepción del mismo por parte del hombre.

La sociología estudia las reglas que, en situaciones y contextos determinados, rigen el comportamiento no verbal. A partir de 1967, otra corriente sociológica encabezada por Garfinkel (1967) se propone poner de manifiesto las situaciones de sentido común, criticando el nivel macro de investigación de la sociología que descuida los acontecimientos de la vida cotidiana «en sus aspectos regulados y regulaciones visibles, pero no observados, esperados y con implicaciones subyacentes». Este enfoque ha dado interesantes muestras de la fuerza de los ritos y de los ceremoniales latentes en la vida cotidiana y su función en la atribución de significados en la interacción. El enfoque puramente sociológico ha quedado para el interaccionismo simbólico, mientras que la etnometodología se ocupa del segundo enfoque.

La etología aplica los principios metodológicos y técnicos de la etología animal al comportamiento humano. Destaca las semejanzas entre el comportamiento social humano y el animal. La consideración del hombre como ser biológico es la base específica de este método.

La psicología ha tomado en consideración la utilidad y los aportes de los diferentes campos de estudio, incluido el propio, considerando que todavía son insuficientes los elementos existentes para la construcción de una teoría general del comportamiento no verbal, sobre todo en cuanto a los fenómenos de interacción en los grupos y en las organizaciones. Los objetivos de la investigación psicológica son: a) estudiar y describir de forma detallada los elementos que constituyen los procesos de interacción social; b) relacionar el comportamiento social del hombre con las bases biológicas y socioculturales sobre las que se apoya; y 3) estudiar y describir los significados del comportamiento social humano en sus aspectos de emisión y de recepción, de percepción y de interpretación.

Argyle (1972) atribuye tres funciones al comportamiento no verbal: a) gestión y control de la situación social inmediata; b) apoyo y complemento de la comunicación verbal; y c) sustitución de la comunicación verbal.

Para su trabajo, el mediador deberá tener en cuenta que «el gesto debe interpretarse en contexto», es decir, no cometer el error de interpretar un gesto aislado de otros y de las circunstancias y en la congruencia entre lo verbal y lo no verbal.[7]

### 8.3. *La reformulación del/los problema/s*

Una aproximación a ella la he realizado en la Etapa II, Tercer estadio, pasaje 7, punto 7.1 pero es bueno aclarar aquí que este recurso es utilizable en cualquier momento del proceso.

Con este término identifico a una práctica de aplicación y efectos más acotados que los que la doctrina le atribuye.[8]

Prefiero reservar esta denominación al recurso cuyo efecto es resignificar[9] el problema o los problemas, manifiestos o subyacentes, que las partes traen a la mediación, utilizando para ello el llamado proceso de externalización[10] a nivel macro y persiguiendo sus metas: externalización del problema e internalización del protagonismo de las partes.

A nivel micro (para separar y colocar afuera de la persona algún rasgo negativo que se le atribuye), se expondrá entre los recursos para legitimar a las personas (infra 10.4.2.).

La reformulación radica en encontrar una metáfora acorde con el sistema de creencias de las partes, que les presente el problema «con todas las letras», que incluya tanto la dificultad por la que atraviesan y sus potenciales consecuencias, como las ventajas de superarlas. La pregunta a responder sería: ¿Cómo llamamos al nuevo problema?

En el ejemplo que hemos puesto, «cómo hacemos para que el divorcio no les hipoteque económica y emocionalmente la vida», se ha incorporado una fórmula que menciona el conflicto –divorcio– y sus posibles consecuencias –la hipoteca económica y emocional–, al mismo tiempo que los convoca a trabajar juntos para enfrentarlo y superarlo.

Marinés Suárez (1996: 279) dice que cuando el mediador reformula, debe tener en cuenta qué construcción subyace a la formulación de las partes, que no sólo depende del objeto y del observador sino también de las «rejas» utilizadas (en el lenguaje de Pichon-Riviere del ECRO: Esquema Conceptual Referencial Operativo). Cuando la reformulación produce el efecto de re-encuadrar o re-enmarcar o re-contexualizar (para mí resignificar) el problema o la situación, la reformulación es operativa.

En el ejemplo citado, la reformulación no sería operativa si las partes se han manifestado partidarias de contraer hipotecas y han señalado todas las ventajas que haberlas contraído les aportó, porque la metáfora hipoteca, en su ECRO –para mí en su historia–, no evoca la necesidad de superar dificultad alguna.

### 8.4. *El reencuadre de los hechos o contenidos del conflicto*

Con el reencuadre de los hechos o contenidos del conflicto el mediador persigue cambiar el significado negativo con que son narrados por las partes, para presentarlos con alguna faceta positiva que resuene en la historia de ellas.

Recuerdo un caso citado en clase por Sara Cobb (1993) que sirve de ejemplo. Se trataba de una mujer que contaba su separación refiriéndose al abandono de su marido. La narrativa de esa mujer giraba alrededor del abandono y ese hecho marcaba el resto de la historia. Ella se colocaba en el lugar de la víctima porque no tenía otra historia:

*«Mi esposo se fue y no me dijo por qué.»*

El problema para el mediador es que, en la medida en que esta mujer siga puntuando en torno al abandono y distribuyendo los roles de manera tal que ella como víctima ocupa el lugar positivo y el ex marido como victimario el negativo, no logrará que éste participe porque está deslegitimizado. Al mismo tiempo, para ella, sin modificación de los hechos que precedieron a la separación, será inconveniente entrar en la etapa de negociación, porque el peso del significado de los hechos tal como los cuenta le impedirá salir del reproche para concentrarse en lo negocial.

Esto implica una doble dificultad para el proceso, en cuanto tenemos a una parte –el ex marido– que no participa como consecuencia de estar deslegitimizado, y a la otra –la mujer– con la imposibilidad de avanzar en el proceso, porque mientras siga enfocada en reprocharle al marido la cobardía de haberla abandonado con cuatro hijos, sin encontrarle a ello sentido alguno, no podrá concentrarse en lo negocial.

Como datos de su historia, había referido con orgullo que su madre había nacido en Colorado donde las mujeres eran reconocidas por tener carácter fuerte y ser verdaderas «madrazas». Había hecho suficientes referencias a ello como para permitir suponer que este era un punto central de su historia del pasado, tanto como el cobarde abandono de su marido lo era del presente.

A su vez, cuando el esposo se refiere a los mismos hechos, su narrativa es clara en el sentido de que no tuvo otro remedio que retirarse del hogar conyugal para «poder respirar», porque se «sentía ahogado», «anulado» por su esposa.

En este caso, el juego de las historias abre el reencuadre de los hechos, porque permite trabajar con ella con datos que resuenan en su sistema narrativo: en qué medida el carácter fuerte y la característica de madraza que seguramente tenía por herencia de su madre, puede haber influido en la relación con su marido para que éste ocupara el lugar de un hijo más y que su alejamiento del hogar haya sido sentido como necesario por él para poder crecer y desarrollarse.

Plantear la referencia a la fortaleza deja todavía otra carta en la mano al mediador, quien la podrá utilizar en caso de que la mujer dude:

Mediador: *A veces, las mujeres fuertes también dudan.*

El mediador ha introducido un dato que, coherente con la narrativa de ambos, reencuadra los hechos de manera tal que modifica los roles de las partes en la historia y los legitima a ambos.

Desde este lugar, el ex marido participará en el proceso y la mujer, debilitada la fuerza del reproche, podrá entrar en el estadio de la negociación sin desventajas.

### 8.5. *La recontextualización de la situación de conflicto*

Con este recurso el mediador trabaja en la situación de conflicto poniéndola en contexto o cambiando el contexto.

El sentido que la contextura tiene para este modelo que trabaja con la narrativa de la gente es el de la disposición y unión de las partes que componen un todo.

Seguramente en muchas oportunidades hemos escuchado relatos de hechos que «están fuera de contexto» o que el reclamo ignora el contexto en donde el conflicto ocurre. Ejemplo del primer caso es el discurso que no contiene datos del tiempo o del lugar o de las circunstancias en que ocurrieron; el segundo, el acreedor que pretende cobrar los altos intereses pactados en épocas de inflación aún por los períodos de estabilidad.

Cuando esto ocurre, el recurso de la recontextualización intenta «poner los hechos en contexto» proveyendo al discurso de los requisitos de tiempo, modo y lugar o trayendo a escena la realidad circundante al conflicto.

El texto en contexto, para que la narrativa contenga el dato acerca de dónde queda la realidad para que se cumpla con la contextura.

### 8.6. *La paráfrasis*

Es la repetición sintética, por el mediador, de lo dicho por las partes, aludiendo a las emociones y tomando los hechos y pretensiones relevantes, pasando el relato a un lenguaje más neutral.

La paráfrasis o parafraseo es un recurso que comunica a las partes la escucha activa del mediador. Comienza poniendo en boca de las partes lo que dice el mediador («Usted dice que...») y finaliza con un pedido de confirmación («¿Entendí bien?»).

Esta fórmula facilita enormemente al mediador la reformulación de los problemas, la identificación de los puntos centrales del conflicto, el poner énfasis en algún punto del relato, así como ensayar reencuadres y recontextualizaciones, todo ello realizando suaves retoques en el discurso de las partes, con un doble provecho: si las partes confirman los dichos del mediador, son ellas las que lo dicen, ahora de otra manera, y si discrepan, el mediador tiene la puerta abierta para pedirles que le aclaren más sobre el punto porque entonces no entendió bien. Esta maniobra puede abrir espacios para que las partes brinden información adicional u omitida.

Las confirmaciones de las paráfrasis por las partes producen anclajes en el discurso a los que el mediador puede volver ante cada desvío de aquéllas y además ayuda a la comprensión de la perspectiva del otro al escuchar el problema por boca de un neutral.

Finalmente, al pasar el relato a un lenguaje más neutral, contribuye de forma poderosa a limpiar el espacio discursivo de la atribución unilateral o recíproca de rasgos o intenciones negativas del otro.

### 8.7. *El resumen*

Este es un recurso muy útil para recobrar el control de una sesión, por ejemplo cuando las partes se han enfrascado en una discusión estéril. También para resaltar alguna cuestión o para mover a reflexión.

Se puede hacer sobre un tramo del discurso o del proceso («Hasta aquí, entonces...»).

Resulta particularmente aconsejable hacer un resumen al finalizar cada sesión, porque ello enfatiza el trabajo realizado en ella, sobre todo cuando se han logrado acuerdos parciales.

El resumen, al comenzar la sesión, puede aparecer como reiterativo, pero se utiliza de forma estratégica cuando el mediador se propone predisponer a las partes en función de los progresos alcanzados hasta ese momento, recreando de entrada el clima de acuerdos.

### 8.8. *La formulación de preguntas*

Coincido con Marinés Suárez en que «preguntar es una de las técnicas más privilegiadas en la mediación».[11] Preguntar de forma eficaz implica saber escuchar las respuestas. Es un arte y una técnica, por lo que, observando algunas reglas sencillas es posible transformar al primero de límite a valor agregado que incorpora el sello personal del mediador.

Las dos primeras cosas que debe cuidar el mediador cuando pregunta son no generar un clima defensivo en las partes y no emitir juicios. Del mismo modo, lo primero que deben tener en cuenta, sobre todo los mediadores que provienen del campo del derecho, es la diferencia de finalidad que existe entre las preguntas que se formulan en los procesos de resolución por adjudicación y en los procesos de resolución por consenso, como el de la mediación: en el primero, se pregunta para el adjudicador, para que él pueda reunir datos que le permitan decidir; pero el mediador, salvo las cuestiones relacionadas con las estrategias y la dirección del proceso, no tiene nada que decidir.

Por lo tanto, en mediación, el mediador pregunta para que:

- La información se amplíe a partir de las diferencias.
- Las partes se comuniquen.
- El mediador y las partes entiendan.
- Las partes decidan.

Debe evitar:

- El «ya sea»: ¿le gusta, «ya sea» lo haga usted o él?
- El «o»: ¿le gusta ir a la casa de su madre «o» de su padre?
- Las preguntas cuya respuesta está condicionada por el sentido común: ¿pensó en estafarlo o en ayudarlo?
- Las que requieren respuestas de sí o de no: contésteme sí o no a lo que le pregunto.
- Finalmente, debe tener sumo cuidado cuando en el discurso de las partes aparecen palabras utilizadas en el modo afirmativo, cuyo uso trae consigo el seguro de escalada del conflicto.

Graciela Peyrú (1996) se refiere a ellas señalando la necesidad de una nueva alfabetización emocional para poner el diálogo bajo control: «todo, nada, siempre, nunca», encierran ese riesgo y ello demanda al mediador un trabajo con toda la narrativa de las partes.

«Todo lo que ella hace me molesta»; o «nada de lo que ella hace me gusta»; o «siempre me molesta lo que ella hace»; o «nunca hace cosas que me gusten», demandan que el mediador utilice las mismas palabras en el modo interrogativo y enfatizándolas, para construir con la parte un discurso donde las exclusiones se vean atemperadas:

– ¿*Todo* lo que ella hace le molesta a usted?,
– ¿*Nada* de lo que ella hace le gusta a usted?
– ¿*Siempre* le molesta lo que ella hace?
– ¿Ella *nunca* hace cosas que le gusten a usted?

Todas ellas preguntan por las exclusiones que esas cuatro palabras provocan y, con ello, la limpieza del espacio discursivo y la posibilidad de desescalar el conflicto.

Los autores han mencionado diversas clases de preguntas.[12] También, con una finalidad didáctica y sin la pretensión de ser exhaustivo, me parece útil distinguir entre:

8.8.1. Preguntas abiertas

Las preguntas abiertas son aquellas que permiten respuestas narrativas porque la forma en que se proponen requiere de las partes el desarrollo de hechos y circunstancias que se conecten con el objeto de la pregunta.

Son preguntas que permiten al mediador mantener activo el flujo de la información en la medida en que la forma en que se proponen requiere que las partes fundamenten sus dichos, dejando de lado la posibilidad de responder simplemente de forma afirmativa o negativa y el ping-pong verbal que ello produce.

Resultan muy adecuadas para la mediación en cuanto evitan el efecto interrogatorio propio de otros contextos, como el judicial.

Realizando un paralelismo con dicho contexto, diremos que este tipo de preguntas se asemeja al tipo de preguntas que se formula a un testigo y no a la parte, para la cual se reservan las posiciones que demandan que se conteste sí o no.

Si bien este tipo de preguntas se formulan en cualquier momento del proceso, son especialmente oportunas al abrir la sesión y en los momentos en que es necesario su reorientación.

Ejemplos de preguntas abiertas: ¿Qué me puede contar acerca de su trabajo? ¿Quiénes cree usted que se oponen al proyecto y por qué razones? ¿Cómo cree usted que hará Fulano/a si en esta mediación no se logra un acuerdo? ¿Cuándo y dónde ocurrió lo que acaba de contar? ¿Para qué cree usted que su socio demanda una auditoría en la empresa? ¿Por qué usted se opone a la auditoría que pide su socio? ¿Cuánto esta usted dispuesto a pagar por alimentos para sus hijos y de qué modo?

8.8.2. Preguntas cerradas

Constituyen la contra cara de las preguntas abiertas, en la medida en que las preguntas cerradas limitan la flexibilidad y el alcance de las respuestas.

El mediador debe limitar cuidadosamente la utilización de este tipo de preguntas porque formularlas en serie puede producir el efecto interrogatorio que señalábamos en el punto anterior, predisponiendo de forma negativa a la parte y llegando a desnaturalizar el sentido de la mediación misma.

Volviendo sobre lo ya dicho, son la clase de preguntas que en el contexto judicial se formulan las partes mutuamente en la oportunidad de «ponerle posiciones» a la contraria y que persigue el reconocimiento de hechos que el ponente atribuye al que absuelve.

Conducen hacia una dirección en particular, están destinadas a recoger información específica y restringida y pueden contestarse con un sí o un no.

Pueden ser necesarias para precisar datos en cualquier momento del proceso y útiles en el estadio de definición de opciones y en el de revisión del acuerdo. Contraindicadas en la apertura y cierre de la sesión.

Ejemplos de preguntas cerradas: ¿Le gusta su trabajo? ¿Es Fulano/a quien se opone al proyecto porque no le conviene a sus intereses? ¿Usted cree que Fulano/a le hará juicio si no se logra un acuerdo en esta mediación? ¿Lo que me acaba de contar, ocurrió esa mañana del 5 de julio en su casa? ¿Usted cree que su socio pide la auditoría porque desconfía del contador? ¿Está usted dispuesto a pagar 1.000 dólares de alimentos en efectivo para sus hijos?

8.8.3. Preguntas aclaratorias

Las preguntas aclaratorias tienen por objeto aclarar algún pasaje de la narrativa o alguna cuestión ya expresada por las partes.

Deben formularse cuidando de no sugerir que el mediador no estuvo escuchando y por eso demanda la aclaración.

Para ello, es aconsejable comenzar con el modo afirmativo para plantear el punto que se quiere aclarar y continuar de manera abierta o cerrada en la formulación de la pregunta.

Ejemplo: Escuché que usted quiere ir de forma progresiva con su socio. ¿Comenzaría por pedir una auditoría?

La oportunidad es en cualquier momento del proceso en que se revele necesaria la aclaración.

8.8.4. Preguntas confirmatorias

Persiguen confirmar un dato de la historia o un estado dubitativo de alguna de las partes.

Se utilizan en cualquier momento del proceso como refuerzo verbal, para poner énfasis, para destacar algo. El modo es una mixtura de afirmativo e interrogativo, así como el tono a utilizar.

Ejemplo: Entiendo entonces que su reacción fue de alegría.

8.8.5. Preguntas hipotéticas

La gran ventaja de las preguntas hipotéticas es que permiten al mediador explorar sin arriesgar.

Se utilizan preponderantemente durante el estadio negocial del proceso y exclusivamente en «caucus».

Su planteo puede ser abierto o cerrado.

Ejemplo de planteo abierto: ¿Qué piensa usted si Fulano/a le ofrece 10.000 dólares?

Ejemplo de planteo cerrado: Si logro convencer a Fulano/a ¿aceptaría usted 10.000 dólares?

8.8.6. Preguntas confrontativas

Las preguntas confrontativas son las indicadas para el momento en que el mediador oficia de abogado del diablo o como agente de la realidad.

Encierran una discrepancia con lo sostenido por las partes, una evaluación de lo expresado por ellas o la finalidad de contrastarlo con datos de la realidad.

Su utilización debe ser hecha exclusivamente en las entrevistas con cada una de las partes o «caucus» y cuando el mediador considera que ha construido una relación de confianza con la parte que le permita este tipo de intervención.

Ejemplos de discrepancia: ¿Tuvo en cuenta que la mayoría opina distinto?

Ejemplo de evaluación: ¿No piensa usted que sería útil hacer evaluar por un experto lo que está sosteniendo?

Ejemplo de contraste con la realidad: ¿Consultó estadísticas que justifiquen lo que usted sostiene?

## 8.9. *Las entrevistas con cada una de las partes o «caucus»*

Este tipo de entrevistas constituye un valioso recurso del mediador que responde a una logística y persigue unos objetivos.

A) Logística

a) Salas separadas. Para llevar a cabo estas reuniones el mediador debe contar en su oficina de mediación con un espacio alternativo que le permita mantener entrevistas por separado con cada una de las partes fuera de la utilizada para las reuniones conjuntas.

b) La oportunidad en que el mediador resuelve la reunión por separado con alguna de las partes depende de su intuición en el manejo del proceso.

c) Lugar. Es conveniente que el mediador invite a la parte con la que quiere mantener la entrevista a salir con él de la sala de mediación conjunta y se dirija con ella a la sala de mediación privada. Esto disminuye el impacto que produce en la otra parte la utilización de este recurso, porque si bien se traslada la escena por unos instantes, se le deja asignado el escenario. Asimismo, mientras celebra la reunión privada, es recomendable que el mediador asigne una tarea a la parte que queda en la sala de reuniones conjunta con el fin de mantener el máximo interés en el proceso y darle el mayor impulso.

d) El mediador debe comenzar la reunión privada recordando a la parte el tema confidencialidad y acordando con ella la modalidad (supra, cap. 4, 1), y terminarla con la fijación de los puntos que se mantendrán en reserva.

e) Debe tratar de alcanzar los objetivos que se ha propuesto con la reunión privada en el menor tiempo posible.

f) Tratará de centrarse en los intereses de la parte que entrevista y de evaluar con ella sus puntos fuertes y sus puntos débiles, pero esta tarea requiere la creación de un clima de confianza previo. Hasta lograrlo, es conveniente que se maneje de forma hipotética. Analizará con la parte el MAAN (Mejor Alternativa para el Acuerdo Negociado).

g) Es muy útil que destine unos pocos minutos a enfatizar la importancia que tiene para el caso lograr un acuerdo.

h) Los «caucus» aportan los espacios adecuados para hablar con la parte sobre la contribución que está dispuesta a hacer para solucionar el problema. Pedir la contribución es un instrumento importante para mantener despejado el discurso, porque cuando se pide se está responsabilizando al que habla y no se le permite culpabilizar al otro. En la etapa de cierre del proceso es bueno enfatizar la inconveniencia de preguntar qué quieren en lugar de pedir la contribución, porque esa pregunta reconstruye la vieja historia y anula la circularidad (infra, cap. 4, 1).

B) Objetivos

El objetivo de estas reuniones depende de la etapa y estadio del proceso.

Teniendo esto en cuenta, se puede señalar como objetivos:

a) Descubrir información adicional a la obtenida en las reuniones conjuntas.
b) Tratar asuntos que resulten delicados para la parte o que requieran de ésta contar con un espacio propio para ser planteados y tratados sin la presencia de la otra parte.
c) Darle a la parte una oportunidad más para expresarse.
d) Discernir el origen del conflicto.
e) Descubrir los intereses subyacentes.
f) Trabajar como agente de la realidad o como abogado del diablo.

## 9. Análisis de la estructura del discurso

> «La lengua es como es, porque acumula los residuos del pasado en cada generación y renueva el recuerdo de todas las lenguas muertas y de todas las lenguas perdidas y el que recibe esa herencia ya no puede olvidar el sentido que esas palabras tuvieron en los días de los antepasados. La explicación es simple pero no resuelve los problemas que plantea la realidad».
>
> Ricardo Piglia, *La ciudad ausente*

La deconstrucción pasa por encontrar una relación entre las intenciones y las acciones de las partes y, para ello, lo primero es comprender el conflicto.

El conflicto no está en los hechos sino en cómo los cuenta la gente. No hay diferencias entre el conflicto y la narrativa del conflicto porque la materialización del conflicto es la narrativa que las personas practican cotidianamente. Por eso, se revela como particularmente efectivo este modelo que concibe a la mediación como un proceso en el discurso.

Como tal, es una práctica a dos niveles:

A. El análisis del contenido de la historia a través del discurso, porque la historia contiene el conflicto.

B. El análisis del proceso de contarla, es decir, del proceso de la narrativa, porque el contenido está conectado con él.

## 10. Intervención en proceso y contenido

Hay entre ellos una interdependencia obvia. Manejar el proceso de mediación es manejar los contenidos del conflicto.

Esta interdependencia rompe con el concepto tradicional de neutralidad (primera parte, cap. 1, 1.8.1.) que define al mediador como peligroso para el proceso, porque, para monitorear el cumplimiento de la imparcialidad y de la equidistancia (primera parte, cap. 1, n. 40) le obliga a un proceso consciente e inconsciente, lo cual es imposible.

Si se elimina el término psicológico de la definición de neutralidad, para redefinirlo como la práctica de la multiparcialidad, se puede ver en ella al conjunto de prácticas que contribuyen a legitimar a las partes en conflicto.

Si suponemos que el proceso y el contenido están interconectados, es necesario manejar los contenidos de forma tal que se promueva la participación de todas las partes y ello ocurre cuando están legitimadas (infra 10.1.).

Wittgenstein (1973) dice que el lenguaje es una actividad, un hacer. El habla no es algo respecto de algo: «es» ese algo, regido por reglas que pautan esa actividad.

En este sentido, una deconstrucción del conflicto, que abre el camino a la reconstrucción de la relación, incluye la tarea de limpiar el espacio discursivo sacando las palabras, las expresiones y los calificativos que contienen connotaciones negativas y la de «agregar novedades» a la historia que cuentan las partes.

Como estrategia comunicativa (supra A.3.), la gente repite determinados «actos del habla».

En mediación, lo primero que hacen es quejarse o acusar y, cada vez que lo hacen, el conflicto escala.

Esto provoca varias circunstancias que actúan en contra de la resolución:

a) Ese vocabulario tiende a inmovilizar el conflicto posicionando a las personas como si no pudieran salir de ese lugar, como si no hubiera posibilidad de cambiar.

b) Produce un foco intrapsíquico desdibujando el proceso interpersonal.

c) Las personas utilizan palabras como si éstas representaran la realidad, olvidando que la descripción es parte de la realidad. Con ese lenguaje representacional (primera parte, cap. 2, n. 15) suponen que van a convencer al otro para que tome partido por su posición.

En consecuencia, lo primero que tiene que hacer el mediador para trabajar con esos «actos del habla» es dilucidar si la queja coincide con el motivo de la consulta (porque de lo contrario se dejará llevar por ella) y transformarla en pedido.

Por eso, al exponer el pasaje 6 (supra, tercer estadio, 6) la primera intervención del mediador tiene esta finalidad: ¿Qué quiere? ¿Por qué lo quiere?

Lo que sigue a ello, cuando ha logrado que pidan, es preguntarles qué han hecho hasta ahora para resolverlo y, en sesión privada, pedirles la contribución, es decir, qué tienen para satisfacer el pedido de la otra parte. Este es un momento difícil porque la mayoría responde:

Parte: *No necesito dar porque tengo derecho.*

Mediador: *Es cierto. Usted tiene derecho, pero de esta manera la cosa no está funcionando.*

Sostener el derecho contribuye a mantener el posicionamiento negativo del otro. Por eso hay que eclipsarlo; pero esto tiene implicaciones éticas porque hay derechos que no se pueden eclipsar, como la seguridad o la vida misma.

Se trata entonces de lograr que cambien la queja por el pedido; a su vez, cuando piden, se les pide la contribución y se la circulariza, esto es, se la demanda a todas las partes y se le pregunta a todas por los recursos propios y por los de la otra parte.

Pero para que esto resulte posible de hacer y operativo para el proceso, el mediador tiene que contar con las condiciones que predispongan a las partes para ello.

Por eso, su intervención tendrá el siguiente esquema:

- Legitimar a los actores.
- Alterar las pautas interaccionales.
- Crear la interdependencia.

### 10.1. *Legitimación*

Básicamente, los conflictos se producen porque un valor de una parte es negado por la otra parte, es decir, no encuentra inclusión legítima en la narrativa.

Cuando esto ocurre la gente se siente amenazada en su supervivencia misma y esto hace que se abroquelen en una posición, que no variará por el solo hecho de explorar los intereses que sostienen las posiciones.[13]

El razonamiento de los modelos lineales[14] es que las diferencias son la causa de los conflictos y que, disminuyéndolas o eliminándolas, el conflicto se resuelve.

Pero la realidad es que las peleas no se producen por las diferencias, sino cuando esas diferencias son excluyentes de los valores del otro.

El mediador debe tener siempre presente que las partes sólo participan de manera operativa en el proceso de mediación cuando pueden construir para sí una posición legítima, que no tiene que ver con aumentar la autoestima de la parte, sino con encontrar un lugar donde la persona tenga un lugar positivo, en materializar una posición social positiva, que no es lo mismo que sentirse bien.

Siendo ello así, toda intervención debe estar dirigida a buscar esos lugares en la narrativa que permitan crear un campo discursivo donde cada uno esté legitimado.

Esto, a su vez, depende de la posición que cada uno ocupa en la historia que han venido construyendo y que ahora cuentan al mediador. Las posiciones en la historia vienen como espejadas: la positiva depende de la negativa. Si yo digo: «Soy el único que cuida a los niños», esto construye una posición negativa para el otro colocándolo en el lugar del que no los cuida, sin necesidad de agregar palabra alguna.

Un discurso que contenga posiciones legítimas para todos se construye a través de la modificación de los tres niveles de la narrativa: guión o trama, rol o posición y tema (primera parte, cap. 1, 1.6.1. a), b) y c)).

¿Cómo se construyen las posiciones positivas/negativas?

Básicamente, de tres maneras:

- Poniendo etiquetas: «Es bueno/a, es malo/a».
- Atribuyendo conductas o intenciones: «No paga porque quiere estafarme».
- Atribuyendo consecuencias a las acciones: «Se enfermó porque no lo cuida».

Esta distinción es decisiva para el mediador porque el cómo se construyen las posiciones es la guía que le permite establecer cómo se cambian, pero ha de tener en cuenta que, de las tres maneras, las posiciones construidas a través de la atribución de conductas o intenciones son las que producen anclajes más profundos.

Por ello, la regla fundamental es «si se cambian las intenciones cambia el resto».

La legitimación demanda del mediador un trabajo a lo largo de toda la narrativa de las partes y una tarea de intervención continua, porque la resignificación de las posiciones negativas se hace a medida que van saliendo en el guión.

En general, salen con la forma de subtrama, es decir, como una desviación del guión principal. Cuando una subtrama aparece, el mediador debe cuestionarla en ese mismo momento, antes de que la otra parte hable. Si no lo hace en el acto, permitirá que el relato se «despiste» y le resultará muy difícil después retornarlo a su cauce operativo para el proceso, porque una subtrama conduce a otra y así de forma sucesiva hasta su consolidación.

Volviendo sobre la narrativa relacionada con el cuidado de los niños, la alerta se produce cuando el que relata dice que es el único que los cuida. Si el mediador deja pasar ese momento, queda abierta una subtrama que puede conducir a otras, por ejemplo, que «soy el/la único/a que los cuida porque a él/ella no le interesan» (segunda subtrama) y «no le interesan porque no los quiere o nunca los quiso» (tercera subtrama).

Como se ve, el guión principal acerca del cuidado de los niños ha derivado ahora en subguiones, pasando del si él/ella es o no el único que los cuida, al si a él/ella los niños le interesan o no, hasta si él/ella los quiere o no.

Aquí, la posición negativa en que ha quedado colocada una de las partes no sólo provocará restricciones a su participación en el proceso, sino que ahora, además, habrá que desandar las subtramas para poder volver al guión principal y hablar del tema que los convoca, que es el cuidado de los niños.

Digamos, finalmente, que la legitimación debe hacerse con elementos congruentes entre la historia del legitimado y la historia que, como mediador, quiero construir según mis hipótesis de trabajo.

Se trata de los marcos de referencia: desde dónde me legitimo para legitimar.

En la acción de legitimar está comprometida la neutralidad no resignificada del mediador.

La neutralidad resignificada (primera parte, cap. 1, 1.8.1.) es la multiparcialidad, que es el conjunto de prácticas que contribuyen a legitimar a las partes. La parcialidad es la legitimación. Hablamos de multiparcialidad porque es con relación a todos.

La legitimación está relacionada con la escucha y con la empatía del mediador.

Como complemento de los recursos, existen algunas maniobras que el mediador puede realizar para trabajar la legitimación. Sin que ello signifique ser exhaustivo, pondré algunos ejemplos:

Comunicando que se acepta y se valora lo que la parte comunica.

Manifestando:

- Que lo que la parte manifiesta es la verdad desde su perspectiva.
- Que se comprende la reacción o los sentimientos de la parte en esas (determinadas) circunstancias.
- Que haberse comportado así (de tal o cual manera) no significa ser una mala persona.
- Que todos hemos hecho algo de lo que después nos arrepentimos.

## 10.2. *Alteración de las pautas interaccionales*

¿Qué tienen en común los conflictos expresados por la gente? Que no pudieron ponerse de acuerdo. Esto es, que la causa que produce el efecto es la diferencia entre ellos.

Ya hemos comentado que la manera como los modelos lineales entienden que el conflicto se resuelve es reduciendo las diferencias.

Estos modelos construyen un conflicto de tipo lineal, de origen intrapsíquico, de comportamiento mecánico, pobre, que no tiene historia, que inmoviliza el conflicto y que supone que se pueden sumar las comunicaciones. Son modelos que no nos ayudan a comprender el conflicto.

La manera de deconstruir un conflicto es desarrollar un foco interpersonal que nos permita interpretar las narrativas a través de las pautas relacionales o de interacción de las partes, que son un sistema organizado según reglas.

### 10.2.1. Reglas de acción y reglas de significado

Un esquema de relación es una regularidad organizada en torno a reglas en el que los significados llevan a la acción y en donde los significados provienen de la interacción.

¿Qué quiere decir esto?

Supongamos que para el padre el manejo del dinero con los hijos y de los premios y castigos significa Poder, en tanto, para la madre, significa Autoritarismo del padre.

En este esquema, si queremos identificar una regla de significado, podemos usar la siguiente fórmula:

Tal acción = tal significado.

Para el padre, darles o negarles dinero a los niños = poder.

Para la madre = autoritarismo.

Para el padre, autorizarles o prohibirles una salida de noche = poder.

Para la madre = autoritarismo.

Para identificar una regla de acción:

Si ... entonces ...

Si él entrega o niega dinero, ella lo desautoriza.

Si él autoriza o prohibe una salida, ella lo desautoriza.

La gente entiende de tal forma y actúa en consecuencia.

En este esquema, toda acción que lleve a cabo el padre y que él interprete como uso del Poder, será reinterpretada por la madre como Autoritarismo.

Se observa claramente que este esquema ayudará poco a resolver los conflictos que puedan presentarse en la interacción de esta familia.

Hay que cambiar las dos reglas, que surgen de la práctica cotidiana de la gente.

El mediador no puede cambiar a la gente. Pero lo que sí puede hacer con ellos es cambiar los significados para que cambien las acciones.[15] Esto es difícil porque las reglas de significado conforman un sistema que se legitima a sí mismo.

Para conseguirlo, el mediador debe comenzar por entender el conflicto semántico, porque, como ya se dijo, la narrativa contiene el conflicto. Y, además, de qué manera ese conflicto afecta a cada uno de los miembros del sistema, según sus características.[16]

Para una adecuada interpretación de las narrativas es necesario tener en cuenta que la construcción de significados:

A) Tiene una organización jerárquica que reconoce dos niveles:

El primero, dado por el cómo la gente interpreta lo que se dice. Esto depende de los episodios en los que han estado involucrados, tanto en el presente como en el pasado, razón por la cual comprende no sólo los actuales sino también los de la niñez.

Autores posmodernos como Foucault, Scarry, Hall y Barthes, entre otros, observaron que la construcción de significados tiene un sentido político y que, dependiendo de ellos, existen discursos dominantes o hegemónicos y discursos dominados (primera parte, cap. 1, 1.6.2.).

Los primeros dependen del consenso y, a nivel macro, la hegemonía funciona reduciendo los significados que podrían disminuirla o amenazarla. A nivel micro, la producción de consenso que produce la hegemonía se da en la narrativa que excluye otras narrativas, que recursivamente se construye a sí misma, que opera como retroalimentadora del conflicto y que viene sumamente cerrada (primera parte, cap. 1, n. 14).[17]

Esos significados llevan a la acción.

Por eso, para entender este nivel y trabajar para abrir la narrativa, el mediador tiene que *mirar* por encima de las palabras *y ver* las actividades entre las personas.[18]

Es un arduo trabajo, porque la narrativa se va regenerando y todos sus elementos se reconstruyen a sí mismos. El juego de valores provee el guión y esto reafirma el rol y el tema.

El segundo nivel es dado por el contexto de la mediación. Todo significado está contextualizado y en mediación el contexto exige la acusación.[19] Este nivel demanda que el mediador trabaje con esa prevención.

B) Está gobernado por reglas:

Constitutivas. Son las que pautan los significados y vienen consensuadas por el sistema: El ex marido no paga. Ella cree que no quiere a los hijos.

Son individuales: Dependen de los contextos y de la historia de cada uno.

Regulativas. Son las que pautan la relación entre las partes y permiten distinguir las de comportamiento simétrico de las de comportamiento complementario.[20]

### 10.3. *Creación de la interdependencia*

#### 10.3.1. La circularidad

Las personas tienen una historia corta, que es la que se cuentan entre ellos, y una larga, que es la que el mediador debe hacer fluir en el proceso de mediación.

El foco interpersonal se aleja del paradigma lineal de causa-efecto y desarrolla actuaciones circulares[21] que permiten al mediador:

a) La conexión y creación de la interdependencia entre las acciones.

b) La determinación del rol de las personas en la creación de significados.

c) Sustraer las acciones de A de las de B y con ello romper el corsé de lo individual, de lo intrapsíquico.

La circularidad es una tecnología para legitimar y para cambiar las pautas relacionales o interaccionales a partir del modelo del lenguaje de Bateson cuyo supuesto es que el lenguaje procede de nuestra capacidad para diferenciar y comparar,[22] que es la respuesta a la diferencia; esas diferencias están al servicio de una distinción:

*Esto no es aquello.*

Con la distinción se puede explicar por qué las cosas son así y entonces hacer una historia.

Como táctica, la circularidad fomenta la polarización. Si para el padre el dinero significa castigo, la acción será no darlo. Si para la madre significa obligación, la acción será pedirlo.

Cuando el padre viene a no dar, viene a justificarse: *No tengo trabajo.* ¿Cómo lo rescatamos de ahí? Legitimándolo: *¿Y qué ha pensado usted que puede hacer para cumplir con la paternidad?*

Sara Cobb (1993) dice que la idea de polarizar es legitimar a las partes en las diferencias.

Después hay que organizar las polaridades redefiniendo los significados.

El aumento de las «novedades acerca de las diferencias» cambia las pautas interaccionales y con ello se facilita la resolución. Se «amplía la torta» a partir de las diferencias y no de las mismisidades.

La circularidad desarrolla la complementariedad y elimina la exclusión, señalada como causante de las peleas (10.1).

## 10.4. *Recursos*

El mediador dispone de varios recursos para trabajar en estas tres funciones:

### 10.4.1. La connotación positiva

Es un potente recurso para cambiar las reglas de significado.

La connotación positiva funciona estructuralmente cambiando rasgos de las historias que causaron los problemas o las consecuencias de esos problemas,[23] así como las intenciones y las consecuencias de las acciones.

Es menester recalcar que no se trata de cambiar «lo que hizo» sino el significado de lo que hizo.

Como ya he dicho (supra 10.1), las tres maneras de construir las posiciones negativas es poniendo etiquetas negativas o atribuyendo conductas o intenciones negativas o consecuencias negativas a las acciones. Las tres tienen vinculaciones lógicas pero resulta útil recordar que, de las tres, el cambio de las intenciones es decisivo porque cambia el resto. Puedo cambiar las consecuencias de las acciones, pero si las intenciones siguen siendo negativas todo seguirá igual.

Para trabajar con las intenciones hay que tener en cuenta que para su atribución reconocen dos vertientes:

- Por tal cosa: «No paga los alimentos que pretendo porque es un miserable».
- Para tal cosa: «No paga los alimentos que pretendo para manejarme con el dinero».

En la historia relatada en supra 8.4, la connotación positiva permite resignificar tanto las intenciones como las consecuencias de la acción del marido. En el primer caso, el reencuadre de los hechos abre la posibilidad de connotar positivamente la intención, que no fue el abandonar a su familia sino retirarse del hogar para darse una oportunidad de crecimiento. En el segundo, se puede trabajar con la mujer preguntándole qué hizo ella cuando él se fue.

Mujer: *Primero desesperarme, pero después no tuve más remedio que retomar el consultorio, atender pacientes y volver a los trabajos de investigación.*

Mediador: *Le escuché decir que sus pacientes están muy satisfechos con su trabajo y que ha presentado varias ponencias en congresos.*

Mujer: *Sí, así es.*

Mediador: *Entonces, en alguna medida, el hecho de que él se fuera permitió este desarrollo suyo.*

Obsérvese que, a partir del reencuadre y de la recontextualización de los hechos, la connotación positiva favorece:

10.4.1.1. La reatribución de nuevos rasgos, sentimientos y valores

En función de los datos que se han incorporado a la historia, la figura del ex marido ya no aparece como la del cobarde que se fue sin que ello tuviera sentido alguno.

10.4.1.2. El cambio de las palabras «clave»

Las palabras «clave» son aquellas con las que «en una palabra» podemos condensar, resumir y exponer la cuestión nuclear que domina cada historia. Para el mediador constituyen verdaderos faros en la oscuridad que le permiten andar por la huella trazada por las partes en el relato y formularse hipótesis de trabajo.

Durante el transcurso de una actividad realizada por Sara Cobb (1993), tuve la oportunidad de integrar con ella la pareja de mediación que medió en un caso real que sirvió de práctico del curso.[24] Se trataba de una familia compuesta por el padre (P) de 39 años, la madre (M) de 38 años y un hijo (H) de 15 años. La pareja se había separado cuando el hijo tenía 6 meses, o sea, hacía aproximadamente 14 años.

El caso judicial había comenzado con una demanda de divorcio presentada por P, seguida por una reconvención por adulterio y abandono por parte de M.

Los datos disponibles antes de entrar en la sala de mediación (realizada en Cámara Gesel) provenían de entrevistas desarrolladas en el Juzgado:

P vive en casa de sus padres. Describe a H como alguien que no estudia ni trabaja. Una visitadora social informa que M vive con H en una casa precaria. H dice que trabaja esporádicamente en un negocio del barrio y que quiere hacerlo para ayudar a M, que cose para afuera. H tiene episodios asmáticos. P tiene actualmente pareja y quiere casarse. H dice que P le hace pasar hambre. En la primera audiencia P se comprometió a alquilar un departamento para M y H, asegurarles una Obra Social y los estudios a H, y se convino un régimen de visitas y la tenencia de H a favor de M. En una segunda audiencia P presentó una nueva propuesta consistente en pagar 2 años de alquiler o entregar 10.000 dólares para que M se construyera una casa en un lote de la madre. M quiere además una suma fija, asegurarse una vivienda y una indemnización por haber cumplido el rol de madre y de padre. Dicen que entre los tres no pueden dialogar.

La sesión incluyó entrevistas con el grupo y con cada uno de ellos por separado. Muy sintéticamente, el material recogido con los límites propios de la experiencia que se estaba llevando a cabo es el siguiente:

P dijo que el problema es de la otra parte, que a él le gustaría tener un buen contacto con M por el bien de H, pero que en el pasado hubo agresiones en el diálogo. Que necesita saber adónde anda H y con quién. Quiere darle a H lo mismo que su padre le dio a él, o sea, una educación para que sea responsable y tenga un futuro. Enfatiza que es la primera vez que *«estamos los tres»* y, dirigiéndose a H, le dice que él (P) nunca habló mal de M.

M dice que quisiera que P tuviese más tiempo para su hijo, que nunca lo tuvo. Para ella no quiere nada, pero señala que de parte de P tampoco hay nada para el chico. H estuvo mal de salud por el abandono del padre y ella trabajó para que estuviese bien. Quiere que H siga estudiando, pero P no aporta nada. H interviene diciendo para qué va a seguir estudiando si P no hace nada. M dice que tuvo que hacer las dos cosas: sentir las necesidades y no poder hacer nada. P promete y no cumple. *Prometió que se iba a ocupar de la secundaria de H pero como no cumplió H abandonó*. No es sólo una cuestión de plata sino también de tiempo. P nunca tuvo acceso directo a H; siempre tuvo que estar ella en el medio. Con los padres de P pasa lo mismo. Algo dan a H pero siempre con reproches. *Cuando vuelve de la casa de los abuelos se enferma, cuando discute con P también. De P no espero nada bueno. Estoy resignada.* Quiere 15.000 dólares para la casa y 300 por mes porque si no, no le doy la separación.

Cuando se pregunta a H qué quiere que pase hoy contesta*: Lo mismo que dice mi mamá*. Agrega que *P no sabe hablar conmigo, habla como un amigo, quiero que hable distinto. Me pregunta tres o cuatro veces cómo me fue en la escuela y yo ya le contesté. Con mis amigos lo mismo. ¿Adónde estuviste? ¿Con quién fuiste? No le gusta que tenga el pelo largo.* Dice que hace cuatro años M tuvo un novio que sí se comunicaba bien con él. Agrega que *puede ser que me importe que papá dé plata a mamá.*

En una segunda intervención P abandonó la actitud cuidadosa del principio: *M no dice que el Fulano ese me revoleó un sifón mientras ella me pedía plata. Ahora se pulió, pero la conocí en Palermo. Mi familia me dijo que ella no era mujer para mí. Vive aferrada a nuestro hijo.*

Durante la entrevista se intentaron maniobras de reposicionamiento:

A P se le preguntó cuál sería la señal que M tendría que dar para que él la interpretase como un acercamiento, que las mujeres se ponen agresivas cuando están asustadas y que M se aferra a H porque a ambos les falta seguridad y que él, como hombre, tenía que proveer esa seguridad y esto incluye a las necesidades, porque M habla de las necesidades de H, no de las de ella.

A M que P había sido respetuoso llegando a H a través de ella y que es seguro que lo hace así *porque eres una experta en tu hijo*. Que él no va a poder hacer nada para H sin ella y que explique qué cree ella que P y H necesitan para contactarse, cuánto tiempo por semana necesitaría P para H y cómo usaría ese tiempo.

A H se trató de sacarlo del discurso materno diciéndole que la forma que P tiene para ocuparse de él es a través del control, pero *que hoy tiene la oportunidad de aprender otra forma y vas a tener que ayudarlo*. También que P tuvo que competir con otro hombre. El problema que tienen los padres que no conviven con sus hijos es que cada encuentro está cargado de significados y que él está en un problema porque si P no le da plata a M *tienes que ser leal con ella y no conectarte con él. Tu problema es que si quieres que él la ayude lo tienes que sancionar. Pidámosle permiso a tu mamá para que te relaciones con tu papá. ¿Qué pueden necesitar de vos tus papás para resolver este problema?*

En la reunión conjunta final se ensayó una historia alternativa eligiendo la palabra *seguridad*. Después se explicó que había una serie de palabras que podían ser «clave», pero que se optó por aquella después de un rápido análisis que los mediadores hicieron sobre la marcha. Las otras palabras eran:

- Tiempo, control, comunicación y diálogo: se las excluyó porque seguridad las incluye.
- Salud y vivienda: se las excluyó porque son palabras que fueron usadas para victimizar.

De tal forma, la historia alternativa fue más o menos así:

*Ahora voy a sintetizar lo que yo aprendí de ustedes y a partir de ahí les diré qué cosas específicas podemos acordar hoy. Una de las cosas que surge de las historias que contaron es que la estabilidad del vínculo entre ustedes depende de la seguridad. La dificultad para lograr la seguridad tiene que ver con las complicaciones que tuvieron después de separados. M ha hecho su trabajo de madre y ese trabajo es también para usted, P. Tiene que saber esto. Pero sólo pudo lograr una cierta seguridad y no pudo construir un vínculo seguro para ustedes. Es necesario que ahora todos digan qué necesitan para aumentar la seguridad porque todos están atados. Necesito que todos hagan un pedido, sin que signifique que el otro se lo tenga que dar, sino para hacer un pedido y después diga qué está dispuesto a dar para contribuir a la seguridad de los demás.*

En la historia relatada en supra 8.4, la palabra clave que describe lo narrado por la parte es «abandono».

La nueva palabra clave que comienza a dominar esta historia es «desarrollo»: del ex marido, como finalidad del acto de alejarse del hogar conyugal; de la esposa, como consecuencia, aunque no haya sido calculada ni buscada, del mismo acto.

El cambio de las palabras «clave» equivale al cambio de intenciones.

10.4.1.3. El reposicionamiento.

Que comienza con el reconocimiento de una parte de algún aspecto de la posición de la otra.

10.4.2. La externalización

Otro recurso para legitimar consiste en poner la causa del problema en lo externo, a nivel micro o macro. Es una práctica para sacar afuera de la persona un rasgo negativo:

Parte: *No se puede confiar en él/ella porque es una mala persona.*
Mediador: *¿Es una maldad que se apodera de él?*
Parte: *Sí, así es.*

Como se ve, se trata de una reformulación lingüística de atribuciones negativas cuya enorme utilidad para la legitimación es que permite sacar el rasgo negativo a una parte sin sacarle a la otra el positivo que se le corresponde.

En mediación, las personas utilizan el negativo del otro para describirse por el paralelo positivo. Ya vimos que las posiciones vienen como espejadas en las historias. Si el que posiciona al otro lo hace diciendo que es una mala persona, lo hace para posicionarse como buena persona. Entonces, es necesario tener mucho cuidado con quitar la maldad del otro porque ello también quita la bondad a aquel que habla.

La externalización permite legitimar sin sacar rasgos positivos. O dicho de otra forma, lo que hace es conservar el rasgo positivo de uno pero legitimando al otro.

También se puede animar el rasgo atribuyéndole intenciones y, desde ese momento, es como si la persona luchara con ese rasgo negativo:

Parte: *No me paga porque es un tramposo.*

Mediador: *¿Cuándo cree usted que lo tramposo se apodera de él?*

Parte: *Cuando tiene problemas de dinero.*

Mediador: *¿Y por qué la necesidad de trampear aparece cuando tiene problemas de dinero?*

Parte: *Supongo que para evitar que quiebre.*

Mediador: *Ah, entonces lo tramposo se apodera de él como una forma de evitar que quiebre.*

Esta maniobra no excluye que él haya actuado tramposamente, pero lo que hace es objetivar el rasgo y proveer una explicación: dado que hay problemas de dinero y riesgo de quiebra es que hay lo tramposo.

Entonces, cuando aparece el rasgo se puede preguntar: ¿Qué cosas hace ese rasgo? ¿Por qué lo hace?

Este es el recurso apropiado para abordar los casos en los que una de las partes o ambas no pueden parar de atribuirse rasgos negativos.

#### 10.4.3. Las explicaciones negativas

Es una práctica que se utiliza para cambiar la historia enfatizando todo lo que no pasó, partiendo del supuesto de que todo lo que pasa constituye una manifestación de las limitaciones de lo que podría haber pasado y no pasó.

Es útil para partes que insisten en que su explicación es la correcta y no se las puede mover de esa posición.

Por ejemplo, lo que no ocurrió en nuestra historia es que ambos siguieran atados a una relación que les impedía desarrollarse.

10.4.4. Las preguntas circulares

Como herramienta, la circularidad utiliza las preguntas circulares.

En sucesivas actividades desarrolladas en la República Argentina, Sara Cobb (1991) fue precisando lo que llamó «tecnología circular» en su primera visita.

Así, en la oportunidad citada en la nota al pie 56, distribuyó el siguiente material sobre preguntas circulares:

Las preguntas circulares crean descripciones de responsabilidad (autoría) sin culpa a través de:

1. Una serie de preguntas que crean descripciones colectivas de interdependencia (señaladas con *).
2. Una pregunta que suscita información de diferencias (comparaciones entre personas a través de categorías legítimas, es decir, aceptables, señaladas con **).

G: Desarrollo del guión.
R: Desarrollo de los roles.
T: Desarrollo de los temas.

¿Qué clase de dificultades tiene usted?

* G ¿Cómo empezó este problema?
* G ¿Qué ocurrió antes?
* G ¿Qué sucedió después?
* G ¿Qué hizo usted cuando se dio cuenta del problema?
* G ¿Qué ocurrió entonces?
* G Si esto no cambia, ¿qué espera usted que suceda?
* G Cuando ocurrió el problema, ¿qué hizo usted para resolverlo?
* G ¿Qué hicieron los otros para resolverlo? ¿Cómo lo interpretó usted?
** R ¿Quién representaba los roles centrales y quién los secundarios?

** R ¿Cuál fue la persona cuyo papel le sorprendió más y por qué?
** R ¿Quién comprendió mejor/menos el papel de usted?
** R ¿Qué saben ellos que los demás no sepan?
** R ¿Cuál de los otros papeles le es a usted más simpático y por qué?
** T ¿Qué espera que aprendan ellos de esta situación?
** T ¿Qué dirían ellos que esperan que usted aprenda de esta situación?
** T ¿Cómo fueron interpretados sus intentos para resolver el problema?
** T ¿Cuál dirían ellos que es para usted la emoción/pensamiento más problemático?
** T ¿Qué aspecto de la participación de ellos en la disputa es el que usted mejor/menos entiende?

¿Qué clase de dificultad tienen ellos?
Repetir o seleccionar las mismas preguntas para que las respondan desde la perspectiva del otro.

Sobre la base del material distribuido en actividades posteriores,[25] Diez y Tapia (1999: 149-150) dicen que las preguntas circulares se utilizan en dos sentidos:

1. Para crear conexiones entre la gente, mostrando diferentes dimensiones.
   1.1. Usando categorías que abren dimensiones, tales como «feliz, sorprendido, herido, creativo».
   1.2. Usando gradaciones o dimensiones cuantitativas tales como «mucho o poco, más o menos».
   1.3. Usando interacciones hipotéticas.
   1.4. Usando situaciones hipotéticas

2. Para crear conexiones en el tiempo, conectando circunstancias y eventos.
   2.1. Comparando el pasado con el presente.
   2.2. Comparando el pasado con el futuro.
   2.3. Comparando el presente con el futuro.

Para este modelo, la meta de las preguntas circulares que, repito, sirven a la legitimación y a la modificación de las pautas interaccionales es aportar el material básico para ingresar en el próximo estadio de reconstrucción de la relación a través de la historia alternativa, porque tiene por objeto construir una historia circular, o sea, conectando y haciendo interdependientes las historias que las partes van contando.

El relato *«él no está nunca en casa»*, conectado con *«cuando estoy en casa, ella me insulta»*, cobra un significado diferente si la conexión no estuviera.

Más sencillamente, digo que las preguntas circulares crean círculos que retroalimentan la interacción y generan descripciones de interdependencia:

- Entre el pasado, el presente y el futuro.
- Entre personas.
- Entre lugares.
- Entre valores.
- Entre todos ellos.

Hay dos formas de preguntar circularmente:

Una, a través de una serie de preguntas que van proveyendo circularidad.

- *¿Cómo comenzó el problema?*
- *¿Qué hizo antes?*
- *¿Qué hizo después?*
- *¿Se sintió insegura?*
- *¿Qué hizo él?*

Es una serie que, pregunta por pregunta, crea interacción en toda la secuencia.

Y otras que son circulares en sí mismas y crean vínculo entre:

- Personas: *¿Qué quería él que usted aprendiera de la vida al irse?*
- Tiempo: *¿Qué pasará dentro de diez años si esto sigue así?*
- Lugares: *¿Cómo estaban en Lisboa y cómo están aquí?*

- Valores: *¿Qué piensan usted y él de esta situación?*
- Todos: *¿Qué pensaban hacer en Lisboa y qué piensan hacer ahora en Buenos Aires con esta situación?*

No se hacen tanto para acumular datos sino para crear circularidad.

Finalmente, como vimos, hay preguntas para crear circularidad en las tres áreas de la narrativa, pero es conveniente empezar por el guión o trama. Las más difíciles son las que articulan posiciones o tienden a modificarlas.

10.4.5. El anclaje

Este es el componente esencial en la construcción de la nueva narrativa. Es el proceso que consiste en el armado de la relación entre la nueva historia y la red de historias.

La consolidación de la nueva historia demanda tanto que tenga sentido para la vida cotidiana de la gente como que ésta hable desde la nueva historia.

El proceso de construcción de la nueva narrativa pasa por dos procesos: la amplificación y la restricción.

La circularidad es una forma de amplificar la vieja historia.

En el caso del deudor presentado en supra 10.4.2, para circularizar la historia pregunté:

Mediador: *Usted dice que uno de los problemas con su acreedor es que no tiene confianza en que usted le pague. ¿Qué señal tendría que dar él para demostrarle que le tiene confianza?*

Deudor: *Que permita atrasarme en los pagos.*

Mediador: *¿Cuánto tiempo?*

Deudor: *Diez días.*

Mediador: *¿Todos los meses?*

Deudor: *Sí.*

Mediador: *¿Y qué haría usted si él le tuviera confianza?*

Deudor: *Le pagaría un poco más de intereses por la demora.*

Mediador: *¿Qué tolerancia de tiempo puede usted otorgarle para el pago?*

Acreedor: *Lo que él pide, pero que me avise cuando se va a atrasar.*

Mediador: *¿Cuándo puede usted avisarle de que se va a atrasar?*

Deudor: *El 1° de cada mes.*

Acreedor: *Si él me avisa con esa anticipación, no es necesario que me pague intereses.*

Aquí se construyó una nueva relación, pero esta historia puede tener restricciones. Por ejemplo, que el acreedor tenga un socio que no apruebe el arreglo y todo se venga abajo. Es una persona que quedó fuera de la historia, pero que la puede desarticular.

Por eso hay que prever las posibles restricciones preguntándose y preguntando qué podría hacer que la vieja historia se repita.

El proceso de anclaje sólo funciona si se tiene la nueva historia y ella se conecta con la red de historias. Esto tiene que ver con la autopoiesis, que se refiere al cierre o autocontrol.

Para este modelo, la autopoiesis es decisiva, porque justo cuando el anclaje funciona el mediador puede suponer que el proceso de mediación funciona y pasar a la siguiente etapa.

Como se repetirá más adelante, la historia alternativa está puesta en este modelo como un elemento de autocontrol que el mediador coloca para tener la señal que le dé la luz verde para continuar adelante con el proceso.

Si el anclaje no funciona, la nueva historia y el proceso de mediación tampoco funcionarán.

## *Quinto estadio: reconstrucción de la relación*

> «Yo describiría la mediación como un proceso de conversación organizado por un tercero donde las historias se desestabilizan y se organizan de otra manera tendiente a la reconstrucción de las relaciones entre las partes».
>
> Sara Cobb

| |
|---|
| Objetivos: Redefinición de interacción y contexto. |

La reconstrucción de la relación es lo que marca una de las diferencias entre el proceso de mediación y el proceso judicial.

Este proceso de reconstrucción está ligado a la construcción de la legitimación colectiva de las historias y plantea nuevos roles y nuevas reglas de interacción que son los dos dominios en los que se cambian las relaciones.

Cuando el mediador considera que la deconstrucción le ha aportado elementos suficientes para ingresar en el pasaje que sigue, es conveniente que cite para una próxima reunión con el intervalo de tiempo suficiente como para «armar» un relato alternativo que responda a los criterios que se exponen a continuación.

## Pasajes

## 11. Presentación de la historia alternativa

El mediador presenta la nueva narrativa haciendo un resumen.

Mediador: *Ahora comprendo el problema.*

Y les cuenta el nuevo cuento.

Ya anticipamos que este es un pasaje decisivo del modelo del proceso de mediación que propongo y, por ello, no basta con trabajar en la construcción de una nueva historia y anclarla.

Tenemos que tener criterios que nos permitan deducir que la nueva historia tiene posibilidades de funcionar.

Este proceso requiere de una política de la narrativa que incluya la cuestión ética, porque en este modelo el mediador es co-responsable con las partes de la elaboración de la nueva historia.

Para ello, tenemos que tener criterios con respecto al proceso y con respecto al contenido:

1. Con respecto al proceso, debe haber sido justo y ello se habrá cumplido sólo si el mediador ha creado las condiciones para que todos hayan tenido las mismas oportunidades en el discurso y que, por lo tanto, la elaboración de la historia haya sido conjunta.

2. Con respecto al contenido:

2.1. Debe contarse desde lo circular, es decir, desde la conexión de las historias. Debe tener elementos de todas las historias individuales porque cada elemento narrativo contribuye entonces al cierre de cada historia.

2.2. Debe contener la reformulación del problema. Cómo vamos a llamar al nuevo problema.

2.3. Debe legitimar la relación: *Si ustedes están aquí es porque están buscando una nueva forma de entenderse.*

2.4. Debe contextualizar el conflicto: *La nueva política económica los ha afectado en el nivel de vida.*

Este requisito apunta a la estabilidad de la nueva narrativa. Es un elemento de medición acerca de lo pertinente de la argumentación para contextualizar, porque es inadecuado si para ello se necesitan demasiadas justificaciones. Las narrativas que funcionan son las que tienen estabilidad, pero la paradoja de este modelo es que para cambiar un conflicto hay que desestabilizar la narrativa existente mientras se construye la alternativa.

2.5. Debe hablar de las semejanzas y de las diferencias. Para proveer mayor información. Pero es difícil porque se corre el riesgo de deslegitimizar: *Usted gana tres veces más que ella.*

Por eso,

2.6. Debe contextualizar semejanzas y diferencias: *Antes ganaban lo mismo, pero a partir de su ascenso usted gana tres veces más que ella.*

2.7. Debe posicionar positivamente a todas las partes a través de la modificación de los tres niveles de la narrativa: guión, rol y tema. Este es el elemento testigo de la medida de la modificación de las pautas interaccionales.

2.8. Las posiciones deben ser interdependientes. Este es el elemento que mide la eficacia del trabajo con la circularidad.

2.9. Que tenga coherencia interna, es decir, debe tener anclaje.

2.10. Que incluya todos los eventos centrales, para evitar la marginalización. El problema de la mediación es que, como trata del futuro, puede marginalizar el pasado y con esto hay que tener cuidado. Por ejemplo con la violencia, que es una de las historias habitualmente marginalizada y que marginaliza.[26]

2.11. El encuadre ético de la historia tiene que ser explícito, esto es, tiene que citar los valores éticos sobre los que se construye.

2.12. Que evite la dominación, que es cuando una parte se queda sin historia.

2.13. Que tenga en cuenta el fenómeno de la colonización, que se produce cuando una historia se transforma en contexto para legitimar otra historia. Por ejemplo, el grupo contra aborto colonizó el discurso del grupo pro-aborto sosteniendo que es cierto que se pueda elegir tener un hijo o no, pero primero está la vida y todos tienen que tener el derecho de elegir vivir o no.

Esta historia tiene que ser coherente, definiendo los temas morales, estableciendo las nuevas posiciones, pero de tal manera que las partes puedan verbalizarlas. Cuando éstas pueden hablar desde la nueva historia, están legitimando las nuevas posiciones y se puede ingresar en el próximo estadio, el negocial.[27]

## *Sexto estadio: negocial*

> CREONTE: Hablas como un hombre que no cede ni me cree.
> EDIPO: Tampoco cedes tú ante mí.
> CREONTE: Es que veo que no razonas con cordura.
> EDIPO: Sí, en lo que me concierne.
> CREONTE: Debías hacerlo igual en lo que a mí me atañe.
>
> Sófocles, *Edipo Rey*

| |
|---|
| Objetivo: Generación de ideas y búsqueda de opciones resolutivas. Flexibilidad, innovación, creatividad. |

En el capítulo 2 de la primera parte hemos hablado de la negociación como soporte de la mediación.

Interesa ahora considerar qué instrumentos tiene el mediador estratégico para administrar aquellos conceptos en el proceso, teniendo en cuenta que el objetivo principal, durante esta etapa, es mantener la continuidad de la negociación.

La condición básica y elemental para ello es que el mediador ubique el estilo negociador de las partes.

A partir de ahí, dispone de estrategias y de técnicas.

El rol que el modelo asigna al mediador en el proceso se verá reflejado en la exposición de ambas. En el plano de la negociación, el buen mediador deberá estar en condiciones de identificar qué problemas presenta el caso, más allá de la negociación entre las partes, y de intervenir activamente en ella incluyendo aspectos docentes.

## 1. Negociación distributiva[28]

### 1.1. *Estrategias del mediador*

a) Advierta sobre los riesgos de la competencia.

Sea agente de la realidad. Recuerde el dilema de los prisioneros y considere con la o las partes competitivas esos riesgos.

En este sentido, considero muy útil introducir aquí el concepto de equilibrio de Nash (1950), que no es el mejor acuerdo, sino el mejor acuerdo suponiendo la estrategia del otro. Es una estrategia para juegos competitivos, no cooperativos, y la pregunta es: si el otro me acusa ¿cuál es mi mejor opción? Si volvemos al dilema del prisionero (primera parte, cap. 2, 7.8.1.) y ambos aplican esta estrategia obtendrán 10 años. Evitarán la explotación por el otro pero la ganancia no deja de ser una ganancia pírrica. El equilibrio de Nash explica claramente que la incomunicación y la falta de confianza en el otro provoca este resultado que no es el mejor acuerdo para cada uno individualmente ni para ambos obrando racionalmente, sino el mejor para ese juego y para ese contexto.

b) Analice con la o las partes las razones que la llevan o las llevan a negociar de esa manera.

Para ello, pregunte cómo visualizan los intereses de la otra parte para establecer en qué radican los opuestos, es decir, aquellos en que todo lo que gana uno lo pierde el otro. Reflexione con ellos si la aspiración es simplemente partir las diferencias o distribuir la torta disponible.

Discuta el nivel de confianza que la otra parte le inspira, abriendo un espacio de conversación acerca de los antecedentes de la relación, para establecer si el margen de desconfianza obedece a algún antecedente o sólo a un juicio formado a priori.

c) Reestructure las percepciones.

Trabajando sobre los marcos de referencia y los anclajes.

Marco de referencia es la manera en que percibe un problema quien tiene que tomar una decisión.

En este punto es importante tener en cuenta que la gente es más propensa a llegar a acuerdos si perciben la solución en términos de ganancia que si la ven como una forma de evitar riesgos. Por ejemplo, va a tener mayores posibilidades una propuesta para salvar vidas que para evitar muertes, aunque el resultado final fuera el mismo. Supongamos que sobreviva el 50%. En el primer caso, se hablará del 50% de vidas que se ganó, mientras que, en el segundo, del 50% que se perdió.

Sobre el anclaje ya hemos dicho bastante (supra 10.4.5.), pero, desde el punto de vista estratégico, el mediador podrá trabajar con las partes puntos de anclaje que tengan en cuenta los marcos de referencia de ambos, para que toda concesión sea percibida como ganancia por ambos.

Enfatizo la importancia de los marcos de referencia y de los anclajes porque, para la función de reestructurar estratégicamente el conflicto, resulta fundamental reparar en cómo percibe el mediador el conflicto, cómo lo perciben las partes y cómo percibe el mediador la percepción de las partes.

La percepción se da en el discurso por la forma de describir el problema. Por eso este modelo de mediación incluye el análisis de las narrativas.

d) Advierta sobre el exceso de confianza.

Dos de las razones que tienen influencia para la elección del estilo competitivo son el poder (primera parte, cap. 1, n. 64) que una de las partes tiene sobre la otra y la disposición de un acuerdo o de alguna ventaja fácilmente ejecutable.[29]

En estos casos de mediaciones difíciles, el mediador todavía puede crear dudas sobre la efectividad de esas razones, por ejemplo alegando alrededor de los imponderables de la realidad.

e) Refiera el costo del fracaso.

Desarrolle con la o las partes un gráfico que contenga el costo de las alternativas que tienen si la mediación se cierra sin acuerdo y compárelo con las ventajas que ellas alegan para competir.

f) Ayude a salvar la imagen.

Finalmente, cuando la parte competitiva decide cooperar, ayúdela a salir con el menor costo posible, administrando la situación de tal forma que la otra parte no se vea tentada a escalar el conflicto interpretando como un acto de debilidad el cambio de estilo de su oponente (supra, cap. 1, pasaje 1).

1.2. *Técnicas de facilitación (Lowry y Harding, 1995: 151)*

a) Desaliente ofertas iniciales ofensivas.

Me estoy refiriendo a las ofertas insultantes. Y no sólo a ellas, sino también a las contraproducentes, insuficientes y supuestamente definitivas.

Para ello, el mediador deberá reunirse en privado con cada parte y explicar cómo funciona la negociación competitiva.

En el caso de las ofertas iniciales, las alertará sobre los riesgos de las ofertas citadas y mencionará que «la danza» de la negociación recién comienza con la primera oferta razonable.

Preguntará, también, cómo se sentiría si él o ella recibiera esa oferta.

b) Modere el ritmo de las ofertas.

Enseñe a «danzar».

También controle las reacciones frente a ofertas extremas o desmesuradas interpretándolas como una expresión del enojo de la otra parte.

c) Obtenga concesiones.

Enfatizando la importancia que tienen y tratando que la concesión tenga un objetivo.

d) Fomente el uso de «señales».

Para la negociación la jugada de uno es una verdadera señal para el otro. Por ello, controle el tamaño, la oportunidad y el «timming» de las concesiones.

e) Ayude a las partes a mantener credibilidad e imagen.

Interpretando las propuestas de manera constructiva y colocándose usted en el lugar del «chivo expiatorio».

f) Mantenga el proceso en movimiento.

Trabaje activamente como intermediario formulando propuestas hipotéticamente.

Sólo demuestre aceptación cuando ambas partes estén de acuerdo, o sea, no revele la posición de una parte frente a la propuesta hasta no contar con el acuerdo de la otra.

En caso de rechazo, mantenga al rechazante en la convicción de que el otro todavía no conoce la propuesta.

## 2. Negociacion integrativa[30]

2.1. *Estrategias del mediador*

a) Busque las razones que sustentan las posiciones.

Para ello, no se quede sólo en los intereses, suba hasta los valores para despejar las cuestiones y, desde allí, visualizar las necesidades y el orden de los intereses a fin de trabajar con las palabras «clave».

b) Utilice enfoques globalizadores y expansivos.

Para no quedarse en la negociación que plantean las partes, aumente la «torta» de la negociación.

c) Mantenga el proceso en la dimensión objetal (supra, cap. 2, n. 5).

Se corresponde con el punto «separe las personas del problema» del Proyecto de Negociación de Harvard.

d) Entienda la perspectiva de las partes.

Destaco aquí nuevamente la importancia del trabajo con las percepciones.

e) Evite suponer.

Los valores constituyen un potente ordenador de los intereses, pero para una mayor precisión también es útil que analice con cada una de las partes el *por qué de cada interés.*

Ello realimenta la percepción de los valores para que cumplan su función.

f) Reconozca, identifique y describa las emociones (supra, cap. 2, 6.3.).

Incluyendo las suyas. Esto potencia el mensaje a las partes en el de sentido de que su escucha es atenta y de que, además, también los contiene. La gente «se abre» con mayor facilidad y colabora en el proceso cuando se sienten escuchados y contenidos y el mediador incorpora sinceramente sus emociones.

g) Escuche lo no dicho.

Referido a lo subyacente.

h) Aliente la búsqueda de opciones con potencial ganancia mutua.

Pregúntese cómo hacerlos socios para resolver el problema alentándolos a buscar intereses comunes, o, de lo contrario, búsquelos usted.

Recuerde nuevamente la importancia de preguntar *por qué,* pues la gente se maneja con objetivos que, en la mayoría de los casos, están allí sin el desarrollo de una explicación.

2.2. *Técnicas de facilitación*

El presupuesto básico condicionante para la utilización de las técnicas es el nivel adecuado de confianza entre las partes.

Alcanzado ese nivel:

a) Fomente el análisis mutuo.

Ahora se podrá trabajar en sesiones conjuntas, incentivando la creatividad, pero manténgase siempre alerta: es probable que aún en este estado de cosas tenga que controlar las emociones.

b) Apunte a una solución y no a ganar el caso.

Una vez identificados los problemas intente que las partes los enfrenten juntos.

El mayor incentivo para lograr la colaboración es haber logrado un ambiente donde todos se sientan legitimados porque eso los hace sentirse dignos.

c) Descubra los intereses.

Intereses mutuos y compatibles, para alentar después la búsqueda de soluciones a partir de esos intereses.

Después de descubrir los intereses, la movilización del proceso girará en torno a tres palabras:

- Inventar.
- Desarrollar.
- Evaluar.

## Pasajes

### 12. Ideativo

Aquí se trata de generar ideas que abran el espacio de la negociación, sin perjuicio de su procedencia.[31]

Lo común en esta etapa es la aplicación del recurso de la tormenta de ideas.

En mediación es conveniente dividir en dos secuencias esta etapa de invención del *brainstorming*. Durante la primera hacer trabajar por separado a las partes para alejar el peligro de que cada idea se interprete como un compromiso y ello limite la creatividad; después se vuelcan todas las ideas en común y se vuelve a generar.

La tormenta de ideas fomenta la percepción de «las partes al lado, el problema enfrente».

El mediador también genera ideas, lo que se corresponde con la función de promotor de alternativas que le reconoce este modelo (primera parte, cap. 1, 1.8 y supra, n. 7).

Las reglas de este pasaje son:

- Lo que importa es la cantidad de ideas.
- No importa la calidad.
- No se hacen críticas.
- Se registran todas las ideas.

### 13. Valorativo

Desarrollo de las ideas mediante la asociación. Todavía no se hacen críticas.

### 14. Evaluativo

Es la etapa de apreciar la viabilidad de las ideas, introduciendo la crítica, y su traducción a opciones.

Es útil aquí recordar la diferencia entre opciones y alternativas.

Opciones son las propuestas presentadas por una parte a la otra que permitirán resolver su problema o lograr su meta en el ámbito de la negociación, con la cooperación de la otra parte.

Alternativas son las medidas que cada parte puede tomar para resolver su problema o lograr su meta fuera del ámbito de la negociación, sin el consentimiento de la otra parte si no logran un acuerdo.

Nuestro mediador también participa activamente en esta etapa de traducción de las ideas. Se corresponde con las funciones sintetizadora y mayéutica que le reconoce el modelo (primera parte, cap. 1, 1.8.).

Los hilos conductores son:

- El análisis de la compatibilidad de las ideas.
- El desarrollo de los criterios de atracción entre ellas.

## *Séptimo estadio: decisional*

| |
|---|
| Objetivo: Decisión informada. |

## Pasajes

### 15. Reducción de opciones

A través de una nueva traducción de opciones por parte del mediador, presentando las ideas más prometedoras y realistas a la luz de los análisis previos.

Otra vez la síntesis, en cuanto recoge, describe y define las opciones presentadas. Otra vez la mayéutica, en cuanto coloca a las partes en condiciones de adquirir clara conciencia de las opciones disponibles para entrar en el próximo pasaje.

### 16. Selección de opciones

El trabajo previo del mediador ha proveído a las partes de principios orientadores y criterios de base para que ellas reflexionen acerca de la elección final.

El mediador podrá sugerir aquí la consulta a expertos si la selección demanda alguna opinión especializada.

El proceso está listo para entrar en su etapa final.

## Notas

1. Prefiero reunir bajo esta denominación lo que otros autores presentan con diferentes nombres como técnicas, herramientas, estrategias.

2. Folberg, y Taylor (1992: 63) sostienen que los verdaderos problemas son tanto de índole interactiva como interpersonal y que los conflictos sólo pueden resolverse cuando se reconocen.

3. Los mismos autores, en la obra y página citadas en la nota anterior, dicen que «el mediador debe determinar la naturaleza de los conflictos ocultos y manifiestos de los participantes, a través de los siguientes criterios de evaluación: ubicación del conflicto, duración del conflicto, intensidad de los sentimientos acerca del conflicto y rigidez de las posiciones».

4. Gulotta, y Santi (1988) utilizan el término «promotor de alternativas» y Milla (1997: 191) dice que «la mediación difiere de los buenos oficios en que, en la primera, el mediador ejerce una mayor iniciativa en proponer fórmulas de arreglo».

5. En el estadio negocial se tratan las dificultades que suelen presentarse en la determinación de las cuestiones sobre las que tratará la mediación y lo habitual de su confusión con los intereses de las partes.

6. Existen diversas clasificaciones de las señales no verbales. Cook (1971) distingue los aspectos estáticos (cara, configuración física, voz, ropa, maquillaje, peinado, etcétera) de los dinámicos (orientación, distancia, postura, gestos y movimientos del cuerpo, expresión del rostro, dirección de la mirada, tono de voz, ritmo y velocidad del discurso), en tanto que Argyle (1972) menciona el contacto físico, la proximidad, la orientación, el aspecto exterior, la postura, los gestos con la cabeza, la expresión del rostro, los gestos, la mirada y los aspectos no lingüísticos del discurso.

7. Pease (1990: 19) dice que «la observación de los grupos de gestos y de la congruencia entre los canales verbales y no verbales de comunicación son las claves para interpretar correctamente el lenguaje del cuerpo».

8. Con este termino la doctrina se refiere tanto a una microtécnica (Suárez, 1996) como a una herramienta de reencuadre que corresponde al modo afirmativo del lenguaje (Diez y Tapia, 1999: 139). Marinés Suárez dice que nuestra tarea como mediadores consiste en desestabilizar las historias y en posibilitar que se construyan nuevas historias y, para lograrlo, comienza presentando los tres modos del lenguaje (afirmativo, interrogativo y negativo) a partir de los cuales clasifica las técnicas del modelo circu-

lar narrativo en microtécnicas en el modo interrogativo (preguntas informativas y preguntas desestabilizantes y/o modificadoras), microtécnicas en el modo afirmativo (reformulación, connotación positiva, legitimación de las posiciones de las partes y recontextualización), minitécnicas (externalización, resúmenes, equipo reflexivo), técnicas (construcción de una historia alternativa) y macrotécnicas (el proceso de encuentro de mediación). Afirma que en un proceso conversacional, como es la mediación, no es suficiente que el mediador aplique una técnica sino que ésta debe ser aceptada o retomada por la parte o las partes porque de lo contrario la técnica es inefectiva (págs. 241 y ss.). Hace la distinción entre reformulaciones positivas (las que «mejoran» lo dicho) y negativas (las que lo «empeoran»). La validez de la reformulación, que puede operar tanto sobre los personajes como sobre las creencias y/o sobre las concepciones del mundo que traen las partes, depende de la producción del efecto de reencuadre, que es el efecto de modificar el contexto, razón por la cual prefiere hablar de recontextualización en lugar de reencuadre. Ese efecto no sólo es producido por esta microtécnica sino también por otras (págs. 277 y ss.). A su vez, Diez y Tapia, en obra citada, cuando presentan las herramientas para legitimar y reencuadrar citan los modos de lenguaje afirmativo e interrogativo y ubican a las reformulaciones y a las connotaciones positivas como herramientas del primero modo y a las preguntas, entre las que incluyen las circulares, como herramientas del segundo modo (págs. 135 y ss.).

9. Como vimos en la nota anterior, las mismas palabras con que se nombra a los efectos de la reformulación, se utilizan para designar otras técnicas. Así, entre las microtécnicas del modo afirmativo encontramos la recontextualización o reencuadre. A su vez ésta, que es efecto y técnica al mismo tiempo, directamente «encuadra» o «contextualiza» el problema en otro marco o contexto que puede ser más abarcativo o simplemente diferente, según las circunstancias (pág. 283). Por ello, prefiero utilizar el término resignificar para referirme al efecto, reservando reencuadre para el recurso que opera sobre los hechos o contenidos de la situación y recontextualización para el contexto de la situación. En cuanto al reencuadre de las personas involucradas en la situación, como lo denominan Diez y Tapia, lo denomino reatribución, recurso específico de la legitimación de los actores. No me pasa desapercibido que puede aparecer cierta arbitrariedad de lenguaje porque no tiene otra finalidad que administrar el uso de los términos de tal modo que nos alcancen y nos permitan diferenciar los recursos de sus efectos.

10. Suárez, págs. 288-291, dice que la externalización es una técnica creada en el campo de la terapia familiar sistémica por Michael White y David Epston, terapeutas australianos creadores de la llamada «terapia narrativa» (...) que se caracteriza por enfocar el proceso terapéutico como un proceso que se da «en las narrativas y a través de ellas» (...) Debido a esto,

es aplicable al modelo de Mediación Circular-Narrativo (...) Puede ser aplicada desde el comienzo del proceso de mediación, ya que la «definición del problema» es uno de los primeros pasos que se dan en todos los modelos de mediación.

11. Suárez (1996: 250). El capítulo 8 de esta obra es de lectura imprescindible, razón por la cual recomiendo su lectura. Sin perjuicio de ello, diré que la autora ubica a las preguntas como una microtécnica del modo interrogativo tendiente a generar diferencias y, con ello, información acerca de la parte, del que pregunta, del contenido y de la relación. Al realizar una pregunta, el mediador restringe las retroacciones de aquel que contesta y focaliza sobre determinado campo al mismo tiempo que excluye todo lo demás. En nuestra lengua el marcador de contexto específico para señalar que lo que se dice es una pregunta es el tono, de origen analógico, así como tenemos palabras específicas que indican el carácter de pregunta (qué, cómo, cuándo, cuáles, dónde, por qué, etcétera). En una magnífica síntesis la autora dice que para construir preguntas que sean efectivas en el proceso de mediación es necesario tener en cuenta las respuestas de cada una de las partes, conocer los objetivos a los que apunta nuestro trabajo, utilizar el lenguaje que ellos usan y recurrir a toda nuestra creatividad.

12. Folberg y Taylor (1992: 117) distinguen entre preguntas abiertas y preguntas cerradas; Moore (1995: 155), citando a Stewart y Cash, dice que las preguntas generalmente corresponden a dos tipos: cerradas y de extremo abierto; Diez y Tapia (1999: 145-150) distinguen entre preguntas abiertas, cerradas, estratégicas y circulares; Suárez (1996), en el capítulo citado en la nota 24, incluye una clasificación a los fines didácticos aclarando que muchas veces nos encontramos con que una pregunta puede pertenecer a dos o más categorías a la vez. Formula una gran división de preguntas en dos tipos: informativas y recontextualizantes. Las primeras, a su vez, se dividen en aquellas destinadas a examinar y las que se proponen aumentar la información. Las preguntas se realizan con diferentes objetivos: para que la parte reflexione tanto sobre el contenido de la disputa como sobre la relación, para producir cuestionamientos, para protagonizar, para lograr reconocimiento del otro y para circularizar.

13. «Por eso, pensamos que, en el desarrollo del proceso de mediación, antes de continuar con los pasos de la negociación que propone el esquema de Harvard, será necesario efectuar algún tipo de legitimación...» Diez y Tapia (1993: 108) que forma parte del capítulo 6 en el que los autores realizan un desarrollo muy interesante de la legitimación, incluyendo ejemplos prácticos y la articulación de ella con los postulados del modelo de Harvard.

14. No se debe confundir con lógica causal lineal o circular. Ésta se debe tener en cuenta para trabajar con una o con otra de acuerdo al contex-

to. Por ejemplo, en la mediación entre empresas se trabaja en un contexto de mayor lógica causal lineal que en una mediación entre mujeres, porque éstas tienen un relato más circular.

15. Las primeras acciones que se propone cambiar la mediación son: a) lo que la gente hace frente al conflicto; b) la orientación para solucionarlos en el futuro.

16. Ya vimos que, para el construccionismo, el lenguaje construye el mundo (primera parte, cap. 2, nota al pie 15). Es un mundo que vive en las historias que contamos, es un mundo mental que construye el mundo material. No está solamente en la cabeza de una persona sino en la diferenciación que viene de la práctica cotidiana y de las conversaciones sobre esa práctica. Esas narrativas son como una telaraña. Lo que el mediador recibe en el comienzo es una parte de la narrativa que muestra solo la punta del iceberg, pero tiene que saber que el resto está allí, para ser desarrollado. No se puede tocar el conflicto sin tocar las raíces que hacen a las características e identidad de las personas.

17. Esta es otra razón por la cual la mediación es un proceso político a nivel micro.

18. El enfoque interaccional consiste en comprender las disfunciones de un sistema a través de la observación. Según Bateson (1991: 157), el sentido de la comunicación es crear redundancia, significado, patrón, predictibilidad, información y reducción del azar mediante la restricción. Estos sistemas interaccionales mantienen secuencias recurrentes de comportamiento que mantienen y exacerban los problemas. La identificación de esos patrones es decisiva para comprender las disfunciones y su modificación esencial para superarlas.

19. Los efectos de pacificación social que se atribuyen a la mediación, el espíritu colaborativo que se les exige a las partes como ideal del proceso y el referirse a ella como medio de resolución por consenso han creado una suerte de «mito de la no adversariedad» que no puede estar más alejado de la realidad. La mediación es un contexto de adversarios a los que éstos concurren para obtener resultados acordes con sus intereses. En mediación, según Sara Cobb, en el 80 % de los casos las intenciones se construyen sobre la base de la adversariedad y las vinculaciones lógicas entre el *por qué y el para qué* se usan para atribuir intenciones positivas para uno y negativas para el otro.

20. Watzlawick, Bavelas, y Jackson (1989) dicen que Bateson definió la cosmogénesis como un proceso de diferenciación de las normas de conducta individual resultante de la interacción acumulativa entre los individuos. Los sistemas de relación entre individuos o grupos manifiestan una tendencia hacia el cambio progresivo. Cuando el cambio progresivo supone un aumento de una conducta autoritaria de uno que se acompaña por

un aumento de la conducta sometimiento del otro, esto es cosmogénesis complementaria; en cambio, cuando el aumento de jactancia en uno provoca aumento de jactancia en el otro, esto es cosmogénesis simétrica. en la primera, la conducta de uno complementa la del otro, mientras que en la segunda tienden a igualar conductas. Así, la interacción simétrica se caracteriza por la igualdad y la diferencia. En ésta, los individuos ocupan una posición distinta. Puede originarse en el contexto social, cultural, biológico o de idiosincrasia de la diada. Hay mutuo encaje de las conductas, que tienden una a favorecer a la otra. Ninguno impone al otro la complementariedad sino que cada uno se comporta de modo que la favorezca. Para el caso de que uno obligue al otro a estos comportamientos, se han sugerido los términos metacomplementaria y pseudosimetría, pero esto puede evitarse recurriendo a la observación de las redundancias de la conducta; esto es, nos interesa saber *cómo* se comportan, sin distraernos en averiguar *por qué*.

21. En un sistema caracterizado por su totalidad no son posibles las relaciones unilaterales de causalidad lineal entre las partes en que, por ejemplo, A causa a B: es decir, en un sistema interaccional, como la familia, las interacciones entre sus miembros representan una totalidad, donde el comportamiento de uno causa el del otro, éste la reacción posterior del primero y así sucesivamente. La causalidad circular es posible gracias al mecanismo de control por excelencia de los sistemas: la retroalimentación. Ésta y la circularidad constituyen el modelo causal adecuado para el análisis de los sistemas interaccionales, puesto que sus miembros se influyen mutuamente y no unilateralmente (López , Parada y Simonetti, 1991).

22. Sabemos ahora, con considerable certidumbre, que el antiguo problema de si la mente es inmanente o trascendente puede responderse a favor de la inmanencia, y que esta respuesta economiza más entidades explicativas que cualquier respuesta trascendente: tiene, por lo menos, el apoyo negativo de la Navaja de Occam. En el aspecto positivo, podemos afirmar que *cualquier* conjunto operante de acontecimientos y objetos que posea la complejidad adecuada de circuitos causales y las relaciones de energía adecuadas mostrará con seguridad características mentales. *Comparará*, es decir, dará respuesta a la *diferencia* (además de ser afectado por las «causas» físicas ordinarias tales como el impacto o la fuerza). «Procesará la información» e inevitablemente actuará de manera autocorrectiva, sea hacia el punto homeostático óptimo o hacia la optimización de ciertas variables. Un «*bit*» de información se define como una diferencia que hace una diferencia. Tal diferencia, en la medida en que recorre un circuito y sufre transformaciones sucesivas en él, es una idea elemental (Bateson, 1991: 345).

23. En la mediación con empresas no se empieza por allí, porque en esas mediaciones no se habla de los sentimientos sino que se culpan de las

consecuencias y no se culpan por cortesía. Hay que empezar desde donde vienen los problemas, por las acciones de quién y desde cuándo.

24. El deber de confidencialidad impide revelar los datos de las partes. Aquellos que estuvieron presentes en ella están alcanzados por ese deber.

25. Entrenamiento en mediación familiar dictado en Buenos Aires, 20 de mayo de 1997.

26. El tema de la violencia plantea una cuestión ética y produce tensión en cuanto que la participación del posicionado en el lugar de violento debe ser legitimado para lograr que participe en el proceso y esto puede aparecer como aborrecible para los valores vigentes en la sociedad. Por ello la discusión acerca de la procedencia de la mediación en estos casos. Primera parte, cap. 1, 3.

27. «La mejor historia alternativa no es la que sea más real, sino aquella que permita mayores aperturas, que dibuje más «puertas», que abra más caminos para que las partes puedan comenzar a negociar, para que recuperen esa capacidad perdida, que había quedado como "encarcelada" dentro de las historias previas» (Suárez, 1996: 298).

28. Compleméntese la lectura teniendo a la vista la primera parte, cap. 2, 7.6.

29. Brett, Barness y Goldberg (1997) señalan que un estudio de 449 casos administrados por cuatro proveedores de servicios en resolución alternativa de disputas, demostró que los casos tienen menores posibilidades de ser resueltos en la mediación cuando a alguna de las partes no le conviene económicamente acordar o existe la posibilidad de cobrar una suma muy importante (el «síndrome del tragamonedas»). La Ley, Suplemento de Resolución de Conflictos, Buenos Aires, 27 de noviembre de 1997, pág. 4.

30. Compleméntese con la lectura de la primera parte, cap. 2, 7.7.

31. Fisher y Ury (1985) dicen que «en esta etapa de negociación no debe estarse buscando el camino correcto. Se está creando espacio para la negociación, y éste se puede crear solamente si se tiene un buen número de ideas diferentes» (pág. 77). «Una tormenta de ideas libera a las personas y les permite pensar creativamente. Una vez liberadas, necesitan maneras para pensar sobre sus problemas y para generar soluciones constructivas (...) La tarea de inventar opciones requiere cuatro tipos de pensamiento. Uno es pensar sobre el problema particular –la situación actual que no le gusta, por ejemplo, el río contaminado que pasa por su terreno–. El segundo tipo de pensamiento es el análisis descriptivo –usted hace el diagnóstico de una situación existente en términos generales. Organiza los problemas en categorías y sugiere tentativamente algunas causas. El río puede tener un alto contenido de sustancias químicas, o muy poco oxígeno. Usted puede sospechar de varias plantas industriales situadas río arriba. El tercer tipo de pensamiento, también en términos generales, es pensar en lo que,

tal vez, se debe hacer. Fundado en el diagnóstico que ha hecho, usted busca los remedios que sugiere la teoría, tal como reducir la afluencia de sustancias químicas, aminorar las tomas y desviaciones del agua o traer agua fresca de otro río. El cuarto y último tipo de pensamiento es sugerir una acción específica y posible. ¿Quién debe hacer algo mañana para llevar uno de estos enfoques generales a la práctica? Por ejemplo, la agencia estatal para el medio ambiente puede ordenar a la planta industrial situada río arriba que limite la cantidad de sustancias químicas de desecho» (pág. 78). El diagrama circular con el que ilustran esos cuatro tipos de pensamiento permite apreciar que el primero, identificado como paso I correspondiente al problema en particular (¿qué sucede?) y el IV correspondiente a las ideas para la acción (las acciones posibles), se ubican en el mundo real, en tanto que el paso II correspondiente al análisis descriptivo (que incluye las causas y barreras para su solución) y el III correspondiente a los enfoques (las estrategias), se ubican en el mundo teórico (pág. 79).

# 4

# Etapa IV: cierre del proceso

## A. Prevenciones

Es preciso no confundir cierre del proceso con acuerdo ya que puede haber clausura sin acuerdo.

Este es el momento del proceso en que el mediador enfrenta la delicada decisión de conducirlo hacia su culminación.[1]

La apreciación acerca de las condiciones de madurez del proceso para hacerlo ingresar en esta etapa puede representarse aludiendo a un fenómeno natural: si se separa el fruto de la planta de forma prematura, se interrumpe el proceso de maduración y ello puede convertirlo en indigesto para su consumo; si no se lo separa a tiempo una vez alcanzada la madurez, puede entrar en un proceso de descomposición que también lo convierte en inadecuado para su consumo.

Para que ninguna de estas variantes le ocurra, el mediador debe tener en cuenta algunas cuestiones y observar ciertas condiciones que lo ayudarán a discernir el punto óptimo y a prevenir la frustración del proceso.

No se debe emprender el camino hacia el acuerdo si la negociación no ha sido suficientemente desarrollada conforme a su naturaleza, es decir, tanto en sus aspectos competitivos como cooperativos.

Las partes estarán preparadas para emprender el viaje hacia el acuerdo cuando éste les aporte alivio, liberación.

El elemento guía del mediador no es que ambos ganen, sino que ambos acepten y ello estará a punto cuando la mediación logra mejorar la Mejor Alternativa al Acuerdo Negociado de cada una de las partes (el MAAN) (primera parte, cap. 2, n. 46).

Una vez que se resuelve ingresar en esta etapa, todo el trabajo con las partes debe hacerse sobre la base de las contribuciones que cada una está dispuesta a hacer para facilitar el acuerdo.

Ya dijimos que la contribución mantiene despejado el discurso porque el mediador responsabiliza al que pide y evita que éste responsabilice al otro.

En esta etapa no se debe preguntar a la parte qué quiere, sino qué está dispuesta a dar, porque el qué quiere las hace volver al reclamo y se anula la circularidad.

## B. Técnicas para motivar el acuerdo

Es preciso aclarar que este tema aparece aquí por razones de orden en la exposición, pero que la mayoría de las maniobras se vienen llevando a cabo por el mediador durante el proceso, especialmente durante el estadio negocial.

a) Plantee el conflicto como un problema conjunto.

Da mucho resultado trabajar con lo figurado, por ejemplo, colocar un papel en el centro de la mesa o un folio en el rotafolios que represente el problema con el nombre acordado y, cuando el nivel de confianza lo permita, ubicar a las partes una al lado de la otra para enfrentarlo.

b) Utilice la incertidumbre y las contradicciones de las partes para crear dudas.

En esta maniobra está implicada la cuestión ética referida al límite del mediador.

Las percepciones de las partes y del mediador juegan aquí un papel determinante.

La mayor incertidumbre que el mediador puede utilizar es el resultado del proceso judicial como alternativa a la mediación.

c) Céntrese en el futuro.

Recuérdeles repetidamente que no es necesario estar de acuerdo sobre el pasado para acordar sobre el futuro.

d) Refiera el valor de una relación positiva.

Sobre todo en las mediaciones donde la relación futura entre las partes es inevitable, como en las familias con hijos en común, o conveniente, como en los negocios y en las empresas.

e) Enfatice el costo del no arreglo.

No se rinda. Si las partes resuelven no acordar, dígales que ese es el acuerdo al que han llegado y que, ahora, lo que resta es revisar los términos y el costo de la guerra.

Para ello, nuevamente, es muy útil utilizar lo visual. Pregunte a cada uno por separado qué va a hacer ahora para resolver el conflicto y analice los costos colocando cada rubro en el rotafolios. Compare después la relación costo–beneficio. Para ello, es recomendable que usted tenga preparada una lista de costos, por ejemplo, cómo se valúa el tiempo que demanda un proceso judicial.

Esta maniobra está conectada con la tarea de agente de la realidad.

f) Establezca límites de tiempo.

Para que la mediación no sea interminable. El uso del reloj ya indicado (supra, cap. 2, 3.1.) cobra mucha importancia.

Téngase en cuenta que en muchas mediaciones en que las partes aún no han resuelto cuestiones personales, mantener vigente el conflicto es una forma de mantener el contacto y que mediación no es terapia.

Por otra parte, la experiencia demuestra que los acuerdos se producen en los últimos quince minutos de la sesión y esto hace que el límite preciso del tiempo ponga en funcionamiento ese mecanismo.

### *Octavo estadio*

El nombre de este estadio depende de dos supuestos (A y B) que, a su vez, dependen de la evolución del proceso.

Supuesto A.

El primer supuesto es que las partes logren el acuerdo. En este caso, el proceso ingresa directamente en el supuesto B del noveno estadio.

Supuesto B.

El segundo supuesto es que las partes no logren el acuerdo o se encuentren en una situación dubitativa. En ese caso será:

### *Octavo estadio: puesta de límites*

## Pasajes

## 17. Reflexión y evaluación

El mediador reflexionará con las partes, de forma conjunta o separada, acerca de las razones que invocan para no acordar y evaluará si las mismas responden a causas propias de ellas o a defectos del proceso.

En el primer caso, discutirá con las partes el carácter definitivo de la decisión de no acordar, o si, por el contrario, la decisión es dubitativa.

En el primer caso dispondrá la clausura del proceso sin acuerdo que prevé el noveno estadio.

En el segundo caso los invitará a declarar una «impasse» en el proceso, por un período limitado de tiempo, para que cada una de las partes complete su proceso de maduración de la decisión, al cabo del cual el proceso derivará en clausura con o sin acuerdo.

En los casos en que se adviertan defectos del proceso o dudas en la decisión de no acordar, propondrá un:

## 18. Reenvío al microproceso

Trabajando con las partes la carencia. Por ejemplo, si ha quedado oscuro algún punto de la negociación, volviendo a ese estadio para retomar el proceso desde ese lugar.

## *Noveno estadio: clausura*

Efectuado todo el recorrido precedente, el proceso está en condiciones de ser clausurado.

También aquí cabe distinguir dos supuestos:

Supuesto A: Sin acuerdo

En este supuesto, el mediador retomará el tema de la existencia y caracteres de otros medios de resolución (ver apéndice 3), evaluando con las partes la conveniencia o no de remisión a otro sistema.

De manera que, en este supuesto, la clausura puede realizarse con envío a otro sistema o sin envío a otro sistema.

Supuesto B: Con acuerdo.

## Pasajes

## 19. Elaboración del acuerdo

En este supuesto de clausura, la elaboración del acuerdo cobra algunas características que se apartan de las usualmente utilizadas, que privilegian la actividad de los profesionales por encima de la de las partes.

### 19.1. *El «preliminar»*

Por el contrario, aquí se recomienda una primera etapa llamada de elaboración del «preliminar» del acuerdo, cuya redacción, clara y sencilla, está exclusivamente a cargo de las partes y con sus propias palabras, con la asistencia del mediador.

El proceso de elaboración de este preliminar puede comenzar antes de obtener todo el acuerdo, o sea, durante los estadios anteriores con los acuerdos parciales.

La razón de la elaboración de este preliminar es doble. Asegurar que las partes han entendido el verdadero alcance de lo acordado y servir de documento testigo de ayuda frente a las posibles desavenencias que se susciten, durante el proceso de redacción del acuerdo definitivo entre los profesionales, en la interpretación de algún punto.

En la sesión de elaboración de este documento, el mediador lo connotará no como un acto definitivo, sino sujeto a las modificaciones que demande la revisión por los profesionales, que deberán observar la sustancia de lo acordado por las partes.

Un buen «preliminar», además de las cláusulas referidas a lo sustancial, debiera contener:

a) Una clara definición del problema.

Conectado con la definición de los temas en la etapa de enmarcamiento de la disputa (supra, cap. 2, 7.1.)

b) Su reformulación (supra, cap. 3, 8.3.).

c) Refiriendo el pasado.

Es muy recomendable que este documento identifique los problemas que impedían el acuerdo y que contenga las concesiones que las partes se han hecho de forma recíproca durante el proceso, a partir de las posiciones iniciales. Este recaudo tiene la finalidad de obrar a modo de memoria de los problemas y de los logros a partir de la actitud colaborativa, pero, principalmente, de afirmar el acuerdo previendo que aparezca un arrepentimiento futuro, y por lo tanto tardío, que ponga en peligro la perdurabilidad del mismo.

d) Pero orientado al futuro:

d.1) Incorporando las contribuciones que las partes están dispuestas a hacer incluyendo las acciones pragmáticas, los modos y los tiempos.

Por ejemplo en el caso presentado con anterioridad (supra, cap. 3, 10.4.5.):

Mediador: *De esta manera, A propone avisar a B de que necesita una demora para pagar dentro de los diez días; si esto se cumple, B propone no cobrar intereses por la demora.*

d.2) Conectando los valores con las acciones pragmáticas.

En el mismo ejemplo:

Mediador: *Existe ahora la confianza suficiente para que A (el deudor) avise a B (el acreedor) de que necesita una demora para pagar.*

De esta manera, el valor confianza va a estar conectado con la acción de pagar.

d.3) Explicando el sentido del acuerdo.

Refiriendo los criterios rectores. Por ejemplo, que la tenencia compartida de los menores se acuerda para atender a la voluntad de los progenitores de hacerse cargo del cuidado de los mismos complementándose en los esfuerzos, como así también para procurarse entre ellos la disponibilidad de tiempo necesaria para atender a sus respectivas profesiones.

d.4.) Haciendo expresa la meta acordada.

Que es el acuerdo para monitorear el acuerdo, incluyendo:

d.4.1.) Criterios de evaluación. Por ejemplo, para que se entienda que «subió la venta», ésta debe incrementarse en un diez por ciento con relación al período anterior.

d.4.2) Un plan para problemas.

Que prevea dificultades.

Frente al incumplimiento se aplicará una multa de tal o cual proporción.

d.4.3) Que prevea sanciones con contrabalance.

Son los conectores objetivos. Por ejemplo, el pago de la multa será exigible sólo si se ha efectuado a tiempo la entrega de mercaderías.

### 19.2. *Revisión técnica*

Este pasaje podría denominarse como «dar carta de ciudadanía» al acuerdo, es decir, convertirlo en documento apto y hábil para su ingreso o utilización en el ámbito que sea. Por ejemplo, si las partes deciden homologarlo judicialmente, deberá ser redactado por los abogados de las partes con el lenguaje propio de los tribunales y dotarlo de las formalidades propias para ese fin. De igual manera, si está destinado a ser presentado ante algún organismo internacional, nacional, provincial o municipal o en contextos que requieran una terminología específica.

## Notas

1. Una buena guía para evaluar si la mediación se encamina hacia acuerdos eficaces es la idea de Nash sobre el arbitraje, sobre qué condiciones debiera reunir un acuerdo: a) Tiene que ser indiferente de las preferencias de cada uno, en el sentido de preferencias tomadas exactamente de cada uno, de todo lo que quiere; b) Tiene que ser óptimo de Pareto, es decir, tiene que repartir todo, no cómo se reparte sino que se reparta todo; c) Tiene que delimitar contexto: ser independiente de cosas que no vienen al caso; d) Debe tener la misma utilidad para ambas partes. En el sentido de satisfacción, porque no es lo mismo utilidad para el que tiene más que para el que tiene menos. No es lo mismo utilidad que cantidad de dinero. Incluye la idea de tener en cuenta la posición de fuerza con que las partes llegan a la mediación y esto es muy importante en el momento de repartir las diferencias, que es bastante común tomarla en el sentido matemático de partir por partes iguales, pero que no siempre funciona, porque hay que ver de dónde partió cada uno y en qué momento se encuentra cuando llega el momento de repartir (Calvo Soler, 1998).

# 5

# Etapa V: rodaje

El rodaje es el seguimiento del comportamiento del acuerdo durante un tiempo acotado y acordado.

Puedo adelantar las críticas que habrán de hacerse a la inclusión de esta etapa como formando parte del proceso mismo, argumentándose que de lo que ella prevé se trata, en realidad, de una nueva mediación.

La experiencia me permite afirmar que dejar acordado con las partes el estadio que sigue asegura en gran medida el éxito del proceso, entendiendo por tal la preservación de la relación de las partes y la perdurabilidad del acuerdo.

El acuerdo al que han arribado implica un cambio de segundo orden, porque no se limita a la resolución del problema llevado a la mediación, sino también a la modificación de la forma de afrontar las dificultades en el futuro.

Pero para esto la gente necesita un esquema de contención temporal que incluya la previsión, porque el temor es que el pasado regrese cuando se van de la mediación y que todo se caiga otra vez.

Sobre todo en las mediaciones en las que las emociones y las relaciones han estado implicadas y seguirán estándolo en el futuro.

Por todo ello se aconseja dejar acordada una sesión de control para una vez transcurrido un tiempo prudencial acorde con las características del proceso y la complejidad del acuerdo.

Pero además, a menudo ocurren eventos inesperados que modifican la situación de hecho que dio sentido al acuerdo. La pérdida del trabajo por parte del obligado al pago de los alimentos, el deceso de uno de los socios que había sido parte de la mediación y el ingreso de sus herederos en la sociedad, la promulgación de una norma legal que modifica el sentido del acuerdo, constituyen todos ellos ejemplos de imprevistos que requieren el retoque de los términos originarios, sin que ello implique dejar de lado la totalidad de las previsiones iniciales.

## *Décimo estadio: control y recalibración*

## Pasajes

### 20. Sesión

20.1. *Prevista en el acuerdo*

20.2. *Pedida por las partes*

En caso de imprevistos.

### 21. Resultados

Supuesto A: Antifuncionalidad total o parcial

En caso de que el rodaje del acuerdo revele la conveniencia de ajustes en todo o en parte del mismo, así como en el caso de imprevistos que demanden la reapertura de la mediación, el mediador realizará un reenvío al microproceso, que recorrerá las etapas anteriores a partir del estadio correspondiente.

Supuesto B: Funcionalidad

En tanto el acuerdo originario se revele como adecuado y funcional, el proceso habrá encontrado su final.[1]

## Notas

1. Un ejemplo práctico de aplicación de este modelo de proceso fue elaborado por María del Rosario Adano de Ferro, Hugo José Licciardi, María de las Mercedes Vizcaya, Justo José Zapponi y Dora Esther Faría de Zuliani, en el marco de la Maestría Interdisciplinaria para la Resolución de Conflictos dictada durante los años 1997/1999 en la Universidad Nacional del Nordeste, durante la cual el que escribe impartió el modelo. El trabajo fue interdisciplinario ya que todos los autores, a excepción del citado en segundo término que es psicólogo, son abogados. En el Anexo 6 se reproduce el citado trabajo.

# APÉNDICES

# Apéndice 1

# Síntesis de la estructura del proceso

El índice provee un desarrollo esquemático integral del proceso, detallando las etapas, estadios, pasajes y temas que cada uno de ellos abarca.

Aquí se incluyen comentarios resumidos de la estructura de ese proceso con los objetivos que cada uno de sus estadios persigue lograr.

Durante la etapa I –Preliminar–, todo el primer estadio de la Convocatoria informa estrategias acerca de quién convoca y cómo convocar. Incluye la entrevista previa destinada a evaluar el caso y acordar los términos de la mediación (elección del mediador, determinación de los honorarios y de su forma de pago, quiénes asistirán al proceso y el alcance de las cuestiones a tratar en él). La entrevista previa opera como un verdadero modelado del proceso en la medida en que reúne información básica para el mediador, trabaja la derivación y la reticencia y provee a las partes de una primera estructuración de la tarea. Sus objetivos son generar y preparar el proceso y predisponer a las partes.

La etapa II –Enmarcamiento de la disputa– incluye los estadios Propedéutico y Exploratorio.

El primero de ellos se propone contextualizar y estructurar el proceso, generar en las partes seguridad y confianza tanto en el proceso como en el mediador y en la mediación como método, construir una alianza de trabajo y crear el espacio para una recíproca evaluación mediador/partes. Sin perjuicio de la disposición del ambiente, el pasaje central de este estadio es el discurso inicial del mediador, que estratégicamente acepta el conflicto que traen las partes, lo legitima y redefine así percepciones; refiere la esencia, la estructura y las reglas del proceso así como la ideología de la mediación; define roles, realiza maniobras de anticipación, de control del proceso y de devolución del poder a las partes.

El segundo estadio se centra en la búsqueda de datos, en la definición y descomposición de los problemas y en la delimitación de las áreas de acuerdo y de desacuerdo. Aquí comienza el trabajo del mediador con las narrativas, lo cual constituye una de las herramientas centrales del modelo, así como la pesquisa de las palabras clave que, una vez aisladas, le servirán de orientación y guía durante todo el desarrollo del proceso.

La etapa III –Actuación de la Disputa– abarca los estadios de Deconstrucción del Conflicto, de Reconstrucción de la Relación, Negocial y Decisional.

El primero de ellos tiene por finalidad desarrollar y analizar el conflicto, identificar cuestiones, posiciones, intereses, necesidades y valores de las partes. El mediador trabaja aquí sobre la comunicación, sus contenidos y niveles y el manejo de la información. Se intensifica el trabajo sobre las narrativas, tanto en el análisis de la estructura del discurso de las partes como de la intervención en el proceso de contar la historia y en el contenido de la misma, a través de la movilización de los recursos que procuran la legitimación y la alteración de las pautas interaccionales, sin perjuicio de destacar la importancia de la escucha activa, la lectura de los mensajes verbales y corporales, la reformulación de las cuestiones, la paráfrasis, el resumen y la técnica de formulación de preguntas.

El segundo de ellos se propone la redefinición de interacción y contexto a través de la presentación de la historia alternativa.

El tercero se dirige directamente a generar ideas y a la búsqueda de opciones resolutivas, apoyado sobre los pilares de la flexibilidad, la innovación y la creatividad. El modelo provee aquí técnicas de facilitación tanto para enfrentar estilos competitivos como colaborativos.

Finalmente, el cuarto estadio trata de la decisión informada como pauta reguladora de acuerdos estables y duraderos.

La IV etapa –Cierre del Proceso– comprende dos estadios y ambos abarcan dos supuestos: el primero distingue entre la necesidad de Puesta de Límites, con los pasajes de reflexión y de *impasse,* y el supuesto de Acuerdo; ambos conectan con el último de los estadios, el de Clausura, que también discrimina entre el Sin Acuerdo, con las previsiones de envío o no envío a otro sistema, y el Acuerdo que contiene previsiones sobre la elaboración de los preliminares y la revisión jurídico-legal del mismo. La etapa sugiere técnicas para motivar el acuerdo, lo cual informa que ella comienza mucho antes que el momento mismo de la mera clausura por acuerdo o por desacuerdo.

# Apéndice 2

# Cuestiones de ética

## 1. Introducción

Las cuestiones de ética en mediación han dado lugar en los libros a capítulos enteros[1] y abarca una temática vasta y sumamente compleja, que en la Argentina todavía espera el debate.

La mediación es un servicio híbrido que reúne operadores de distintas disciplinas. Como consecuencia de esto, las cuestiones de ética están impuestas:

a) Por los códigos existentes.
b) Por los reglamentos de las profesiones de origen.
c) Por los antecedentes del mediador.
d) Por la práctica de la mediación.

Cada profesión tiene su código y reglamentación relacionada con aspectos esenciales de cada una de ellas. Aún no se ha determinado qué parte de estos códigos se aplica a la mediación, sólo sirven como indicios.

En EEUU la mayoría de los mediadores están sujetos a las disposiciones de más de un código. Si es abogado, se aplica el Código Modelo de Responsabilidad Profesional y las Normas Modelo de Conducta Profesional, ambos aprobados por la American Bar Association, que cada Estado reproduce de forma similar, más las normas propias del ejercicio profesional. Si no es abogado, la SPIDR

(Sociedad de Profesionales en Resolución de Disputas) ha redactado un Código de Etica.

Entre las citadas instituciones y la American Arbitration Association, han redactado un Modelo Estándar de Conducta para Mediadores.

## 2. Cuestiones de ética

El procedimiento de mediación es consensual por definición y pretende que las partes hagan una elección informada de la solución que mejor satisfaga sus intereses.

Para ello, el mediador debe proveer con su práctica el llamado «consentimiento informado» de las partes, que es el que plantea diversas cuestiones de ética.

Desde mi punto de vista estas cuestiones están relacionadas con:

### 2.1. *Las partes y sus representantes*

El mediador debe tener en cuenta aspectos sobre capacidad legal, de entendimiento, de competencia social y de poder de las partes.

La capacidad legal se refiere tanto a las personas físicas como a las jurídicas. En el caso de las primeras, en punto a la verificación de la mayoría de edad de todas las partes así como de la ausencia de incapacidades no provenientes de la edad. En el caso de las personas jurídicas, ellas deben concurrir al proceso acreditando representación suficiente.

El mediador debe cuidar, asimismo, que todas las partes obtengan un cabal entendimiento tanto de las cuestiones fácticas como de las jurídicas implicadas en el proceso.

La competencia social exige al mediador que tome en cuenta las habilidades que cada parte tenga para alcanzar los objetivos prefijados y resolver problemas; también, junto a las cuestiones de poder, tanto material como no material, que ninguna de estas cuestiones afecte la condición básica que la neutralidad resignificada (primera parte, cap. 1, 1.8.1.) le impone: que todas las partes tengan las mismas posibilidades en el discurso.

### 2.2. *El mediador*

Aquí las cuestiones se refieren a la competencia, profesión de origen, neutralidad, relación del mediador con las partes y sus representantes, uso del poder, presiones externas y publicidad y promoción de su trabajo.

Lo relacionado con la competencia le exige tener en cuenta su capacidad, capacitación y experiencia para entender o no entender en determinados casos.

La profesión de origen puede provocar determinadas percepciones sobre las cuestiones objeto de la mediación. El mediador debe conocerlas para neutralizar esa influencia.

La resignificación de la neutralidad, que es una nota distintiva de este modelo, otorga al mediador funciones que otros modelos le vedan. Pero el modelo también provee de una precisa descripción de cada una de esas funciones (primera parte, cap. 1, 1.8.), que constituyen los verdaderos límites éticos y que, observados por el mediador, lo ponen a buen resguardo en cuanto al cumplimiento de sus obligaciones éticas.

La relación con las partes y sus representantes se extiende a los períodos del antes, del durante, y del después del proceso y abarca temas como revelación de datos y abstención de actuar por parte del mediador en los casos en que existan elementos que lo condicionen fáctica o legalmente y puedan ser motivo de excusación o recusación.

Ya he hecho referencia a las fuentes de poder del mediador (primera parte, n. 14), pero aquí el tema se vincula con el uso que hace de él. La cuestión ética tiene aquí dos aspectos. El primero de ellos tiene que ver con los acuerdos y el concepto de éxito en mediación: confundir éxito con acuerdo puede influir para que el mediador caiga en la tentación de lograr acuerdos bajo cualquier condición. El otro aspecto se refiere al manejo de la participación de las partes en el proceso que, como ya hemos visto, en este modelo debe estar dirigida a darle a cada una de ellas las mismas oportunidades en el discurso. Estos dos aspectos determinan la calidad del proceso.

Hay casos en los que la notoriedad o fama de las partes o de alguna de ellas, o la trascendencia pública de las cuestiones sometidas al proceso, hacen que éste soporte presiones externas, desde el poder de influencias hasta la misma opinión pública. El mediador debe apartarse del proceso cuando llega a la convicción de que no podrá manejar esas presiones o de que ellas influyen de manera negativa en su neutralidad.

El último punto está relacionado con la publicidad y la promoción del trabajo del mediador o de la empresa que preste servicios de resolución de conflictos que, a los aspectos estéticos que deberán ser cuidados, evitará toda referencia a la obtención de resultados, ya que la mediación es un servicio de medios.

2.3. *El proceso*

El tema excluyente en este punto es el de la confidencialidad.

La protección de los asuntos privados de la revelación pública surge de la necesidad de respeto a dichos asuntos.

La confianza en la privacidad es la esencia de la mediación y la ausencia de confianza en el proceso condena a la mediación al fracaso antes de que comience.

Se pueden distinguir niveles de confidencialidad:

A. Con relación a terceros.

A.1. Información sobre violencia, crímenes, cometidos o en estado de amenazas, o daño a menores. En estos casos la mayoría de los modelos exceptúan a los mediadores del deber de confidencialidad y obligan a la denuncia del hecho.

A.2. Comunicación de datos al tribunal. Aquí es a la inversa. La mayoría de los modelos mantienen el principio de la confidencialidad.

B. Con relación a las partes.

La primera cuestión está relacionada con el manejo de la información que una de las partes no conoce y que, de conocerla, sería determinante para que resuelva tanto acordar como no acordar.

La otra cuestión tiene que ver con el manejo de la información obtenida en «caucus» por el mediador. Para este tema remito al lector a la Tercera Parte, Capítulo III, 8.9.

Se ha dicho que la regla para resolver actuar en determinado sentido frente a estas cuestiones es la medida del daño de mantenerlo confidencial con relación al bien o relación que se quiere proteger; es decir, si con la confidencialidad no se provoca un daño mayor a ese bien o relación que con la revelación del secreto. En mi opinión, esta solución sólo es acertada para los casos en que la evaluación pueda hacerse sobre la base de criterios estrictamente objetivos.

La confidencialidad reconoce excepciones. Las excepciones están dadas mayormente por los programas de resolución de disputas comunitarios o de vecindario, como por ejemplo el de San Francisco, donde el Consejo de la Comunidad requiere que las audiencias de mediación sean públicas y que sus términos estén disponibles para todos.

Pero la exposición pública siempre es una excepción y, específicamente, está determinada:

A. Por obligación legal.

La confidencialidad está contenida en la mayoría de los Códigos de Etica, pero, además, como por ejemplo en la legislación de la República Argentina y de algunos Estados de EEUU, ha sido materia de incorporación a los textos legales que regulan la mediación anexa a los tribunales.

Así, el artículo 11 del Decreto 91/98, Reglamentario de la Ley Nacional de Mediación 21.573 de la Argentina, establece que la confidencialidad es la regla de toda mediación y, para garantizarla, el mediador o cualquiera de los comparecientes pueden solicitar la firma de un documento escrito en el que constará el compromiso. En caso de no considerar necesaria la instrumentación de la confidencialidad, se dejará constancia de ello en el acta respectiva.

El Código Penal de California, EEUU, contiene una norma que establece las excepciones al principio de confidencialidad en el sentido de que si las partes o un menor involucrado revelasen información en la que el mediador considere que existió un incidente de abuso de menores, debe ser reportada por éste. Asimismo y por disposición de la ley 1152.5 del Código de Pruebas, las partes tienen vedado pedir al mediador que testifique en procedimiento legal ante la Corte.

B. Por acuerdo de partes.

Distingo tres tipos de información:

B.1. Aquella específica, establecida como excepción a la regla, acordada y enumerada antes del comienzo de la mediación.

B.2. La que, a juicio del mediador, pusiera en riesgo la integridad física de una parte o de terceros.

B.3. La información cuya reserva no pudiese garantizar.

4. Estándares modelo de conducta para mediadores de la American Arbitration Association, de la American Bar Association y de la SPIDR (Sociedad de Profesionales para la Resolución de Disputas).[2]

*Nota Introductoria*

La iniciativa para estándares proviene de tres grupos profesionales: la American Arbitration Association, la American Bar Association y la Sociedad de Profesionales para la Resolución de Disputas (SPIDR).

El propósito de esta iniciativa fue desarrollar un conjunto de estándares que sirvieran como marco general de la práctica de la mediación. El esfuerzo constituye un paso en el desarrollo de este campo y una herramienta para ayudar a los profesionales del mismo, un comienzo, no un final. Los estándares modelo fueron diseñados para ser utilizados en todo tipo de mediación. Sin embargo, se reconoce que en algunos casos la aplicación de estos estándares puede verse afectada por leyes o acuerdos contractuales.

*Prefacio*

Los estándares modelos de conducta para mediadores tienen como objetivo desempeñar tres funciones principales: servir como guía de conducta para los mediadores, informar a las partes en mediación y promover la confianza pública en la mediación como un proceso para resolver disputas. Los estándares se basan en códigos existentes de conducta para mediadores y consideran cuestiones y problemas que han surgido en la práctica de la mediación. Son ofrecidos con la esperanza de que tendrán una función educativa y serán de ayuda para personas, organizaciones e instituciones involucradas en la mediación.

La mediación es un proceso en el cual una tercera parte imparcial –un mediador– facilita la resolución de una disputa al promover un acuerdo voluntario (o «autodeterminación») de las partes en disputa. Un mediador facilita la comunicación, promueve la comprensión, hace que las partes se concentren en sus intereses y busca soluciones creativas a los problemas para permitir que las partes lleguen a sus propios acuerdos. Estos estándares dan significado a esta definición de mediación.

I. Autodeterminación: Un mediador debe reconocer que la mediación está basada en el principio de Autodeterminación de las partes.

La autodeterminación es el principio fundamental de la mediación. Requiere que el proceso de mediación dependa de la habilidad de las partes para arribar a un acuerdo voluntario, no coercitivo. Cualquiera de las partes puede retirarse de la mediación en el momento que lo desee.

Comentarios

El mediador puede brindar información acerca del proceso, plantear cuestiones y ayudar a las partes a explorar opciones propuestas.

Un mediador no puede asegurar personalmente que cada parte ha hecho una elección completamente informada para llegar a un acuerdo específico, pero es una buena práctica para el mediador hacer que las partes tomen conciencia de la importancia de consultar con otros profesionales, cuando sea apropiado, para ayudarlos a tomar decisiones informadas.

II. Imparcialidad: Un mediador debe conducir la mediación de manera imparcial.

El concepto de la imparcialidad del mediador es fundamental para el proceso de mediación. El mediador debe mediar sólo en aquellas cuestiones en las cuales él o ella puede continuar imparcial y equitativo. Si en algún momento el mediador fuera incapaz de conducir el proceso de manera imparcial, el mediador está obligado a retirarse.

Comentarios

Un medidor debe evitar conductas que den apariencia de parcialidad hacia una de las partes. La calidad del proceso de mediación mejora cuando las partes tienen confianza en la imparcialidad del mediador.

Cuando los mediadores son designados por un tribunal o institución, el organismo que designa debe realizar los esfuerzos necesarios para asegurar que el mediador se desempeñe imparcialmente.

Un mediador debe evitar ser parcial o prejuicioso respecto a las características personales de las partes, antecedentes o desempeño en la mediación.

III. Conflicto de Intereses: Un mediador debe revelar todo conflicto de intereses real o potencial que esté en su conocimiento. Después de revelarlo, el mediador debe desistir de mediar a menos que todas las partes elijan continuar con el mediador. La necesidad de prevenir conflictos de intereses también rige la conducta que ocurre durante y después de la mediación.

Un conflicto de intereses es un comportamiento o relación que puede crear la impresión de posible prejuicio. El abordaje clásico para cuestiones de conflictos de intereses es coherente con el concepto de autodeterminación. El mediador tiene la responsabilidad de revelar todos los conflictos reales o potenciales conocidos por él y que podrían cuestionar la imparcialidad. Si todas las partes están de acuerdo en mediar después de haber sido informadas de los conflictos, el mediador puede continuar con la mediación. Sin embargo, si el conflicto de intereses crea serias dudas respecto a la integridad del proceso, el mediador debe desistir de proceder.

El mediador debe evitar la aparición de un conflicto de intereses tanto durante como después de la mediación. Sin el consentimiento de las partes, el mediador no debe posteriormente establecer una relación profesional con una de las partes en cuestiones relacionadas, o en cuestiones no relacionadas bajo circunstancias que podrían originar dudas legítimas acerca de la integridad del proceso de mediación.

Comentarios

Un mediador debe evitar conflictos de intereses al recomendar los servicios de otros profesionales. El mediador puede hacer referencia a servicios o asociaciones profesionales que tengan registros de profesionales calificados.

Pueden surgir conflictos potenciales de intereses entre quienes administran los programas de mediación y los mediadores, y puede haber fuertes presiones sobre el mediador para que se llegue a un acuerdo en un caso o casos determinados. El compromiso del mediador debe ser con las partes y el proceso. La presión externa al proceso de mediación nunca debería influir en el mediador para que obligue a las partes a acordar.

IV. Competencia: Un mediador puede mediar sólo cuando posee la capacidad necesaria para satisfacer las expectativas razonables de las partes.

Cualquier persona puede ser seleccionada como mediador/a, siempre y cuando las partes estén conformes con su capacidad. Sin embargo, en general, se necesita tener capacidad y experiencia en mediación para lograr una mediación efectiva. Una persona que se ofrece para actuar como mediador/a genera en las partes y en el público la expectativa de que tiene la aptitud para mediar con eficiencia. En mediaciones derivadas de los tribunales u otras formas de mediación por mandato, es esencial que el mediador asignado a las partes tenga la capacitación y la experiencia requerida.

Comentarios

El mediador debe tener información disponible para las partes respecto de su capacitación, educación y experiencia relevantes.

Los requisitos para aparecer en una lista de mediadores deben hacerse públicos y disponibles para las personas interesadas.

Cuando el mediador es designado por un tribunal o institución, la organización que lo designa debe hacer los esfuerzos correspondientes para asegurar que cada mediador esté calificado para cada mediación en particular.

V. Confidencialidad: Un mediador debe satisfacer las expectativas razonables de las partes con respecto a la confidencialidad.

Las expectativas de confidencialidad de las partes dependen de las circunstancias de la mediación y de cualquier acuerdo que pudieran hacer. El mediador no debe revelar ningún tema que la parte espera que sea confidencial a menos que tenga permiso de todas las partes o que sea requerido por la Ley u otra reglamentación pública.

Comentarios

Las partes pueden dictar sus propias reglas con respecto a la confidencialidad, o bien la práctica aceptada de mediador particular o institución pueden crear un conjunto específico de expectativas. Dado que las expectativas de las partes respecto de la confidencialidad son importantes, el mediador debería discutir estas expectativas con ellas.

Si el mediador realiza sesiones privadas con una de las partes, la naturaleza de estas sesiones con respecto a la confidencialidad debe ser discutida antes de comenzar dichas sesiones.

A fin de proteger la integridad de la mediación, el mediador debe evitar dar información acerca de cómo actuaron las partes en el proceso, los méritos del caso o las ofertas para lograr la resolución. El mediador puede informar, si se requiere, si las partes concurrieron a una mediación programada.

Cuando las partes están de acuerdo en que toda o una parte de la información revelada durante una mediación es confidencial, el acuerdo de las partes debe ser respetado por el mediador.

La confidencialidad no debe interpretarse como límite o impedimento para el control, la investigación o la evaluación efectiva de los programas de mediación por personas responsables. Bajo circunstancias apropiadas, se puede permitir a los investigadores tener acceso a información estadística y, con el permiso de las partes, a registros de casos individuales, observaciones de mediaciones en vivo y entrevistas con los participantes.

VI. Calidad del Proceso: Un mediador debe conducir la mediación de modo justo, diligente y de manera coherente con el principio de Autodeterminación de las partes.

Un mediador debe trabajar para asegurar la calidad del proceso y para estimular el respeto mutuo entre las partes. La calidad del proceso requiere un compromiso del mediador de actuar con diligencia y justicia procesal. Debe existir una adecuada oportunidad para cada parte de la mediación de participar en los debates. Las partes deciden cuándo y bajo qué condiciones llegarán a un acuerdo o pondrán fin a la mediación.

Comentarios

El mediador puede aceptar mediar sólo cuando esté dispuesto/a a comprometer la atención fundamental para una mediación efectiva.

Los mediadores sólo deben aceptar casos cuando pueden satisfacer las expectativas razonables de las partes con respecto a los tiempos del proceso. Un mediador no debe permitir que la mediación se retrase excesivamente debido a las partes o a sus representantes.

La presencia o ausencia de personas en una mediación depende del acuerdo entre las partes y el mediador. Ambos pueden acordar que otras personas sean excluidas de determinadas sesiones o de todo el proceso de mediación.

El propósito primario de la mediación es facilitar el acuerdo voluntario de las partes. Este rol difiere sustancialmente de otras relaciones profesional-cliente. Mezclar el rol del mediador con el rol de un profesional al aconsejar a un cliente es problemático, y los mediadores deben esforzarse por diferenciar estos roles. Un mediador debe, por lo tanto, abstraerse de dar consejo profesional. Cuando se considere apropiado, el mediador debe recomendar a las partes buscar ayuda profesional externa o considerar resolver sus disputas a través del arbitraje, la orientación, la evaluación neutral u otros procesos. Un mediador que, a pedido de las partes, asume un rol adicional en la resolución de disputas en la misma cuestión asume más responsabilidades y obligaciones que las regidas por los estándares de otras profesiones.

Un mediador debe retirarse de una mediación o posponer una sesión si la mediación se está utilizando para fomentar una conducta ilegal, o si la parte no está en condiciones de participar debido a drogas, alcohol u otra incapacidad mental o física.

El mediador no debe permitir que su conducta en el proceso de mediación esté guiada por el deseo de tener un alto índice de acuerdos.

VII. Publicidad y Ofrecimiento de Servicios: Un mediador debe ser sincero al hacer publicidad y ofrecer servicios de mediación.

La publicidad o cualquier otra comunicación con el público respecto a los servicios ofrecidos o a la educación, capacitación y experiencia del mediador debe ser verdadera. El mediador debe abstenerse de prometer y garantizar resultados.

Comentarios

Es imperativo que la comunicación con el público eduque e infunda confianza en el proceso.

En una publicidad u otras comunicaciones al público, el mediador puede hacer referencia a cumplir los requisitos de organizaciones estatales, nacionales o privadas sólo si la entidad a la que se hace referencia tiene un procedimiento para capacitar mediadores y al mediador se le ha otorgado el certificado pertinente.

VIII. Honorarios: Un mediador debe revelar y explicar a las partes las bases de la remuneración, los honorarios y costos en su totalidad.

Se debe dar a las partes suficiente información acerca de los honorarios al comienzo de la mediación para determinar si desean contratar los servicios del mediador. Si el mediador cobra honorarios, éstos deben ser razonables, considerando, entre otras cosas, los servicios de mediación, el tipo y complejidad del tema, la experiencia del mediador, el tiempo requerido y los aranceles habituales de la comunidad. La mejor manera de lograr que se comprendan los honorarios es dejar sentados los arreglos en un acuerdo escrito.

Comentarios

Un mediador que se retira de una mediación deberá devolver a las partes los honorarios correspondientes a las horas no trabajadas.

Un mediador no debe involucrarse en un acuerdo sobre los honorarios que dependa del resultado de la mediación o del monto del acuerdo.

Los co-mediadores que comparten honorarios deben ajustarse a los estándares de razonabilidad al determinar la distribución de los mismos.

Un mediador no debe aceptar honorarios por derivar una cuestión a otro mediador o a alguna otra persona.

IX. Obligaciones con respecto al Proceso de Mediación: los mediadores tienen la obligación de mejorar la práctica de la mediación.

Comentarios

Se considera que los mediadores tienen conocimientos sobre el proceso de mediación. Tienen la obligación de usar ese conocimiento para ayudar a educar al público acerca de la mediación, hacer que la mediación sea accesible para aquellos que quieran usarla, corregir los abusos y mejorar sus aptitudes y habilidades profesionales.

Los Estándares Modelo de Conducta para Mediadores fueron preparados desde 1992 hasta 1994 por un comité conjunto compuesto por dos delegados de la American Arbitration Association,

John D. Feerick, Presidente, y David Botwinik; dos de la American Bar Association, James Alfini y Nancy Rogers; y dos de la Sociedad de Profesionales para la resolución de Disputas (SPIDR), Susan Dearborn y Lemoine Pierce.

Los estándares modelo fueron aprobados por la American Arbitration Association, la Sección de Litigio y la Sección de Resolución de Disputas de la American Bar Association y la Sociedad de Profesionales para la resolución de Disputas.

| |
|---|
| Investigadores: Bryant Garth y Kimberlee Kovach. Director del Proyecto: Frederick E. Woods. |

## Notas

1. Folberg y Taylor (1992: 237-280) desarrollan un acabado tratamiento del tema, cuya lectura recomiendo.

2. Este material ha sido tomado de la publicación realizada por la Asociación Respuesta. Traducción y utilización autorizadas a Sara Rozenblum de Horowitz por Mary Kay C. LeFevour, Executive Director, SPIDR.

# Apéndice 3

# División Juvenil de la Corte Superior del Condado de Los Ángeles. Dependencia de servicios de mediación de la Corte

*Expuesto por la Fuerza Operante de la Dependencia de Servicios de Mediación. Octubre de 1990.*

## Prefacio

Las Cortes de la Dependencia Juvenil de la Corte Superior de Los Angeles (Juvenile Dependency Courts of the Los Angeles Superior Court) instituyó un programa piloto de mediación en mayo de 1983 en un esfuerzo por lograr una más rápida resolución de casos y tener un mejor manejo del calendario, como consecuencia del aumento de casos.

En 1980-1981, la Ley 14 del Senado entró en vigencia estableciendo que se debían hacer esfuerzos razonables para dar a las familias los servicios necesarios para que los niños permanecieran en su casa o fueran reunidos con sus familias dentro de un período de tiempo definido por ley. En caso de que esto último no fuera posible, la ley requiere el desarrollo de planes para dar a los niños un ambiente permanente y estable.

La promulgación de esta legislación, junto con los informes sobre abuso de menores recientemente aprobados como obligatorios, ejercen una gran presión sobre el sistema de protección de menores y la Corte Juvenil. El resultado fue un aumento del 109% de casos presentados entre 1980-81 y 1986-87. Solamente durante 1982-83, se produjo el aumento récord en los registros de 42%. Esta gran presión produjo el ímpetu para buscar una forma alternativa de resolución, que se materializó en el programa piloto de mediación de 1983.

Desde 1987, se produjo un aumento anual en los archivos del 5,5%. En junio de 1988, el programa de mediación se expandió para transformarse en la Ley Programa de Resolución de Disputas de California (California Dispute Resolution Program Act) que proveía la mediación en casos en disputa (*contested*) en etapas de disposición posteriores a los procedimientos de dependencia.

La experiencia positiva que tuvo la Corte de Dependencia Juvenil con la práctica de la mediación como programa de resolución alternativa de disputas ha probado el valor que tiene el tribunal de resolución de problemas no adversarial ni amenazador para identificar y planear la resolución de casos de abuso y descuido de menores.

En la primavera de 1992, la Corte de Dependencia puso en funcionamiento la Corte de Menores. Este servicio proveía de 25 cortes dedicadas solamente a los casos de abuso y descuido de menores. La planificación incluye Programas de Mediación, junto al personal de mediación, clerical y *staff* necesario para el funcionamiento del programa. El Programa de Mediación será administrado como parte de la Corte de Mediación y Conciliación de la Corte Superior. Este acuerdo responde al Informe del Gran Jurado (Grand Jury) de 1989 que recomendaba el desarrollo de un programa similar en la Corte de Dependencia construido según el modelo del Servicio de Mediación y Conciliación.

## I. Introducción

La División Juvenil de la Corte Superior está dividida en dos partes: una para manejar los casos de delincuencia juvenil y otra para manejar los casos de dependencia juvenil. Actualmente, existen 15 cortes asignadas a casos de abuso y descuido de menores. En este momento aproximadamente 45.000 niños con estos problemas están bajo la jurisdicción de la Corte de Dependencia y bajo la supervisión del Departamento de Servicios de Menores.

La Oficina de County Counsel representa a la agencia de servicios de protección de menores. Los menores pueden ser representados por esta oficina aunque no exista un conflicto potencial o actual de interés. En caso de conflicto, se asignará un abogado independiente a los Servicios Legales de la Corte de Dependencia o una lista de abogados por asignación legal. En los procedimientos de dependencia se acreditará la representación legal a un padre o tutor. Si éstos no pudiesen pagar un abogado, la corte asignará uno de los Servicios Legales de la Corte de Dependencia o de la lista de abogados.

La naturaleza de los casos de abuso y descuido de menores implica la existencia de situaciones traumáticas para menores y miembros de la familia. Las audiencias que incluyen al contestatario contribuyen a aumentar el estrés de la situación y pone a padres e hijos en posición adversarial. La rápida resolución de casos en forma no adversarial permite a los menores y sus familias dar comienzo a los programas de tratamiento y asesoramiento desde el vamos, mientras se preserva la autoridad de la corte para proteger a los menores.

En los casos de abuso y descuido de menores, el sistema de justicia juvenil busca protegerlos y mantener o reunificar familias por medio de los servicios designados para eliminar el riesgo de lastimar a los menores. En el caso de que los menores no puedan ser reunidos con sus familias, se da comienzo a los planes que proveen ambientes permanentes y estables, entre los cuales se incluye la adopción, la tutela o cuidado a largo plazo.

La mediación incluye la reunión de todas las partes interesadas con el propósito de clarificar la naturaleza y extensión de las circunstancias que llevaron al menor y su familia a la corte. Crea un ambiente de resolución de conflictos que permite una cuidadosa apreciación y resolución de las cuestiones.

## II. La tarea de declaración del programa de mediación

Un programa de mediación y conciliación de la Corte de Dependencia establece un proceso formal, no adversarial, que está separado de, pero dentro de la estructura de la corte, para beneficio de ésta y de las partes; utiliza las técnicas de mediación y conciliación por medio de una tercera parte neutral distinta del juez; e incluye a todas las partes involucradas.

Este programa está dirigido a lograr los siguientes objetivos:

1. Lograr un acuerdo que proteja al menor de futuros actos de abuso o descuido.
2. Reducir el trauma y promover armonía entre las partes.
3. Orientar a padres e hijos para encontrar formas que combinen los procesos legales y de mediación, incluyendo el concepto de confidencialidad y los procedimientos de ratificación de la corte de acuerdos legales o mediados, retorno a la corte para las audiencias sobre cuestiones de jurisdicción o disposición no resueltas, y revisión judicial periódica.
4. Unir a las partes y a los profesionales para asegurar el entendimiento sobre las cuestiones del caso y las razones para la intervención estatal.
5. Lograr una resolución rápida, mejorar el manejo del calendario y un uso más efectivo de los recursos de la agencia y del tiempo del *staff* para definir claramente las cuestiones y evitar el juicio.
6. Comenzar el tratamiento y asesoramiento familiar o la planificación permanente tan pronto como sea posible.
7. Aclarar los roles de los participantes y preservar los derechos de las partes durante el proceso de mediación y los subsiguientes procedimientos.
8. Archivar la planificación del caso reflejando el compromiso de las partes hacia una resolución mutuamente aceptable.
9. Mejorar la administración de justicia y evitar la acumulación de casos en la corte haciendo una pronta determinación sobre si el caso puede ser resuelto mediante un proceso de mediación o si debe ser devuelto a la corte.

## III. Proceso de mediación

La mediación es un proceso de resolución de problemas que consta de una tercera parte neutral. La finalidad es resolver disputas a través de soluciones que satisfagan las necesidades e intereses de ambas partes. Es un proceso propio para disputas que involucran a más de dos partes y que no son policéntricas (*polycentric*), como demandas sobre dependencia. Sin embargo, este proceso tiene limitaciones y depende en gran medida de la capacidad, entrenamiento y experiencia del mediador para mantener un nivel de imparcialidad y prevenir que el proceso no se vuelva coercitivo o manipulador.

El proceso de mediación incluye cuatro etapas independientes: (1) Orientación al proceso, (2) Investigación de los hechos y desarrollo de la cuestión, (3) Resolución del problema y (4) Acuerdo y Cierre.

El mediador debe lograr que todas las partes obtengan una clara comprensión del proceso de mediación. El mediador debate con las partes los pasos del proceso, su naturaleza no coercitiva, la finalidad de la confidencialidad, la importancia de trabajar sobre necesidades e intereses preestablecidos, la necesidad de no encerrarse en una posición.

El mediador primero se reúne con la agencia y con las partes representantes, entre las que se incluyen el funcionario de la Corte del Departamento de Menores (Department of Children's Services Court Officer), el abogado de los padres y el del menor (County Counsel) y el abogado especial (Court-Appointed Special Advocate) citado por la corte, si fuese necesario. La finalidad de esta reunión es comenzar la Investigación de los Hechos y el Desarrollo de la cuestión. Esta etapa inicial también define los parámetros de la solución potencial reconociendo la obligación de los padres de proteger a sus hijos (*parens patriae*).

Para que este proceso tenga éxito, todos los representantes de la agencia y las partes deben estar preparados, informados sobre el caso, y autorizados para participar en la búsqueda de una solución y en el bosquejo del caso.

La etapa siguiente de la mediación consiste en reunirse con los padres y la otra parte interesada que esté involucrada en el desarrollo del bosquejo del caso. Esta reunión también incluye orientación, investigación de los hechos, desarrollo de la información y de la cuestión. El mediador puede concertar reuniones individuales con miembros de la familia, agencia o padres, pero siempre promoviendo y mostrando al resto la presencia de la neutralidad.

La siguiente etapa del proceso es la resolución del problema. Como primer paso se revisan las cuestiones y necesidades. Los puntos de acuerdo se observan y registran. Las cuestiones en disputa primero se definen y luego se define el criterio o proceso a utilizar para resolverlos.

A menudo las partes no acuerdan una solución específica, pero sí el criterio a utilizar para determinar la aceptabilidad de las soluciones propuestas. También, las partes pueden acordar un proceso para ayudar a llegar a una solución, tal como la búsqueda de mayor información, soluciones temporarias, y otros planes para crear un proceso que lleve a un resultado exitoso.

Cuando se logran los acuerdos, éstos son asentados por escrito, las partes los aprueban, determinando si son claros y exigibles, y entran en vigor por medio de una orden de la corte.

## IV. Roles de los profesionales de la Corte de Mediación Juvenil

A continuación se describen los roles que deben asumir los participantes de un proceso de mediación. La descripción de los roles es deliberadamente breve, sólo se identifican las labores más relevantes:

A. *El rol del mediador*

1. Manejar el proceso de mediación.
2. Orientar a los participantes en el proceso de la mediación.
3. Indagar con la finalidad de encontrar la información relevante.
4. Amparar la inclusión de todos los intereses apropiados, representados o no.
5. Mantener una posición de neutralidad.
6. Identificar y formular las cuestiones.
7. Identificar opciones para beneficio mutuo.
8. Facilitar la planificación del caso para proteger a largo plazo los intereses del menor.
9. Bosquejar los acuerdos, planificaciones del caso y órdenes de la corte estipuladas para ser vistas judicialmente.

B. *El rol del abogado de los padres*

1. Representar los intereses de los padres.
2. Orientar a los padres en el proceso de la mediación.
3. Ayudar al desarrollo de la información.
4. Ayudar en la identificación de las cuestiones.
5. Ayudar en la identificación de soluciones potenciales.

6. Promover el diálogo, la negociación, y participar en la planificación del caso.
7. Ayudar a examinar los planes que se presentan durante el proceso y asegurar que el procedimiento se lleve adelante de forma efectiva y en tiempo adecuado.
8. Revisar las planificaciones del caso con la finalidad de proteger los intereses a largo plazo de los padres y de la familia.

C. *El rol del abogado del menor*

1. Representar los intereses del menor.
2. Preparar al menor para que participe en el proceso de mediación, si fuese apropiado.
3. Ayudar al desarrollo de la información.
4. Ayudar en la identificación de cuestiones.
5. Ayudar e identificar soluciones potenciales.
6. Ayudar a examinar los planes que se presentan durante el proceso y asegurar que el procedimiento se lleve a cabo de forma efectiva y en tiempo adecuado.
7. Revisar las planificaciones del caso con la finalidad de proteger los intereses a largo plazo del menor.

D. *El rol del county counsel*

1. Representar los intereses del Departamento de Servicios de menores.
2. Ayudar al desarrollo de la información.
3. Ayudar a identificar cuestiones.
4. Ayudar e identificar soluciones potenciales.
5. Ayudar a examinar las planificaciones que se presentan durante el proceso y asegurar que el procedimiento se lleve a cabo de forma efectiva y en tiempo adecuado.
6. Revisar las planificaciones del caso para proteger los intereses a largo plazo del menor.

E. *El rol del funcionario de la Corte del Departamento de Menores (Department of Children's Services Court Officer)*

1. Presentar la opinión de este departamento y estar autorizado a dar por finalizado el programa con cualquier acuerdo hecho.

2. Establecer el vínculo entre el proceso de mediación y el trabajador que condujo la evaluación.
3. Ayudar al desarrollo de la información.
4. Ayudar a identificar cuestiones.
5. Ayudar a identificar soluciones potenciales.
6. Ayudar a desarrollar planificaciones durante el proceso y a largo plazo.
7. Revisar las planificaciones para proteger los intereses a largo plazo del departamento y del menor.

F. *El rol del «casa» asignado por la Corte*

1. Ayudar a desarrollar la información.
2. Ayudar a identificar los servicios necesarios.
3. Ayudar a identificar los recursos potenciales.
4. Ayudar en la resolución de las cuestiones de disposición.
5. Ayudar a desarrollar las planificaciones durante el proceso y a largo plazo.
6. Ayudar en la implementación de planificaciones del caso.

G. *El rol del funcionario judicial (Judicial Officer)*

1. Revisar el proceso para proteger los intereses del menor a largo plazo y asegurar la legalidad y equidad del resultado.
2. Revisar las planificaciones del caso desarrolladas por acuerdo en la mediación.
3. Hacer la decisión final y la audiencia si las partes no pudieran acordar una planificación teniendo en cuenta los intereses del menor.

## V. Procedimientos de la mediación

A. *Asignación de la Conferencia*

En la audiencia de acusación y detención (*arraignment/detention*), las partes y el *counsel* pueden acordar una fecha para una conferencia de mediación con la finalidad de dar la posibilidad al padre/tutor, menor, abogados y otros de resolver las cuestiones reflejadas en la petición. La conferencia tendrá fecha y hora fija durante tres semanas, y se llevará a cabo uno, dos, tres o cuatro días después de la audiencia de acusación y detención. La habilidad del abogado para participar en todos o algún aspecto de la conferencia de mediación es crítica para el éxito del proceso de mediación. El *counsel* debe estar presente o disponible para la conferencia; por lo tanto, se requiere que él elija fecha y hora libres de toda otra actividad para llevarla a cabo. Bajo circunstancias especiales, se puede fijar una fecha y hora fuera de lo descrito con anterioridad.

Para asegurar la disponibilidad del *counsel* para las conferencias de mediación, es esencial contar con la cooperación y respaldo de los funcionarios judiciales de la Corte Juvenil. Se solicita a los funcionarios judiciales no presentar orden o imponer restricciones sobre el *counsel* que puedan interferir en sus posibilidades de asistir a las conferencias.

Antes de enviar el caso a la corte, se espera que el *counsel* evalúe el caso para ser asignado a la mediación.

1. Pedido de Reunión

Se requieren reuniones con fechas y horas específicas planificadas para la mañana y la tarde que se establecerán en el momento de arreglar la conferencia. Al finalizar la audiencia de acusación y detención, la corte pedirá a las partes, *counsel* y otros retornar en fecha y hora determinadas.

2. Estudio Social anterior a la Sentencia (Pre-adjudication Social Study)

Se solicitará informe del estudio social pre-sentencia en todas las mediaciones. El informe del estudio social anterior a la sentencia contiene la documentación necesaria para sustentar los alegatos de la petición, una recomendación de disposición y una planificación del plan. (Véase el apéndice referente a la utilización del Estudio Social Pre-Sentencia en la Audiencia Jurisdiccional.)

3. Se espera que las partes asistan a la conferencia

El padre/tutor, menor (si así fuera estipulado), el funcionario de la Corte de Mediación del Departamento de Servicios de Menores (Department of Children´s Service Mediation Court Officer), el County Counsel, los abogados de las partes y el abogado asignado por la Corte (Court-appointed Special Advocate – CASA) deben estar presentes y preparados en día y hora establecidos para reunirse con el mediador para discutir los alegatos de la petición, rectificaciones potenciales (*potential amendments*), cuestiones de acuerdo o desacuerdo, problemas significantes del caso, áreas de posible resolución, y desarrollo de la planificación del caso.

Puede ser permitida la presencia de otras personas en la conferencia bajo autorización del mediador y el counsel.

4. Asignación a Mediación en otras etapas del Procedimiento de Dependencia

Los casos pueden ser asignados a la mediación en cualquier etapa de los procedimientos de la Corte, exceptuando las audiencias conducidas según las Sección 366.26 del Código de Bienestar y Uso (Welfare and Institutions Code). Todas las asignaciones deben hacerse según lo estipulado por el counsel y debe establecerse fecha para reunión.

5. Imposibilidad de acatar las órdenes

La imposibilidad de las partes o del counsel de acatar alguna de las órdenes de la corte descritas en estos procedimientos –incluyendo la asistencia a una conferencia de mediación y sometimiento en tiempo a los estudios sociales– puede resultar en la imposición de sanciones si la otra parte o la corte lo solicitaran. Pueden ser impuestas sanciones monetarias y su pago enviado al Fondo de Menores del Departamento de servicios de Menores (Children´s Trust Fund of the department of Children´s Services) o a una parte o counsel.

6. Ausencia de los padres y las partes

Los intereses del menor y el intento legislativo de que los procedimientos de dependencia procedan a tiempo requieren que todo se lleve a acabo en la fecha establecida. Este requerimiento incluye la conferencia de mediación.

En el momento en que sea ordenada la conferencia de mediación, la corte avisará a las partes de que su ausencia sin causa justa puede resultar en el envío de su caso a la corte. Además, se aconsejará a las partes que llamen al secretario de mediación al (213) 974-8939 si saben que llegarán tarde a la conferencia o no pueden asistir a ella debido a una emergencia.

B. *La conferencia de Mediación*

Las partes y el counsel deben dirigirse inmediatamente a la conferencia de mediación y no aparecer en la corte hasta que esta concluya. En el día de la conferencia de mediación, las partes y el counsel deben registrarse en la Secretaría de la Mediación (Mediation Secretary) 30 minutos antes de la hora acordada. Del mismo modo, los funcionarios de la Corte del Departamento de Mediación de Menores (Department of Children´s Services Mediation Court Officers) deben chequearse con la Secretaria de Mediación y confirmar su asistencia a los casos asignados.

1. Duración

Cada conferencia de mediación durará 60 minutos. Las conferencias no deben extenderse más de ese tiempo y no deben perjudicar las siguientes conferencias. Toda conferencia que necesita más del tiempo estipulado (60 minutos) debe dejar los puntos pendientes para otra conferencia de mediación más tarde en el mismo día o acordar otro día y hora.

2. Confidencialidad

La conferencia de mediación debe ser conducida en privado y en procedimiento de confidencialidad. Toda forma de comunicación, desde las partes y el counsel hasta el mediador son confidenciales, exceptuando el estudio social y la información que cubra las condiciones exigidas por el informe de abuso de menores.

3. Casos en los que se llegó a un acuerdo

a) Discusión informal

En los casos en los que se logró llegar a un acuerdo entre las partes, el counsel y el funcionario de la Corte de Mediación de Menores deben iniciar la mediación formal. De todos modos, el counsel debe mostrar el acuerdo propuesto al mediador. Se propondrá el acuerdo a las partes, y si estas acordaran, el mediador preparará el acuerdo por escrito y el counsel lo enviará a la corte para revisión, aprobación, fallo y órdenes.

b) Mediación formal

Si no se llegara a una resolución a través de una discusión informal, se dará comienzo a la conferencia de mediación. Inicialmente, el mediador se reunirá con el funcionario de la Corte de Mediación de Menores y el counsel para consultar todas sus percepciones tanto sobre las cuestiones legales y los hechos en disputa como sobre las áreas de acuerdo potencial. Las partes no estarán presentes en esta etapa de la conferencia.

Si la reunión con el mediador resulta en un acuerdo, éste será propuesto a las partes. Si las partes aprueban la propuesta, se preparará el acuerdo por escrito y el caso será devuelto a la corte asignada para que los funcionarios judiciales la revisen y aprueben.

Si la reunión inicial con el mediador no resultase en un acuerdo, se llevará a cabo la conferencia de mediación por completo. En varias oportunidades, el mediador se reunirá con las partes, el counsel y otros, en grupo o individualmente.

Si se llegara a un acuerdo respecto de todo o parte de las cuestiones en disputa, se asentarán por escrito y se firmarán. El caso será devuelto a la corte asignada para que los funcionarios judiciales la revisen y aprueben.

4. Imposibilidad de lograr un acuerdo

Si la conferencia de mediación formal no resultara en un acuerdo, el caso será devuelto a la corte asignada para ser expuesto a litigio y otras ordenes necesarias.

5. Prolongación de la conferencia

La conferencia de mediación puede ser prolongada una vez sólo con la finalidad de obtener información crítica relacionada con el caso. Prolongaciones adicionales sólo serán permitidas bajo pedido de las partes basadas en la documentación sobre las razones y con aprobación de la corte.

Se asegura la no prolongación de la conferencia si las partes no se presentaran y bajo la condición de que el funcionario hubiera dado aviso adecuado y no se presentara causa justa como excusa de su ausencia.

C. *Otra información*

Con propósitos informativos, cada corte recibirá una conferencia de mediación de todas las mediaciones asignadas para ese día.

Cada corte determinará una hora cada mañana y tarde en la que va a hacer un receso de sus actividades para manejar las cuestiones referidas a la mediación asignadas para esa hora y ese día. Durante el receso, el funcionario judicial revisará los acuerdos escritos logrados en conferencias de mediación y hará los veredictos (*findings*) y órdenes apropiados. En los casos en que la mediación no haya resuelto las disputas, el funcionario judicial asignará los casos a audiencias o algún otro procedimiento adecuado.

## VI. Cumplimiento

Teniendo en cuenta los cambios significativos en el funcionamiento de la Corte de Dependencia como resultado de la finalización de la Corte de Menores en la primavera de 1992, el proceso de puesta en practica consistirá en dos etapas: Etapa Primera «antes» y Etapa Segunda «después» de la puesta en vigencia de la nueva corte. La Etapa Primera provee una oportunidad para iniciar el programa de mediación a escala menor y modificarla de acuerdo a la experiencia obtenida.

Los siguientes pasos constituyen un proceso de puesta en práctica:

1. Tiempos

La Etapa Primera comenzará tan pronto como se apruebe el presupuesto y sea electo el Director de Mediación. La Etapa Segunda comenzará cuando la nueva Corte de Menores abra en la primavera de 1992.

2. Guías

Los profesionales cuyos roles en el programa de mediación fueron descritos con anterioridad se reunirán con el Director de los Servicios de la Corte Familiar (Director of Family Court Services) y el Coordinador de la Corte de Dependencia (Dependency Court Coordinator) para desarrollar las pautas que describen en detalle los siguientes puntos: (1) Las obligaciones de los profesionales, ya sea en forma individual o como agencia, que contribuirán al éxito del programa de mediación; (2) Su obligación de proteger a la parte que representan; (3) Su obligación de buscar una solución justa y efectiva para cada caso; y (4) La actividad específica emprendida en cada etapa del proceso de mediación.

3. Administración

La Fuerza Operante (Task Force) recomendó la creación de una División de Servicios de Mediación de la Corte de Dependencia dentro de la Corte Familiar, bajo la operación de la Corte Suprema, para supervisar y administrar el programa de mediación de la Corte de Dependencia. Un Subdirector (Assistant Director) para la Corte de Mediación Juvenil va a ocupar el cargo de empleado de operaciones del programa; informar al Director de la Corte Familiar y trabajar con el Coordinador de la Corte de Dependencia.

4. Selección del personal

El programa de mediación propuesto requiere de los siguientes niveles permanentes de *staff*:

- 1 Subdirector (Rango 9) [Assistant Director – Range 9-]
- 16 Mediadores Familiares [Señor Family Mediators]
- 5 Mediadores Familiares (1300 días) [señor Family Mediators As Hended 1,300 days)
- 1 Secretaria I
- 4 Ayudantes III (Office Assistant III)

Además, puede ser necesario contratar mediadores (pro tem) en base voluntaria o *per diem* a medida que la operación del programa indique el *staff* necesario.

El Subdirector para la Corte de Mediación Juvenil será asignado por el Secretario del Condado (County Clerk/Executive Officer) con posterioridad a la elección llevada a cabo por el Director de la Corte Familiar previa consulta al Juez que preside la Corte de Dependencia. El resto del *staff* será elegido por el Subdirector para la Corte de Mediación Juvenil previa consulta al Director de la Corte Familiar y al Coordinador de la Corte de Dependencia, basándose en una tarea de descripción y en una serie de calificaciones para los cargos de Mediador familiar (Señor Family Mediator) delineadas por el Subdirector de la Corte de Mediación Juvenil y aprobado por el Director de la Corte Familiar y por el Coordinador de la Corte de Dependencia.

5. Entrenamiento

Un importante requisito anterior al comienzo del programa de mediación es la consumación satisfactoria a cargo del primer grupo de mediadores del programa de entrenamiento designado por el Director de la Corte Familiar, el Coordinador de Dependencia, y el Subdirector de la Corte de Mediación Juvenil. El programa de entrenamiento consiste en lectura de material, conferencias, debates y simulacros. La finalidad del programa es lograr un alto nivel de familiaridad con:

- Los estatutos, jurisprudencia, normas de la corte, regulaciones y procedimientos concernientes a la operación de la Corte de Dependencia;
- Los objetivos y conceptos del programa de mediación;
- Los recursos y servicios disponibles en el Condado de Los Ángeles;
- Las pautas adoptadas por los profesionales de la Corte de Dependencia; y las técnicas utilizadas en la mediación de disputas en las que se ve involucrada la familia, menores y profesionales de la Corte de Dependencia.
- Las técnicas utilizadas en la mediación de disputas que involucran familias, menores y profesionales de la Corte de Dependencia.

Teniendo en cuenta que el actual programa de mediación varía en ciertos aspectos fundamentales del programa anterior, se requerirá a los mediadores empleados ahora que completen el programa de entrenamiento para mediadores.

También se desarrollarán programas de entrenamiento para jueces, otros profesionales y el *staff* empleado en la Corte de Dependencia para familiarizarlos con los objetivos, conceptos y técnicas que describen al nuevo programa. Estos programas de entrenamiento serán desarrollados por el Subdirector para la Corte de Mediación Juvenil en colaboración con el personal de supervisión de varias unidades de *staff* profesional y administrativos (support). También se desarrollarán permanentes programas de educación para que los profesionales estén al corriente de todo lo referente a mediación, derecho relevante y servicios. Del mismo modo, se debe proveer de permanentes programas de educación para mantener a los profesionales al día con los nuevos desarrollos de la ley y los servicios.

6. Orientación: Sistema Introductorio

Las partes en los Procedimientos de la Corte de Dependencia, los profesionales, el *staff* de la corte, los medios masivos de comunicación, los funcionarios públicos y el publico en general deben estar al tanto de los programas de mediación. Entre los medios para presentar el nuevo programa a cada uno de estos grupos se incluye un corto vídeo de orientación para los que participan por primera vez en mediaciones de la Corte de Dependencia; una conferencia auspiciada por la Asociación Bar del Condado de Los Ángeles (Los Ángeles County Bar Association); un simposio para todo el personal de la corte; una conferencia de mediación conjuntamente «judicial-legislativa-ejecutiva» dispuesta por los Servicios de la Corte Familiar; un comunicado de prensa y un paquete informativo para los medios masivos de información (*media packet*).

7. Evaluación

Se desarrollará un componente de inspección y evaluación del programa de mediación. La evaluación de planes y medios para la recolección de la información pertinente se pondrá en práctica por medio de la iniciación del programa para asegurar la información exacta y completa. El componente de evolución también sirve para identificar más rápido las deficiencias del programa. Se deberá seleccionar un evaluador externo a través de la petición de solicitudes a las organizaciones que se dedican a evaluar programas de resolución de disputas relacionadas con la corte, como la Corporación Rand (Rand Corporation) o el Instituto de Administración Judicial (Institute of Judicial Administration).

8. Subcomité Consultor y de Coordinación

La Fuerza Operante organizada para revisar la actual Instalación de la Corte de Dependencia (Dependency Court Settlement) y el Programa de Mediación ejecutó las tareas asignadas.

Aparte de cumplir con la orden de recomendar un programa de mediación modificado, la Fuerza Operante sirvió como una caja de armonía para todos los intereses que participan en los procedimientos de la Corte de Dependencia. Como resultado, se observaron otros beneficios de la Fuerza Operante: una mayor sensibilidad hacia los intereses y necesidades de los otros participantes del sistema, y el surgimiento de un mecanismo para coordinar y compartir la información relativa al programa de mediación entre las partes interesadas.

La Fuerza Operante debe seguir reuniéndose regularmente como un Subcomité Consultor y de Coordinación del Comité de Procedimientos de Dependencia. El Subcomité tendrá cuatro finalidades: (1) observar la operación del nuevo programa de mediación; (2) intercambiar ideas y sugerencias para mejorar el programa; (3) coordinar las actividades de sus agencias en la forma que afectan al programa; y (4) promover los intereses del programa a medida que se identifican las deficiencias en los fondos, recursos, servicios, empleos, performances del staff, vinculación de la corte, u otras áreas de insuficiencia.

El compromiso continuo de los miembros de la Fuerza Operante con el éxito de la operación de un programa de mediación reformado es la clave para sostener un programa efectivo que esté al servicio de los intereses de los menores.

## Apéndice

*Utilización del Estudio Social previo a la sentencia en la Audiencia Jurisdiccional*
*En base a un caso (case-by)*

Al finalizar la conferencia de mediación en la que se preparó el Estudio Social previo a la sentencia y en la que no se hizo efectiva la conciliación:

a) El Departamento de servicios del Menor adjuntará al Estudio Social una lista de personas que proveyeron información presente en el estudio.
b) El County Counsel informará a los abogados de las partes los nombres de las personas que citará a la audiencia jurisdic-

cional. Si alguno de los abogados requiere la presencia de otros testigos, deberá hacer los arreglos necesarios para que así sea.

c) El County Counsel puede limitar la utilización de todo o parte del Estudio Social en la audiencia jurisdiccional.
d) En el momento del juicio, el counsel puede presentar una moción para limitar la admisión del Estudio Social de las porciones que contienen información relevante y material sobre las cuestiones jurisdiccionales.

# Apéndice 4

# Estilos de personalidad

Se ha efectuado la siguiente clasificación de los trastornos, a los que agrego las características de cada uno de ellos.

## I. Persona desconfiada y suspicaz. Trastorno paranoide de la personalidad.

Desconfianza y suspicacia general desde el inicio de la edad adulta, de forma que las intenciones de los demás son interpretadas como maliciosas. Estos trastornos aparecen en diversos contextos, como indican cuatro o más de los siguientes puntos:

1. Sospecha, sin base suficiente, que los demás se van a aprovechar de él, le van a hacer daño o engañar.
2. Preocupación por dudas no justificadas acerca de la lealtad o fidelidad de los amigos y socios. Sentido combativo y tenaz de los propios derechos, al margen de la realidad.
3. Reticencia a confiar en los demás por temor injustificado a que la información que compartan vaya a ser utilizada en su contra.
4. En las observaciones o los hechos más inocentes vislumbra significados ocultos que son degradantes o amenazadores.
5. Alberga rencores durante mucho tiempo, por ejemplo, no olvida los insultos, injurias o desprecios.

6. Percibe ataques a su persona o a su reputación que no son aparentes para los demás y está predispuesto a reaccionar con ira o contraatacar.
7. Sospecha repetida e injustificadamente que su cónyuge o su pareja le es infiel.
8. Suspicacia y tendencia generalizada a distorsionar las experiencias propias interpretando las manifestaciones neutrales o amistosas de los demás como hostiles o despectivas.
9. Predisposición a sentirse excesivamente importante, puesta de manifiesto por su actitud autoreferencial constante.

## II. Persona observante y no participante. Trastorno esquizoide de la personalidad

Un patrón general de distanciamiento de las relaciones sociales y de restricción de la expresión emocional en el plano interpersonal, que comienza al principio de la edad adulta y se da en diversos contextos como indican cuatro o más de los siguientes puntos:

1. Ni desea ni disfruta de las relaciones personales, incluido el formar parte de una familia.
2. Escoge casi siempre actividades solitarias. Marcada preferencia por devaneos fantásticos, por actividades solitarias acompañadas de una actitud de reserva y de introspección.
3. Tiene escaso o ningún interés en tener experiencias sexuales con otra persona.
4. Disfruta con pocas o ninguna actividad.
5. No tiene amigos íntimos o personas de confianza, aparte de los familiares de primer grado.
6. Se muestra indiferente a los halagos o las críticas de los demás.
7. Muestra frialdad emocional, distanciamiento o aplanamiento de la afectividad.
8. Marcada dificultad para reconocer y cumplir las normas sociales, lo cual da lugar a un comportamiento excéntrico.

## III. Persona de acción. Trastorno psicopático o antisocial de la personalidad

Un patrón general de desprecio y violación de los derechos de los demás que se presenta desde la edad de 15 años, como indican tres o más de los siguientes ítems:

1. Fracaso para adaptarse a las normas sociales en lo que respecta al comportamiento legal, como indica el perpetrar repetidamente actos que son motivo de detención.
2. Deshonestidad, indicada por mentir repetidamente, utilizar un alias, estafar a otros para obtener un beneficio personal o por placer.
3. Impulsividad o incapacidad para planificar el futuro.
4. Irritabilidad y agresividad, indicadas por peleas físicas repetidas o agresiones.
5. Baja tolerancia a la frustración o bajo umbral para descargas de agresividad, de ahí el comportamiento violento.
6. Despreocupación imprudente por su seguridad o la de los demás.
7. Irresponsabilidad persistente, indicada por la incapacidad de mantener un trabajo con constancia o de hacerse cargo de obligaciones económicas.
8. Falta de remordimientos, como indica la indiferencia o la justificación de haber dañado, maltratado o robado a otros.

## IV. Persona demostrativa y teatral. Trastorno histriónico de la personalidad

Un patrón general de excesiva emotividad y una búsqueda de atención, que empiezan al principio de la edad adulta y que se dan en diversos contextos, como indican cinco o más de los siguientes ítems:

1. No se siente cómodo en las situaciones en las que no es el centro de la atención.
2. La interacción con los demás suele estar caracterizada por un comportamiento sexualmente seductor o provocador.

3. Muestra una expresión emocional superficial y rápidamente cambiante.
4. Utiliza permanentemente el aspecto físico para llamar la atención sobre sí mismo.
5. Tiene una forma de hablar excesivamente subjetiva y carente de matices.
6. Muestra autodramatización, teatralidad y exagerada expresión emocional.
7. Es sugestionable, fácilmente influenciable por los demás o por las circunstancias.
8. Considera sus relaciones más íntimas de lo que son en realidad.
9. Búsqueda imperiosa de emociones y desarrollo de actividades en las que ser el centro de atención.
10. Se comunica a través de la palabra, el cuerpo y la acción; recibe información a través de las palabras.

## V. Persona narcisista. Trastorno narcicista de la personalidad

Un patrón general de grandiosidad (en la imaginación o en el comportamiento), una necesidad de admiración y una falta de empatía, que empiezan al principio de la edad adulta y que se dan en diversos contextos como indican cinco o más de los siguientes ítems:

1. Tiene un grandioso sentido de autoimportancia (por ejemplo, exagera los logros y capacidades, espera ser reconocido como superior, sin unos logros proporcionados).
2. Está preocupado por fantasías de éxito ilimitado, poder, brillantez, belleza o amor imaginarios.
3. Cree que es «especial» y único y que sólo puede ser comprendido por, o sólo puede relacionarse con otras personas (o instituciones) que son especiales o de alto estatus.
4. Exige una admiración excesiva.
5. Es muy pretencioso, por ejemplo, tiene expectativas irrazonables de recibir un tratamiento de favor especial o de que se cumplan automáticamente sus expectativas.
6. Es interpersonalmente explotador, por ejemplo, saca provecho de los demás para alcanzar sus propias metas.

7. Carece de empatía, es reacio a reconocer o identificarse con los sentimientos y necesidades de los demás.
8. Frecuentemente envidia a los demás o cree que los demás lo envidian a él.
9. Presenta comportamientos o actitudes arrogantes o soberbias.

## VI. Persona atemorizada o huidiza. Trastorno de personalidad por evitaciones

Un patrón general de inhibición social, unos sentimientos de inferioridad y una hipersensibilidad a la evaluación negativa, que comienzan al principio de la edad adulta y se dan en diversos contextos, como indican cuatro o más de los siguientes ítems:

1. Evita trabajos o actividades que impliquen un contacto interpersonal importante debido al miedo a las críticas, la desaprobación o el rechazo.
2. Reacio a comprometerse si no está seguro de que va a agradar.
3. Demuestra represión en las relaciones íntimas debido al miedo a ser avergonzado o ridiculizado.
4. Está preocupado por la posibilidad de ser criticado o rechazado en las situaciones sociales.
5. Está inhibido en las situaciones interpersonales nuevas a causa de sentimientos de inferioridad.
6. Se ve a sí mismo socialmente inepto, personalmente poco interesante o inferior a los demás.
7. Es extremadamente reacio a correr riesgos personales o a implicarse en nuevas actividades debido a que pueden ser comprometedoras.

## VII. Persona lógica, ordenada y detallista. Trastorno obsesivo-compulsivo de la personalidad

Un patrón general de preocupación por el orden, el perfeccionismo y el control mental e interpersonal, a expensas de la flexibilidad, la espontaneidad y la eficiencia, que empieza al principio de la edad adulta y se da en diversos contextos, como indican cuatro o más de los siguientes ítems:

1. Preocupación por los detalles, las normas, las listas, el orden, la organización o los horarios, hasta el punto de perder de vista el objeto principal de la actividad.
2. Perfeccionismo que interfiere con la finalización de las tareas (por ejemplo, es incapaz de acabar un proyecto porque no cumple sus propias exigencias, que son demasiado estrictas).
3. Dedicación excesiva al trabajo y a la productividad con exclusión de las actividades de ocio y las amistades (no atribuible a necesidades económicas evidentes).
4. Excesiva terquedad, escrupulosidad o inflexibilidad en temas de moral, ética o valores (no atribuible a la identificación con la cultura o la religión).
5. Incapacidad para tirar los objetos gastados o inútiles, incluso cuando no tienen un valor sentimental.
6. Es reacio a delegar tareas o trabajo en otros, a no ser que éstos se sometan exactamente a su manera de hacer las cosas.
7. Adopta un estilo avaro en los gastos para él y para los demás; el dinero se considera algo que hay que acumular con vistas a catástrofes futuras.
8. Muestra rigidez y obstinación.
9. La meticulosidad y el detallismo provocan sensación de tedio, de aburrimiento.
10. Exige mucha atención, pero dice muy poco. Es muy cuidadoso en la elección de las palabras.
11. La comunicación de la emoción y de otros elementos no verbales de la comunicación es objeto de un rígido control.

## VIII. Persona resistente y no colaborativa. Trastorno pasivo-agresivo de la personalidad

Pauta generalizada de resistencia pasiva e indirecta a la autoridad. Existe hostilidad encubierta que se manifiesta a través de conductas pasivas que se resisten u oponen a las exigencias del entorno. Habitualmente no son directos al expresar sus propias necesidades:

1. Asumen las responsabilidades y exigencias mediante conductas consistentes en perder el tiempo, aplazar obligaciones y olvidarse de hacer cosas.
2. Son tozudos, tienen baja autoestima y suelen responsabilizar a los otros de sus propios errores.
3. Mantienen la relación siendo pasivos y sumisos pero como sienten pérdida de autonomía se sublevan contra la autoridad.
4. Se perciben como autosuficientes pero expuestos a abuso por parte de otros.
5. Consideran a los demás, sobre todo a las figuras de autoridad, intrusivos, exigentes y dominadores pero al mismo tiempo como capaces de aprobar, aceptar y cuidar.

Fuente: CIE 10 décima revisión de la clasificación internacional de las enfermedades mentales y del comportamiento (Organización Mundial de la Salud). DSM IV – Manual diagnóstico y estadístico de los trastornos mentales.

# Apéndice 5

# Notas sobre formación de mediadores

## 1. Un viejo fragmento

«La epistemología de la complejidad, desarrollada por Edgard Morin, conduce a lo transdisciplinario que concebimos en mediación no como una mera acumulación de conocimientos sino como organización de un conocimiento que consolida un proceso estructurado y estructurante del proceso conflictivo, movilizado por técnicas que se constituyen en base operativa. La mediación exige hoy del mediador el manejo de las ciencias jurídicas, psicológicas, físicas, del conocimiento, sociales, económicas, políticas, de la comunicación, y un entrenamiento que favorezca el descubrimiento y la creatividad antes que un elemento de control social (Donald Bloch), que le permita dar un salto desde un pensamiento causal lineal a un pensamiento causal circular, en un contexto donde aprender a aprender prevalezca sobre las soluciones estereotipadas (Luigi Boscolo). El mediador debe «pensar con la boca llena» como propone Judith Schangler, lo que elimina, en el plano de la complejidad, la contradicción de adherirse incondicionalmente a un cuerpo de enunciados que se presentan como verdades científicas y desechar los «mitos fundadores» –como los llama Guattari–; por ejemplo los mitos freudianos, que, cuando aparecen, ya no es posible no tenerlos en cuenta. Esta formación debe incluir el crecimiento y el desarrollo personal del mediador, en el sentido de renuncia a explicarlo todo, de búsqueda de la mejor alternativa antes que de soluciones (Phillippe

Caillí). De este modo, el proceso estructurado y las tecnologías que lo movilizan, constituirán herramientas profesionales y las preguntas sobre la finalidad de ese proceso y de esas técnicas serán ayudantes y ayudadas del desarrollo personal, que debe incluir la construcción de metapuntos de vista, la autoobservación y la autocrítica. El mediador debe saber que su función es ayudar a la gente a hacer cosas con las que tienen dificultades (Jay Haley), teniendo en cuenta que, a menudo, la solución más conveniente para las partes puede no serlo para el mediador. Estará así en condiciones de actuar en este proceso y aplicar las técnicas especializadas en desarmar las conductas antagónicas de las partes, para alentar los comportamientos colaboracionistas que privilegian la común conveniencia antes que la individual de alguna de ellas. El mediador guiará el proceso, pero los verdaderos artífices serán las partes mismas que además recibirán, casi sin percibirlo, el entrenamiento para encarar futuras desavenencias adoptando «sus» propios remedios a través de «sus» propios potenciales. Es un cálido intento que persigue poner a disposición de quienes tienen que encarar la resolución de sus conflictos la posibilidad de evitar la inútil búsqueda del éxito en contiendas de «suma cero»; en el conflicto de familia, esa fantasía de resolución, sostenida durante años con desgastantes disputas, se cobra inexorablemente en salud y bienes».

Calcaterra, Rubén A. «Mediación en el divorcio», fragmento de artículo publicado en *Psicologías en Buenos Aires*, Buenos Aires, año 1, número 8, julio-agosto 1992.

## 2. Programa esquemático de Formación

I. *Módulo propedéutico*

Asignaturas: 1. Teoría del Conflicto. 2. Teoría de la Comunicación.

II. *Módulo operacional*

Asignaturas: 3. Inteligencia para la toma de decisiones. 4. Estrategia.

III. *Módulo de la resolución y sus métodos*

Primera parte: Problemática y métodos.
Asignatura: 5. Métodos de resolución.
Segunda parte: Métodos no adversariales.

A. Negociación

Asignaturas: 6. Teoría de la negociacion. 7. Negociación. Escuela de Harvard. 8. El qué hacer cotidiano del negociador (técnica de la negociación). 9. La negociación en el ámbito de la mediación.

B. Mediación

*Primera parte: el mediador y la mediación.*
Asignaturas: 10. La persona del mediador. 11. El proceso de mediación. 12. Recursos para la práctica de la mediación.

*Segunda parte: aspectos conexos.*
Asignatura 13. Cuestiones de ética, rol del abogado de parte y disposiciones legales sobre mediación.

*Tercera parte: especialidades de la mediación. introducción a las temáticas.*
Asignatura 14. Mediación ambiental, empresarial, familiar y escolar.

*Cuarta parte: la pragmática de la mediación.*
Asignatura 15. Pasantías. 15.1. Primera etapa: observación no participativa. 15.2. Segunda etapa: comediación con tutoría.

# Apéndice 6

# Medios de resolución de disputas*

A lo largo de la historia las comunidades humanas han inventado, han creado diversos métodos para resolver conflictos que van desde el uso extremo de la violencia hasta los más pacíficos, que celebraban verdaderos compromisos para evitar la violencia. Es interesante apreciar la evolución que han experimentado, para concluir que es posible aislar una suerte de pivote sobre el que los diversos métodos han girado en las distintas etapas.

En los remotos orígenes de lo que hoy somos, en los tiempos no humanos, casi no había lenguaje. No se vivía en comunidades sino en hordas, como lo demuestran estudios de tribus primitivas que hoy habitan Australia y pueblos nómadas del Cercano Oriente.

En estos sistemas tribales, donde todas las conductas físicamente posibles competían libremente, *la fuerza era no monopolizada*. Había sólo dos maneras de evitar la conducta no deseada: la persuasión y la fuerza. Con el tiempo, surge la necesidad de excluir ciertas conductas entre las que se ubican, como primeras y por razones totémicas, el homicidio y el incesto.

En los textos psicológicos, se encuentran explicaciones a estas prohibiciones, que tienen que ver con la propia organización de es-

* Para la elaboración de esta nota se ha utilizado la siguiente bibliografía: Entelman (Papel de Trabajo I); Ortemberg (1990: 105-122 y 1995: 15-18); Haley (1987: 13-14); Lowry, R. L. y Harding, J. (1995: 28); Highton, E. I. y Álvarez G. S. (1995, cap. 5); Mendez (1998); Calcaterra (1997).

tas hordas: en ellas primaba un macho poderoso que era el dueño de los bienes y las hembras. No había amor sino instinto sexual. Frente a los celos del jefe, la suerte de los hijos varones era trágica o desventurada: o se los castraba o se los expulsaba. Los excluidos hicieron alianza entre ellos y cometieron el magnicidio. Mataron al padre y lo devoraron para colmar dos deseos: el hambre y el instinto sexual, ya que con la incorporación de una parte del ser admirado y odiado, se ponían en su lugar. Esto produjo la guerra entre todos, la guerra de la pasión. Pero eliminado el impulso hostil apareció la posibilidad de reconocer el amor hacia el padre y de allí la prohibición de asesinarlo y devorarlo, junto a la prohibición de las hembras causantes de la guerra de la pasión. El no matarás al padre fue el primer límite a la pasión puesto por la palabra. La ley de la palabra, que instituyó las dos primeras leyes, el no matarás y la ley del incesto, atravesó la pasión y con su límite hizo que el hacer de aquellos, nuestros antepasados remotos, comenzara a ser humano.

Aparecen entonces los *sistemas de motivación de conductas*, que pueden ser *directos*, a través de la autoridad moral o religiosa del jefe o del brujo, o *indirectos*, a través de amenazar con una sanción a quien realiza una conducta contraria a la deseada. Implica el uso de la fuerza por el grupo.

Los modernos sistemas jurídicos son la encarnación de estos *sistemas de fuerza monopolizada*. El avance es que, en estos sistemas, la fuerza no es utilizada por el acreedor o la víctima sino solicitada a un juez que primero hace uso de la amenaza y después de la fuerza.

Finalmente, el mundo se orienta hacia la utilización de los *sistemas alternativos* cuya característica es la exclusión de la fuerza.

A partir de los años cuarenta se ha desarrollado tanto en Europa como en EEUU toda una actividad teórica, que al principio parecía dedicarse a la política global, a la toma de decisiones o al manejo de crisis, conocida en Europa como polemología (*polemos*: confrontación enemistosa y *agon*: confrontación no enemistosa) y en EEUU como investigaciones sobre la guerra y la paz. En esta evolución se encuentran embrionariamente los medios alternativos, cuyo desarrollo teórico toma gran potencia y vigencia en la década de los 70.

Para estas teorías, la resolución es una actitud mental dentro de un proceso más amplio que abarca el análisis, la anticipación, la prevención y el manejo del conflicto.

Estas técnicas han cobrado un elevado grado de sofisticación sobre todo, últimamente, desde que cuentan para su desarrollo con el apoyo de las matemáticas y de la informática.

Galtung, en 1965, aisló 12 métodos: Juegos de Azar, Ordalías, Oráculos, Combate, Guerra limitada, Duelos verbales, Duelos privados, Duelos Judiciales, Debates, Mediación y Arbitraje, Tribunales y Votación.

De estos métodos sólo diremos dos palabras referidas a las ordalías.

En la Edad Media, la palabra estaba reservada a las pruebas a las que se sometía a los acusados de algún delito para establecer su culpabilidad o inocencia. En inglés, significa no sólo «a juicio de Dios», sino también «experiencia penosa», «prueba severa», «prueba de fuego». En 1988, llegó a mis manos un libro titulado *Terapia de ordalía: Caminos inusuales para modificar la conducta*, que Jay Haley había escrito en 1984 y que, concebido como una exposición de casos, explica la aplicación de una técnica terapéutica que él denomina «de ordalía» y que consiste en imponer una ordalía adecuada al problema de la persona que desea cambiar y, a la vez, más severa que ese problema. El requisito principal de la ordalía es que provoque en el paciente una zozobra igual o mayor que la ocasionada por el síntoma. Si no es lo bastante rigurosa para extinguir el síntoma, siempre se puede aumentar su magnitud hasta que lo sea. Haley comenta en la introducción al libro el caso de un abogado que acudió a él en demanda de asistencia porque no podía dormir de noche, y con el cual ensayó un experimento: le propuso que a la hora de irse a dormir creara una situación agradable (por ejemplo, que su esposa le llevara leche caliente, como solía hacer antes) y que luego, al acostarse, pensara en las cosas más horribles que pudieran ocurrírsele o que pudiera hacer, ya fuera en la realidad o en la imaginación. Le pidió que allí mismo, durante la entrevista, pensara en esas cosas horrendas para ir practicando, pero respondió que le era imposible hacerlo. Sin embargo, cuando le pidió que pensara en todas las cosas horribles que podía tener en mente un hipotético «señor Smith», pensó en asesinatos, actos homosexuales y otras cosas terroríficas por el estilo. Le dijo que esa noche se acostara a dormir, pero que en vez de intentar conciliar el sueño pensara deliberadamente en cuantas cosas horribles pudiese evocar. Al marcharse del consultorio, el abogado le preguntó: «¿Se refiere a cosas tales como meter a mi esposa en un burdel?». «Ese es un buen comienzo», respondió Haley. El hombre regresó a su casa y siguió las instrucciones. Esa noche se durmió inmediatamente y no despertó hasta la mañana siguiente. De ahí en adelante, aplicó ese procedimiento y se liberó de su insomnio.

En ese momento, yo estaba mediando un conflicto familiar en el que los ex cónyuges negociaban infructuosamente el monto de la cuota de alimentos por los tres hijos menores. Los dos eran extremadamente detallistas con los gastos y no llegaban al acuerdo porque siempre les quedaba algo por agregar o prever. Adaptando la ordalía de Haley les pedí que se fueran a su casa y trajeran para la próxima sesión un detalle de los gastos rubro por rubro. En plena sesión les hice descomponer cada rubro en conceptos, por ejemplo, el rubro comida debía detallarse por alimentos y, cuando hicieron eso, les pedí que, para la próxima sesión calcularan el consumo por alimento (1 Kg. de carne vacuna, 2 Kg. de carne de pescado, etcétera). Diez minutos antes de finalizar esa sesión, habían limado todas sus diferencias anteriores y acordaron el monto de la cuota.

He traído esta experiencia de la práctica a propósito para sostener que en la búsqueda de métodos también se aplica la creatividad y la osadía.

Pero regresemos ahora a nuestro tema.

Si imaginamos las dos conductas posibles a adoptar frente a un conflicto y buscamos en los extremos, podemos aislar dos posibles: o me alejo del conflicto o me involucro en él. Dejando de lado la primera por razones obvias, si me involucro, puedo trazar una línea continua que partiendo de la abstención llegue a la autoayuda o justicia por mano propia. En esta línea continua, y a medida que viajamos de la primera hacia la segunda, nos vamos a encontrar con los cuatro procesos claves de resolución de conflictos que, a su vez, han dado lugar a una veintena de procesos que son variantes de cada uno de ellos.[1]

| Abstención Negociación Mediación/Arbitraje Litigio Autoayuda |
|---|

La Negociación y la Mediación, ubicadas a la izquierda de la línea de corte, representan a los procesos de resolución por consenso, mientras que el Arbitraje y el Litigio, ubicados a la derecha de esa línea, representan a los procesos de resolución por adjudicación.

Las notas características de cada uno de esos grupos son:

- Hacia la derecha se resigna el control del proceso y del resultado.
- Hacia la derecha siempre hay un resultado, resuelva o no el problema.
- Hacia la derecha preguntamos por los derechos, a la izquierda por las necesidades.
- Hacia la izquierda podemos indagar sobre los secretos, sobre los sentimientos. En los procesos por adjudicación esto difícilmente se revela porque la gente toma posiciones frente a un tercero que tiene y ejerce todo el poder: el tema es que cuanto más poder tiene el tercero, menos sinceridad tiene la gente.
- Hacia la izquierda se trata de construir un futuro con el que las partes estén cómodas. Hacia la derecha nos centramos más en el pasado, analizando hechos que nos permitan determinar y distribuir culpas.

Veamos ahora algunos conceptos:

*La abstención* es una estrategia legítima, elegida de forma consciente, basada en apartarse deliberadamente del conflicto para manejarlo.

*La negociación y la mediación* ya fueron materia de tratamiento.

*El arbitraje* es un medio adversarial por el cual un tercero, elegido por las partes, decide la cuestión planteada con carácter vinculante o no vinculante. Tiene menos formalidades que un juicio, pero necesita recurrir a la jurisdicción en algunos casos (para los recursos, para la ejecución, por ejemplo). Las partes tienen cierto poder en cuanto al procedimiento. Puede ser de juris (de derecho) o de amigables componedores (en equidad).

*El juicio* es otro medio adversarial que forma parte del sistema judicial financiado y administrado por el Estado. Consiste en un proceso que, regido por un conjunto de normas contenidas en un ordenamiento jurídico, persigue la obtención de la decisión de un juez o tribunal acerca del caso planteado.

*La autoayuda* consiste en la acción unilateral de una de las partes diseñada para lograr una solución. No requiere comunicación entre las partes ni la intervención de un tercero (huelgas, protestas, actos de violencia). Para nosotros, es requisito que el acto a través del cual se ejerce sea lícito como condición para ser incluida como medio de resolución.

Ahora bien, una «primera ola» en el movimiento de los ADR rescató los medios alternativos frente a la creciente litigiosidad social y a la sobrecarga de los tribunales; una «segunda ola» desarrolló variantes a partir de los cuatro medios que ocupan la parte central de nuestra línea.

*Evaluación preliminar neutral.* Presentación del caso por las partes o sus abogados, antes de la etapa del Discovery o antes de que ésta se encuentre muy desarrollada, a un tercero neutral experto que suministra una evaluación no obligatoria del probable resultado del juicio para que las partes la utilicen en la negociación.

*Juicio sumario por jurados.* Es un juicio abreviado, teatralizado, no obligatorio, que utiliza un panel de jurados en sede judicial o privados, presidido por un neutral. En los países donde existe el juicio por jurados, por acuerdo de los litigantes y el tribunal se expone el caso ante un jurado reducido (6 en lugar de 12) que desconoce el carácter no vinculante y que dicta un veredicto que permite a las partes evaluar cómo resultará su caso. Incluye que los abogados y las partes, después del juicio oral, puedan hablar con los miembros del tribunal para aclarar dudas, tras lo cual se pasa al debate para encontrar una solución al caso, debate que es presidido por un neutral que incluso puede actuar como mediador.

*Mini proceso.* Parecido trámite que el anterior pero se presenta el caso con la presencia de los superiores de la empresa. Es presidido por un tercero eminente que, elegido por las partes, actúa como moderador. Los superiores escuchan las dos campanas y se retiran a negociar. Si no hay acuerdo, el tercero puede actuar como mediador o árbitro o evaluador temprano, según lo convenido previamente.

*Escucha confidencial*. El neutral designado por las partes obtiene de cada una de éstas la propuesta de oferta final. El tercero asesora sobre si están dentro de los límites de un acuerdo. No revela cifras y puede actuar como mediador entre las partes.

*Determinación de hechos conjunta o neutral.* Las partes nombran representantes o un tercero para determinar los hechos relevantes del caso. En la variante de determinación conjunta, las partes designan representantes que trabajan juntos en el desarrollo de respuestas a preguntas de hecho y, en la variante neutral, designan de común acuerdo a un tercero para que haga este trabajo.

*Mediación pura o facilitativa.* Centrada en el proceso y basada en los intereses, en la facilitación de la comunicación y en la corrección de malentendidos. Emparentada con la escucha confidencial.

*Mediación evaluativa.* Centrada en la esencia del caso y basada en los derechos. Emparentada con la evaluación neutral temprana, se aconseja en los casos muy complejos con partes muy distanciadas.

Estas dos variantes dependen del estilo de los mediadores y de la naturaleza del caso.

*Gestión de casos.* Mediación sobre una parte del proceso, el Discovery o recolección de la prueba. Durante esta etapa se media sobre las disputas de los abogados.

*Medaloa.* Incentivo de la mediación. El mediador se ofrece para actuar como árbitro eligiendo una de entre las dos últimas ofertas de las partes, sin partir las diferencias. Si no hay concesiones se pasa al arbitraje de la manera indicada. Empieza como mediación y termina como arbitraje *base-ball*.

*Ombudsman.* Tercero contratado por una institución, pública o privada, para representar a quienes tienen reclamos contra ella, asesorando y aconsejando cambios.

*Arbitraje obligatorio*. El laudo es vinculante.

*Arbitraje no obligatorio.* El laudo no es vinculante.

*Arbitraje Base-ball.* Arbitraje a última oferta como la utilizada en las negociaciones con los jugadores de este deporte. El árbitro elige una de las dos ofertas y el laudo es vinculante.

*Arbitraje Alto-Bajo.* Negocian antes del arbitraje y establecen parámetros para el árbitro, que elige una cifra que se ubique en la franja establecida por las partes.

*Arbitraje Night Base-ball.* Las partes fijan sus ofertas, pero no se revelan. Gana la más cercana al laudo.

*Med-Arb.* Conocida como mediación obligatoria, es una fórmula para asegurar que haya un resultado. Si no hay acuerdo en mediación lo habrá por arbitraje posterior. Para evitar el recelo de revelar información ante el mediador, se implementa una variante de ésta, la Med-Arb (dif), en la cual el árbitro no es la misma persona del mediador, a diferencia de la Med-Arb (igual).

*Arb-Med.* Se hace el arbitraje y se guarda el laudo. Si no hay acuerdo en mediación se abre el sobre y se aplica el laudo. Esta variante ofrece gran poder al árbitro cuando actúa como mediador en la parte de la negociación.

*Incentivo para el arbitraje.* Variante del arbitraje no obligatorio, se pacta una sanción para la parte que rechace el laudo si en el juicio no mejora su posición de acuerdo a un porcentaje o criterio predeterminado.

*Auxiliares de Justicia (Referees).* Para abordar cuestiones que exceden la capacidad del tribunal, por requerir de una pericia técnica o por falta de tiempo. El papel del *referee* puede ser reducido a llevar a cabo una contabilidad o a actuar como jurado en disputas durante el discovery.

*Referencia general.* Se asigna el caso a un tercero neutral que no es el juez y que presenta un informe al tribunal que consta de determinaciones de hecho y de conclusiones de derecho.

*Procesos anexos a los tribunales*

*Conciliación judicial.* Hemos colocado aquí este medio porque la circunstancia de su regulación en los Códigos Procesales nos lleva a visualizarlo como un recurso que se utiliza con exclusividad por el Juez, sin perjuicio de la actividad que los abogados llevan a cabo todos los días tratando de conciliar los intereses de sus clientes con los intereses de sus contrarios.

Por sus semejanzas con la mediación, que ha llevado en muchas ocasiones a confundirla con ella, la desarrollaremos más en detalle.

Para la mayoría de los Códigos Procesales de Latinoamérica, puede reservarse este vocablo para referirse a la facilitación de un acuerdo presidido por un juez; en este sentido, se habla de conciliación intraprocesal y al acuerdo se llegará por tres caminos: la renuncia unilateral del pretensor (desistimiento), la renuncia a la resistencia por parte del pretendido (allanamiento) o la renuncia de ambos a una porción de sus pretensiones (transacción).

Sin embargo, la conciliación ha sido descrita como un intento de llegar voluntariamente a un acuerdo mutuo, en que puede ayudar un tercero, quien interviene entre los contendientes de forma oficiosa y desestructurada para dirigir la discusión sin un rol activo.

Pareciera ubicarse este concepto más cerca de la conciliación extrajudicial o extraprocesal o prejudicial, pero lo cierto es que en la práctica de la conciliación siempre existe un órgano como el caso de los Comités de Conciliación en Japón o las Juntas o Consejos de Conciliación en los EEUU.

Se la ha dotado de un proceso que reconoce cuatro etapas:

- De conocimiento: presentación y conocimiento de los extremos de hecho y de derecho.
- Diagnóstica: evaluación del conflicto a la luz de la ley.
- De pronóstico: apreciación predictiva de su solución de acuerdo al derecho vigente.
- De tratamiento: formulación de propuestas de acuerdo.[2]

En cuanto a la diferenciación entre conciliación y mediación, aunque se reconocen similitudes en cuanto a que ambas son medios de autocomposición sobre la base del triángulo que provoca la presencia del tercero neutral, la diferencia profunda y trascendente radica en el rol que cumple ese tercero.

En la conciliación debe analizar, estudiar y diagnosticar la situación y predecir la respuesta probable o previsible del Estado y del derecho. Sería un papel más activo que el del mediador, porque evalúa la disputa, llega a sus propias conclusiones y propone una fórmula de arreglo. Se ha observado, en este punto, que existe dificultad para distinguir la conciliación de la llamada mediación evaluativa, en la cual el mediador, además de explorar los intereses de las partes, también efectúa predicciones sobre el posible resultado del litigio y propone fórmulas. La evidente similitud con la conciliación llevó a una parte de la doctrina a concluir que debe reservarse el término mediación para su sentido ortodoxo o clásico.

Otra diferencia es que la conciliación exige que el conciliador debe ser un experto en el tema que se le somete.

Finalmente, se dice que la mediación es una negociación basada en los intereses y la conciliación una negociación basada en los derechos.

*Arbitraje judicial.* Las partes convienen un tope máximo y otro mínimo dentro de los cuales aceptarán el fallo. Si está dentro de la banda vale el fallo. Si está por encima se acepta el tope máximo y si está por debajo el mínimo.

*Resolución judicial privada (alquiler de un juez).* Aproximadamente en 48 jurisdicciones de EEUU se permite la derivación de casos por consenso a un juez privado que tiene que conformar el procedimiento y dictar una resolución como el juez de la causa.

He querido introducir todo este desarrollo porque creo que la importancia de hablar de las variantes que se han dado a partir de la combinación de los cuatro métodos radica en un cambio de visión sobre lo que la sociedad necesita para frenar la conflictividad que va en constante aumento.

## Notas

1. El Proyecto de Ley número 205 de 1995 de la República de Colombia por la cual se dictaron normas sobre eficiencia y descongestión en la justicia y se promueve el acceso a la misma, contempla la incorporación de la mediación, de la amigable composición, del experticio o peritaje, de la conciliación y del arbitraje bajo la forma de un verdadero Código de Procedimientos. El acceso a la justicia está precedido por la figura de la evaluación neutral de casos, mediante el cual una persona somete al concepto del evaluador una situación de hecho o de derecho, a fin de que éste se pronuncie sobre el probable desenvolvimiento y resultado del asunto en caso de ejercer una acción judicial o de acudir a otros sistemas de solución de conflictos. El evaluador informará al peticionario de los medios de que disponga para la defensa de sus intereses, de los aspectos procesales de dichos medios, de la probabilidad de éxito de sus pretensiones en cada uno de ellos y de los costos ordinariamente asociados a los mismos, incluyendo la duración del trámite. También sugerirá mecanismos alternos a las acciones judiciales para la defensa de los intereses del peticionario y propondrá posibles fórmulas de arreglo.

2. El procedimiento adoptado por el Centro de Arbitraje y Conciliación de la Cámara de Comercio de Bogotá, República de Colombia, prevé seis etapas: 1. Contacto. Comienza con el saludo y la ubicación de las partes y establece la confianza básica para abordar el conflicto; 2. Definición del contexto. Tiene por objetivo definir las reglas del juego o las formas como se llevarán a cabo los procedimientos. Permite definir las características de tiempo, lugar, contenidos, ventajas y efectos de la conciliación; 3. Exploración del conflicto. Indaga sobre la posición de cada uno, identifica los intereses y determina lo conciliable. Aquí el foco está puesto en el conflicto en sí para separarlo de las personas; 4. Etapa de interacción. Aquí comienza la negociación. El conciliador debe conducir el proceso según la negociación por principios, invitar a las partes a plantear opciones y a analizar las posibilidades de acuerdo y desacuerdo; 5. Diseño de una propuesta: en esta fase se identifican los elementos del acuerdo y se verifica su aceptación verificando todos los aspectos jurídicos que se necesitan para formalizar el acuerdo; 6. Cierre. El conciliador rescata los esfuerzos realizados por las partes, hace ajustes a la propuesta de arreglo y las invita a comprender sus posibilidades ante la solución de conflictos.

# Apéndice 7

# Una aplicación práctica del proceso[1]

***Mediación***
Cómo Recrearla sin «Morir en el Intento»

María del Rosario Adano de Ferro – Abogada, Mediadora
Hugo José Licciardi – Psicólogo, Terapeuta Familiar, Mediador
María de las Mercedes Vizcaya – Abogada, Mediadora y Artista Plástica
Justo José Zapponi – Abogado, Mediador
Dora Esther Faría de Zuliani – Abogada, Mediadora
– 1998 –

## Introducción

El proceso de mediación que desarrollamos tuvo como punto de partida una obra de teatro que, como tal, contiene un conflicto, en este caso familiar. Nos pareció importante el planteo de la obra, en el cual el conflicto tiende a repetirse cuando no se resuelve satisfactoriamente.

Aclaramos que tomamos el guión únicamente como referencia. Pero si bien la obra literaria analizada es un simple «pre-texto» de base para la construcción de nuestro trabajo, su elección no es producto de la casualidad. Por el contrario, elegimos el teatro porque «éste tiene como material básico al hombre, pero no es el hombre en cualquier situación, sino en conflicto. Esto define el campo del teatro. El teatro siempre es: un **sujeto** que en algún **entorno** lleva adelante una **acción** para resolver un **conflicto**. Estos cuatro principios dan la estructura dramática y dentro de ella el elemento jerárquico sería el conflicto. Conflicto no es sinónimo de pelea franca. El conflicto comienza con la primera idea de que algo debe modificarse, tiene un movimiento, un desarrollo y una solución que puede ser cualquiera (triunfo o fracaso), pero se resuelve. Así, en toda escena hay conflicto aunque no se note.» (Instituto Nacional de Estudio de Teatro – Secretaría de Cultura de la Nación – *Cuaderno de Divulgación* nº 1, págs. 13-19-20 y 24).

Utilizamos los personajes del texto literario, a quienes fuimos contextualizando y adaptando al marco del proceso de mediación que planteamos. A partir de este soporte, creamos la interacción conflictiva, la personalidad de cada uno de los actores que irán desplegándose y actuando, las posiciones, las alianzas, los juegos de poder y en general lo que el desarrollo de la teoría del conflicto nos enmarca. La teoría de la comunicación humana y los aportes de la neurolingüística nos permitieron incorporar los componentes digitales y analógicos.

Este trabajo fue realizado en el marco de la cátedra de El Proceso de Mediación a cargo del Dr. Rubén Calcaterra, de la Maestría Interdisciplinaria en Administración y Resolución de Conflictos para la Formación de Negociadores y Mediadores, por lo que dichas clases fueron nuestro marco teórico que conformó el andamiaje del presente, en tanto que el Dr. Calcaterra desarrolla detalladamente las etapas, estadios y pasajes que permitirán –en todo proceso de mediación– deconstruir el conflicto, para co-construir la solución.

Proponemos de esta forma al lector acompañarnos, transitando el mismo camino que efectuamos nosotros al «re-crear» los personajes, sus intereses, y el valor que –en cada uno de ellos– será en definitiva el que sostenga la posición a través del discurso.

## Proceso de mediación

*Etapa preliminar de convocatoria:*

David llama por teléfono al Centro de Mediación Interdisciplinario *Alfa*, requiriendo sus servicios. Es atendido por la secretaria administrativa. Se conviene una primera entrevista para el jueves 3 de septiembre a las 18 horas.

Este Centro tiene por metodología la intervención como soporte técnico o evaluador del psicólogo de la institución, quien tratará de contener al solicitante, calmar sus ansiedades, validarlo en la elección del proceso y explicitarle las características del método. También indagará las causas de la solicitud, los temas y cuestiones que –a decir de esta parte– contextualizan la situación adversarial: quiénes son los involucrados, cuáles son las expectativas y, en definitiva, qué es lo que quiere obtener del proceso.

También dejará aclarado el monto de honorarios, la forma y término del pago, advirtiendo que la no concurrencia ocasionará de igual modo el pago de la sesión –esto va estableciendo un sutil manejo del poder–.Finalmente abordará la elección del mediador y requerirá los datos necesarios de las partes a efectos de realizar las citaciones respectivas.

Esta entrevista es explicativa y evaluativa.

Jueves 3 de septiembre – 18 horas

Nota: en adelante S: significa soporte (evaluador), D: David, E: Edy, F: Fidel, y M1, M2: mediadores.

*–S: Buenas tardes, tome asiento por favor... Mucho gusto, mi nombre es Gerardo Delgado, le doy la bienvenida a nuestro Centro. Le agradezco que nos haya elegido y permítame felicitarlo al haber optado por la mediación, que es un método moderno, participativo, no violento, que les ayudará a encontrar la solución más adecuada para resolver la situación que le preocupa. Este proceso brinda un marco respetuoso y cordial, donde se puede reconocer que los conflictos son una parte más de las relaciones humanas y, por lo tanto, propios de toda interacción.*

*–D: Bueno, muchas gracias. Yo soy el ingeniero David Ríos Prado y la verdad es que no me resultó nada fácil recurrir a una mediación. No estoy acostumbrado a contar a nadie mis problemas personales. Ni a mi mujer se los cuento. Pero un colega me dijo que acá lo ayudaron a superar un embrollo familiar, así que me armé de coraje y llamé. En general yo soluciono todos mis problemas, pero acá está involucrada mi madre, y usted sabe... la vieja es la vieja...*

*–S: ¡Y vieja hay una sóla! ¿Tiene ganas de contarme qué pasa?*

*–D: Bueno, mamá se quedó viuda hace algunos años y vive sola en una casa muy grande. La forma en que murió papá fue muy traumática para todos; mamá hizo un gran esfuerzo. En realidad fue quien sostuvo en pie a toda la familia. Luego los hijos nos casamos, y nos fuimos, y ella quedó solita. Hasta hace algún tiempo todo estaba bien, andaba por todos lados, se las arreglaba diez puntos, nos cocinaba los domingos, cuidaba los nietos, hacía sola los trámites bancarios, estaba lúcida; en fin, era independiente, pero últimamente se pierde, se olvida de las cosas. El otro día dejó una fuente en el fuego y casi se quema la casa. La cuestión es que hoy por hoy, ya no puede vivir sola.*

*–S: Bien, entiendo lo que ud. plantea, ¿pensó entonces cuál podría ser la solución?*

*–D: ¡Yo no permito que mi madre vaya a un asilo!*

*–S: ¿Hay alguien que sí lo quiere?*

*–D: Mire, nadie lo dice directamente, pero yo creo que es lo que quieren mis hermanos.*

*–S: Dígame David, ¿cómo está constituida su familia de origen?*

*–D: Mamá se llama Beatriz, tiene 76 años y es ama de casa. Mi padre falleció hace 9 años, se llamaba Vicente, y era ferroviario. Somos tres hermanos. Fidel es el mayor, tiene 45 años y es soltero. Edy, que es la segunda, tiene 40 años, es casada y con 3 hijos. Yo soy el menor, tengo 38 años, soy casado y tengo 3 hijos varones.*

*–S: ¿A qué se dedican sus hermanos?*

*–D: Fidel es actor, se fue a Buenos Aires cuando tenía 25 años; Edy es arquitecta, pero no ejerce, se dedica a cuidar a sus hijos. Yo soy ingeniero civil, y tengo una empresa constructora.*

*–S: David, ¿qué lo lleva a pensar que sus dos hermanos desean un asilo –como ud. dice– para su mamá?*

*–D: ¡Qué se yo... el olfato... yo los conozco a mis hermanos. Fidel es un tarado, cualquier cosa le da lo mismo. Mi hermana es más piola, pero el que maneja la batuta es el marido.*

*–S: Permítame entender, ¿ud. cree entonces que es su hermana o su marido quienes desean un hogar de ancianos para su madre?*

*–D: Me parece que ambos, aunque... mi cuñado es el que seguramente presiona a mi hermana por este tema.*

*–S: ¿Han intentado los tres hermanos hablar este tema?*

*–D: Y sí... pero irremediablemente terminamos discutiendo y em-*

*piezan a salir cosas viejas, al final nunca llegamos a nada y nadie se hace cargo.*

*–S: ¿Nadie se hace cargo...?*

*–D: Ud. sabe cómo es la cosa... las madres siempre se inclinan por las hijas y no hacia la nuera... así que en mi opinión es mi hermana la que tendría que estar cerca de mamá, la que tendría que atenderla más, ...qué se yo... una enfermera no es lo mismo. ¡Ojo! Yo no tengo problemas en pagar una o diez enfermeras, pero mamá va a estar mucho más cuidada con Edy. Nunca uno de afuera la va a atender como ella. Mi esposa la quiere mucho a mamá, pero no es lo mismo... Por ejemplo, si alguna vez la tuviera que cambiar porque se ensució, pienso que mamá se avergonzaría... pienso que con la hija es diferente.*

*–S: Ud. dijo que la forma en que falleció su padre fue muy traumática para todos. ¿Por qué?*

*–D: A papá lo mataron... Siempre fue militante de un partido de izquierda y un día entraron dos enmascarados buscando unos papeles del partido que mi papá nunca tuvo. Pero no creyeron que papá no los tenía y los golpearon y patearon a los dos y terminaron pegándole un tiro en la cabeza a papá. Desde allí, mamá, que siempre le reprochó su militancia, se acercó al partido y empezó a militar ella. Al final la vieja se convirtió en estrella... A veces aparecía en la TV local, le hacían reportajes por radio, hablaba en los actos... Mi hermana se ponía furiosa. Le daba mucha vergüenza que mamá militara... Me parece que ella se embruteció desde que se casó con mi cuñado. No es un mal tipo, pero bruto como un arado. Con él no se puede hablar más que del precio del algodón, la cosecha de girasol, For Ever y Boca y en eso coincidimos. Fidel en cambio se puso contento... o al menos no le molestaba.*

*–S: ¿Por qué cree que a Fidel no le molestaba?*

*–D: Por algo se llama Fidel... Piensa igual que papá; pero es un bohemio... Estudiaba filosofía y abandonó... Al poco tiempo se fue a Buenos Aires, quería ser actor... No supimos de él durante mucho tiempo y las noticias que nos llegaban no eran halagüeñas. Nunca pasó de ser un triste actorcito de cuarta categoría. Trabajaba en teatros vocacionales haciendo obras combativas; creía que desde un escenario podría cambiar la sociedad, hacer la revolución... Al final me da lástima, solo como un perro, sin una familia, sin un peso... Hace poco volvió, estaba haciendo una gira con una obra de teatro para chicos... A lo mejor se queda, según me dijo el intendente, que es un*

*viejo amigo de él, le ofreció dirigir una escuela de teatro para niños. Ojalá se quede. Acá por lo menos tiene su familia.*

*–S: Bueno, espero que éste pueda ser el espacio adecuado para que todos juntos construyan la solución más conveniente.*

*–D: Yo también lo espero.*

*–S: ¿Hay alguna otra cosa que me quisiera contar, algo que pudiera permitirnos entender más?*

*–D: No sé si será importante... Usted lo evaluará... La historia se repite porque con mi abuela, la mamá de mi mamá, pasó algo parecido.*

*–S: ¿Me puede explicar más por favor?*

*–D: Cuando quedó viuda, se le ocurrió vender su casa para darle la parte a las hijas, a partir de allí empezó a peregrinar un tiempo con cada una... Pobre... a decir verdad, cuando vino a casa, éramos adolescentes y claro, nos hinchaba... Yo tuve que compartir mi cuarto con Fidel, porque la abuela ocupó el de mi hermano. Por ahí nos teníamos que clavar sin salir un sábado para no dejarla sola... Le decíamos «el paquetito», y nos peleábamos los hermanos para ver a quién le tocaba quedarse. Se armaba cada lío... mi viejo se enojaba, no quería que la llamáramos así... En fin, creo que la vieja se dió cuenta de que mi mamá no la aguantaba más, y un día decidió morirse...*

*–S: Creo que es importante... ¿Hay alguna otra cosa que me quiera decir?*

*–D: No...*

*–S: Bien, entonces pasemos a cuestiones más formales. ¿Ha participado alguna vez de una mediación? ¿Conoce las características del proceso?*

*–D: Sí, he sido citado varias veces, pero por cuestiones de la empresa.*

*–S: Entonces no abundaré en detalles... Nuestra modalidad operacional es trabajar con dos mediadores. Cada sesión tiene una duración máxima de dos horas y su costo es de 250 dólares. Los pagos pueden ser compartidos por las partes. Eso lo deben decidir ustedes, y se pagan al inicio de cada encuentro. Una vez acordadas las entrevistas, ese espacio será exclusivamente suyo. Esto significa que si por alguna razón no pudiesen venir y no avisasen con una antelación de al menos 48 horas deberán soportar igualmente el costo de la misma. ¿Tiene alguna pregunta?*

*–D: No, está claro. En cuanto al importe de los honorarios, yo pagaré las sesiones.*

*–S: Bien, siendo así, sólo nos resta que ud. elija los mediadores que actuarán de forma conjunta en este proceso de la lista que nuestra secretaria le entregó al ingresar. Uno de ellos deberá ser del grupo marcado con un asterisco.*

El Centro de Mediación Alfa tiene como modelo para trabajar en los casos de familia la comediación entre un abogado y un psicólogo. A efectos de no informar a las partes la profesión de base de los mediadores, el grupo de mediadores que corresponde a los abogados, está marcado con un asterisco.

*–D: En realidad no conozco a nadie de esta lista...*

*–S: Todos los miembros de este centro son profesionales muy capacitados. Puede elegir dos nombres al azar.*

*–D: A ver... De ésta, Roberto Aguilar y con asterisco... Carolina Ansaldi.*

*–S: De acuerdo. Sobre la base de lo conversado citaremos a Edith y Fidel. Escriba en esta ficha el nombre completo de ambos, sus direcciones y teléfonos, y también sus datos.*

David escribe con letra de imprenta muy dibujada, como si estuviese haciendo un plano. Cuando concluye dice:

*–D: ¿Se entiende?*

*–S: Sí, perfectamente... Vamos a tomarnos entonces una semana para poder concretar las citaciones. Si está de acuerdo podríamos fijar como fecha del primer encuentro conjunto el jueves 10 a las 18 horas. ¿Le parece bien?*

*–D: Sí, sí... Quiero solucionar este tema cuanto antes, así que correré cualquier compromiso que pudiese tener.*

*–S: Esta fecha es tentativa ya que deberemos chequearla con sus hermanos. Si surge algún inconveniente, nuestra secretaria contactará telefónicamente con ud. para avisarle. Bien, ¿tiene alguna inquietud David?*

*–D: No, todo está claro.*

*–S: De acuerdo, ha sido realmente un placer conocerlo, verá como entre todos podrán resolver el problema y no se arrepentirán de haber elegido esta alternativa.*

## Informe de entrevista de evaluación

I. *Del consultante:*

| | |
|---|---|
| Consultante: | David Ríos Prado |
| Edad: | 38 años |
| Est. civil: | Casado |
| Profesión: | Ingeniero civil |

II. *De las partes a citar:*

a) Edith Ríos Prado – Santa María de Oro 1250 – Resistencia – Tel: 24698

b) Fidel Ríos Prado – Dónovan 5l – Resistencia – Tel: 45104

III. *De los mediadores:*

El consultante no conocía a ninguno de los mediadores del centro. La elección fue realizada por elección de nombre. Fueron seleccionados:

Dra. Carolina Ansaldi
Psic. Roberto Aguilar

IV. *De la derivación:*

Actuó como derivador el ing. Juan Carlos Malarkzuk. Esta persona fue parte en una mediación familiar, y dado que logró resolver su conflicto, recomendó nuestro centro.

V. *Del conflicto:*

a) *Conflicto manifiesto:* Quieren resolver qué hacer con la mamá que ya no puede vivir sola.

b) *Desarrollo del conflicto:* La mamá (Beatriz) ha quedado viuda hace nueve años, y quedó viviendo sola. En principio se manejó perfectamente, pero desde hace algún tiempo comenzó a tener problemas (arteriosclerosis incipiente, se olvida de las cosas) los cuales le impiden valerse por sus propios medios.

Sus hijos (David, Edith y Fidel) están preocupados por el tema, pero no han podido resolverlo. Cada vez que intentan hablar sobre el tema, terminan discutiendo.

David (el consultante) se niega a que su madre sea internada en un geriátrico y cree que lo ideal sería que se fuese a vivir con Edith.

No obstante, piensa que su hermana no acuerda con esa solución, fundamentalmente a instancias de su marido.

Su hermano Fidel, aparece bastante desdibujado.

c) *Soluciones intentadas:* Hasta el momento no han intentado ninguna solución, salvo la presente mediación. Tal lo dicho, cada vez que intentan conversar sobre el tema, terminan discutiendo.

VI. *De los antecedentes a tener en cuenta:*

1. *Fallecimiento del padre:* El padre (Vicente) era un militante de un partido de izquierda. Un día ingresaron en la casa dos enmascarados buscando algunos documentos que Vicente no tenía. Lo golpearon y lo mataron de un tiro en la cabeza.

2. *La madre frente al hecho:* Ella fue quien mantuvo en pie a la familia moralmente. Después de la muerte de su esposo –a pesar de haber estado anteriormente en desacuerdo con su militancia– levantó las banderas ideológicas de Vicente y comenzó su participación activa; llegó a tener imagen pública.

3. *Los hijos frente a la militancia de Beatriz* (de acuerdo a la percepción de David):

a) Edy: Le molestaba y avergonzaba.
b) Fidel: Estaba de acuerdo.

VII. *De los datos de las partes:*

En el genograma adjunto se detallan datos objetivos. Los que se indican seguidamente son los que se obtienen de la percepción del consultante y permitirán inferir una posible relación interpersonal.

Edy: Es «piola», se embruteció al casarse con el esposo. Este es «bruto como un arado». *Se infiere una relación cordial, simétrica, que puede transformarse por momentos en complementaria, con tendencia de David a colocarse «up».*

Fidel: Piensa igual que el padre... pero es un «bohemio», «un triste actorcito de cuarta categoría». Se fue a Buenos Aires hace mucho tiempo y no volvieron a saber de él. Regresó hace muy poco con una obra de teatro. Es posible que se quede a vivir en Resistencia con un puesto de director del Teatro Infantil. *Se infiere una relación menos cordial que la anterior, del tipo complementaria con marcada desvalorización de la imagen de Fidel.*

VIII. *De la personalidad del consultante:*

Su aspecto es el de una persona pulcra. Se muestra locuaz, seguro de sí mismo y dominante. Parte de su seguridad la basa en el manejo del dinero. Se sugiere prestar atención para evitar la posible colonización del discurso.

*Centro de Mediación Interdisciplinario Alfa*
Dr. Gerardo Delgado
Psicólogo-Mediador

**GENOGRAMA**

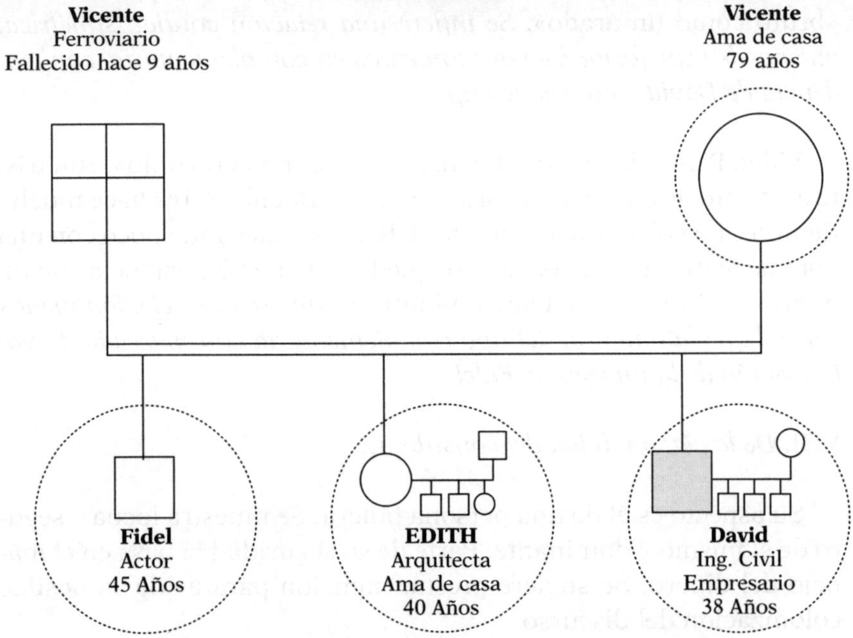


*Centro de Mediación Interdisciplinario Alfa*
Dr. Gerardo Delgado
Psicólogo-Mediador

Resistencia, 4 de septiembre de 1998

Señor
Fidel Ríos Prado
Dónovan 51
*RESISTENCIA*

De nuestra mayor consideración:

Tenemos el agrado de dirigirnos a usted a efectos de invitarlo a participar de la Mediación Privada que se realizará el próximo jueves 10 del corriente mes a las 18 horas, en nuestro Centro de Mediación, sito en Avda. Wilde 12 de esta ciudad.

La mediación fue solicitada por el Ingeniero David Ríos Prado, con el objetivo de resolver conjuntamente en este ámbito la situación de la Sra. Beatriz Prado de Ríos.

Le informamos asimismo que los honorarios serán soportados por el requirente, quedando este Centro a su total disposición para aclarar personal o telefónicamente cualquier inquietud que respecto del proceso pueda planteársele.

La mediación es un medio para resolver diferencias basado en la participación y colaboración de los intervinientes; quienes tendrán la posibilidad de pensar y elegir alternativas, para acordar sin necesidad de recurrir a la decisión impuesta por un juez. Por lo tanto se alienta a la autodeterminación y a las soluciones creativas.

Esperando contar con su grata presencia, hacemos propicia la oportunidad para saludarlo muy cordialmente.

*Centro de Mediación Interdisciplinario Alfa*
Dr. Rodolfo Diaz Colodrero
Director

El entrevistador, sobre la base de lo conversado en la entrevista previa, decide citar a Edy por teléfono. Así lo hace y Edy manifiesta que concurrirá a la cita.

Jueves 10 de septiembre – 18 horas

Diez minutos antes de la hora acordada, David y Edith llegan al Centro de Mediación, la secretaria los recibe y los hace pasar a la sala de espera. Siendo las 18hs. se acerca a ambos y en virtud de que aún no está Fidel, les advierte que ya es la hora de comenzar la mediación y que los mediadores están en la sala de audiencias. Les aclara que Fidel ha recibido la citación enviada.

David mira a Edith, realizando un movimiento de cabeza de arriba hacia abajo:

*–D: No podía ser de otra manera...*

*–E: Bueno,... siempre llega tarde, pero no falta, ¿te parece David que lo esperemos 15 minutos?*

*–D: Sí, yo no tengo problemas, pero sólo 15 minutos. ¿Es posible?*

*–S: Sí, es posible. Esperamos entonces...*

*–F: Hola chicos... ¡Qué complicaciones con el colectivo! No venía nunca. Es tarde ¿no? ¿Nos están esperando?*

*–E: Sí, no hay problemas... yo aviso a la chica... Srta. estamos todos, eh...*

*–S: Bien, aviso a los mediadores, enseguida los hacen pasar...*

*–M1 y M2: Buenas tardes, es un placer recibirlos, yo soy Roberto y ella Carolina, ambos vamos a actuar como mediadores en este caso.*

*–F: Hola. Soy Fidel, el que se demoró... pero el colectivo... disculpen, ¿eh?*

*–D: Buenas tardes, yo soy el Ingeniero David Ríos Prado y ella mi hermana Edith.*

*–E: Mucho gusto...*

*–M2: Vamos, los invitamos a pasar. Pasen.*

La sala de audiencias, pintada de color blanco, muy luminosa, con cortinas de voile, da una agradable sensación de calidez.

Acuarelas de una pintora local, coloridas y simbólicas, visten las paredes. El mobiliario, compuesto por una sobria mesa oval con tapa de vidrio, cercada por sillas tapizadas, descansa sobre una alfombra de color ocre.

Sobre la mesa, esparcidas, se ven hojas de papel y bolígrafos; en uno de los laterales de la misma, hay dos carpetas con lapiceras que marcan el espacio de los mediadores. Al costado un rotafolios.

Ingresan las partes y son invitadas a sentarse. A David se le indica la silla colocada a la derecha de los mediadores, Fidel a la izquierda de los mediadores y Edy se ubica entre ambos, pero más cerca de David.

Se realiza el cotejo de datos, mediante preguntas cerradas y finalizando el mismo:

*–M1: ¿Alguno de ustedes ha participado alguna vez de una mediación?*

*–E: Nunca.*

*–F: Nunca.*

*–D: Sí, varias veces, por algunos conflictos de mi empresa...* (Se cruza de piernas, se acomoda el saco y enfáticamente dice) *Pero ahora es distinto, porque yo pedí esta mediación y se trata de una cuestión familiar porque quiero encontrar la solución al problema de mi madre, que ya no está en condiciones de valerse por sus propios*

*medios, alguien tiene que hacerse cargo de ella. Lamentablemente hace algún tiempo ha comenzado con un problema de arterioesclerosis y ya no puede vivir sola... y fíjese usted que el otro día dejó una olla en el fuego y casi se quema la casa. No cree que...*

El mediador interpreta que la intención de David es continuar con la narrativa y buscar una alianza con el mediador. Lo interrumpe para evitar la colonización, pues sabe que al haber hecho uso de la palabra en primer lugar, tendrá predominio y, por lo tanto, está prevenido a nivel del discurso y evitará así, con el corte, que despliegue la historia, posicionándose y posicionando a los demás.

*–M1: Muchas gracias David, luego le pediremos que nos amplíe. Ahora,* (Discurso inicial o de apertura) *queremos darles la bienvenida y decirles que nos alegra mucho tenerlos en nuestro centro. Le agradecemos el habernos elegido, y los felicitamos por haber optado por la mediación, que es uno de los métodos más modernos, participativos y no violentos para resolver los conflictos que se suscitan entre las personas. Esto nos muestra ya que ustedes están actualizados y son de vanguardia. Y nos alegra en varios sentidos: porque al ser la mediación relativamente nueva en nuestro país, sabemos que no es fácil tomar la decisión de participar en este proceso. Pero estamos contestes en que esta es una forma de resolver los problemas de una manera colaborativa; es decir, que cada uno pueda entender el punto de vista del otro, para poder llegar a un acuerdo que beneficie a todos los que participan. El hecho de que algunos tengan problemas, hace que todos los tengan, pero el verdadero problema no son uds., sino el conflicto que quieren resolver, y el poder de decisión es de uds. Por eso sabemos que, en este momento, les parecerá difícil pensar en ponerse en el lugar del otro, pero para eso estamos nosotros, para acompañarlos y ayudarlos a reflexionar, a explorar otras alternativas que a lo mejor hasta ahora no habían aparecido y que, en el mejor de los casos, puedan arribar a un acuerdo.*

*Queremos contarles que otra característica esencial del proceso es que es absolutamente confidencial. Esto quiere decir que pueden hablar con total tranquilidad porque todo lo que aquí se diga no saldrá de este ámbito.*

*Además tengan presente que la mediación es totalmente voluntaria; esto significa que, así como están aquí por propia decisión, de igual modo pueden retirarse si sienten que no se cumplen sus expectativas o si, por cualquier otro motivo, no deseen seguir.*

*Nos gustaría resaltar que nosotros trabajamos en equipo. Somos un grupo interdisciplinario compuesto por psicólogos y abogados con el cometido de lograr posibilidades más serias y satisfactorias.*

*Queremos también que quede claro que no somos jueces, que no vamos a juzgar, ni a opinar, ni menos a decidir sobre la situación que hoy nos trae acá. Uds. son los protagonistas de este proceso y los responsables de las decisiones que tomen.*

*–M2: Hoy estamos aquí reunidos para enumerar los problemas, para clasificarlos, para fijar las posiciones que cada uno tiene con relación a ellos, y analizar las reales necesidades y las posibilidades de satisfacerlas.*

*También tenemos algunas reglas que es esencial que observemos. Queremos que exista respeto mutuo, sobre todo escuchar sin interrumpir al que hemos dado la palabra. Todos tendrán las mismas oportunidades de hablar. Como ven, en esta mesa tienen lápiz y papel para anotar lo que quieran decir en el momento que tengan la palabra.*

*Otra regla es respetar la puntualidad de los horarios que fijamos para las reuniones y si deben cancelarla por algún imprevisto, hacerlo saber o comunicarlo con la debida antelación.*

*Estaremos reunidos durante aproximadamente dos horas, y generalmente, este será el tiempo de los encuentros siguientes.*

*Queremos contarles además que, como forma de trabajo, vamos a tener reuniones conjuntas, como ésta, en la que estamos todos presentes, y también podremos tener reuniones privadas con alguno de ustedes o con todos, de acuerdo a lo que consideremos necesario, porque en determinados casos es importante para nosotros poder escucharlos separadamente. En ellas podrán decir con absoluta confianza lo que no quieran o no se animen a expresar en presencia de los demás. Por nuestra parte, no revelaremos lo que allí se diga, salvo expresa autorización de uds.*

*Nuestra posición es neutral, pero si alguno no lo siente así, nos lo hacen saber de inmediato y hablamos sobre ese tema. Tales serían resumidamente las características principales de este proceso de mediación. ¿Les ha quedado alguna duda? ¿Algo que deseen preguntar...?*

*–M1: Estando de acuerdo, entonces, procedamos a la firma del convenio de confidencialidad.*

## Acuerdo de relación profesional

En Resistencia, a los 10 días del mes de septiembre de 1998, entre los señores David Ríos Prado, Edith Ríos Prado y Fidel Ríos Prado –por una parte– y los Dres. Carolina Ansaldi y Roberto Aguilar –mediadores e integrantes del Centro de Mediación Interdisciplinario Alfa–, acuerdan lo siguiente: *1)* El Sr. David Ríos Prado solicita la intervención de los Dres. Carolina Ansaldi y Roberto Aguilar en calidad de comediadores, para abordar sus posiciones divergentes y cuestiones conflictivas relacionadas con la madre de las partes: la Señora Beatriz Prado; *2)* Los señores David, Edith y Fidel, todos de apellido Ríos Prado, se comprometen a participar activa y colaborativamente en el proceso, empeñándose en la búsqueda de alternativas que los ayuden a encontrar fórmulas creativas para la resolución del problema indicado en el punto anterior; para ello: *a)* reconocen la necesidad de expresarse de modo franco, abierto y honesto, como medio de intercambio que los conduzca hacia la adopción de decisiones responsables; *b*) dispensan a los mediadores de eventuales citaciones como testigos y se obligan a respetar la más estricta reserva sobre todo lo que se dijera o sucediera en el curso de las sesiones; por lo tanto cualquier comunicación entre las partes y los mediadores o entre los hijos de las partes o terceros implicados y los mediadores, está protegida por el secreto profesional y sólo podrán ser divulgadas a otros con el consenso de las partes; *c)* reconocer «impasses» en el proceso de mediación cuando se produzcan: c.1– falta de respeto a las reglas; c.2– débil o inhábil disposición de los participantes; c.3– ausencia injustificada a la sesión; c.4– ausencia de progresos sustanciales después de tres encuentros. El «impasse» podrá ser reconocido tanto por los mediadores como por cualquiera de las partes, con tal de que exista conformidad con los mediadores; *d)* proveer todas las informaciones pedidas de modo exacto, honesto y completo. La imperfecta o parcial presentación de los datos o noticias anulará automáticamente su procedencia para el proceso; *e)* aceptar la inclusión, si fuera necesario, de los hijos o parientes próximos; *f)* poder valerse, con toda libertad, de la consulta del abogado de confianza: f.1– antes de arribar a cualquier acuerdo; f.2– antes del momento de creación de alternativas; f.3– para la redacción del acuerdo conclusivo de los puntos mediados y su trámite judicial; *3)*

También los requirentes se comprometen a: a) evitar la introducción de cambios sustanciales, una vez que se haya estipulado el «acuerdo preliminar», sin la aprobación escrita de los mediadores; b) extender por escrito los tiempos y las condiciones de los eventuales «periodos experimentales»; *4)* Se convienen los honorarios a favor de los Dres. Roberto Aguilar y Carolina Anzaldi en 125 pesos por hora de mediación, los cuales serán abonados por adelantado; *5)* Acordar que dichos honorarios serán abonados íntegramente por el Sr. David Ríos Prado. Previa lectura y ratificación de los términos precedentes, firman las partes y los mediadores tres ejemplares del mismo tenor y a los mismos fines, en el lugar y fecha arriba indicados. Firman todos.

*–M2: Muchas gracias. Bien David, dado que usted ha sido quien solicitó la mediación, nos interesaría saber ¿qué es lo que usted quiere resolver acá?*

*–D: Como dije antes, quiero encontrar la solución al problema de mi madre, que ya no está en condiciones de valerse por sus propios medios, y alguien tiene que hacerse cargo de ella.*

*–M1: Edy, ¿qué es lo que usted quisiera resolver acá?*

*–E:* (Apoya los brazos sobra la mesa, con las manos entrelazadas, con la cabeza hacia el costado para el lado de David y dice titubeante)... *Y sí, yo estoy de acuerdo con David, yo también...*

*–M2: ...¿También?...*

*–E: (*Tapando parcialmente la boca con su mano)... *Y si alguien la tiene que cuidar...* (Hace un silencio prolongado.)

El mediador percibe que en Edy existe algún interés subyacente y que, por lo tanto, está ocultando la realidad de lo que piensa o siente.

*–M2: Gracias, Edy... A ver Fidel, ¿por qué está usted acá, qué le interesa resolver en esta mesa de mediación?*

*–F: Mire, yo no sé bien, yo estuve muchos años afuera, volví hace poco tiempo, no sé... pero si los chicos creen que mamá no puede estar sola, seguro que es así...*

*–M1: Le agradezco Fidel. Y aprovecho para felicitarlos a todos, porque es muy lindo ver que tres hermanos coinciden en la necesidad de resolver un problema de la mamá.*

Los mediadores han encontrado la posibilidad de legitimar a todos los actores, y mostrar una clara coincidencia. Advierten que todas las partes tienen conciencia del conflicto y observan que, al menos hasta el momento, se trata de un conflicto objetal y no actoral. Finalmente realizan con esta intervención una circularización de la relación.

*–M2: Ahora bien, me gustaría preguntarles ¿qué solución intentaron antes de venir a esta mediación? Edy... ¿me lo explica?*

La mediadora M2 se legitima, reafirmándose como directora del proceso, y concede la palabra a Edy con la intención de que ésta asuma el espacio que no ocupó en su intervención anterior.

*–E: Conversamos muchas veces, pero en realidad... no llegamos nunca a ninguna solución...*

*–M2* (Interroga haciendo un gesto con la mirada y las manos, de tal modo que se entienda que la pregunta va dirigida a Edy.)*: ¿Por qué cree que no pudieron llegar a ninguna solución?*

*–E:* (Encogiéndose de hombros y colocándose los anteojos) *En lo único en que coincidimos es en que mamá no puede estar sola, ...Fidel dice que los hogares de ancianos son muy buenos, las cuidan bien, hacen laborterapia, gimnasia... Yo no sé, a mi no me gusta la idea de ver a mamá en un geriátrico, pero reconozco que a lo mejor allí se siente atendida y acompañada, tal vez nosotros no le podemos brindar un cuidado así... ¡todos estamos tan ocupados!*

La mediadora advierte que esta respuesta vuelve a ser evasiva, por lo que decide que mantendrá con Edy una sesión privada.

–M2: *Déjeme ver si entendí bien, ud. dice que han conversado y coincidido en que su mamá no puede vivir sola, pero que hasta el momento no han logrado encontrar una solución. Por otra parte, que la idea del geriátrico no le gusta, a pesar de suponer que allí puede estar mejor cuidada debido a las tantas ocupaciones que tienen todos, ¿es correcto esto?*

*–E:* (Sacándose los anteojos asiente con la cabeza)

*–M2: Y ud. Fidel, ¿qué opina de lo que dijo Edy?* (Pregunta circular)

*–F: Me parece que el problema no es tan grave, ni tan insoluble... quizás yo me sienta culpable por no haber estado junto a ellos duran-*

*te mucho tiempo, y entiendo que los chicos están muy ocupados, que tienen muchas preocupaciones.* (Actitud de empatía de Fidel con sus hermanos). *En realidad, creo que no hemos podido llegar a ninguna solución porque jamás hemos hablado sinceramente... ¡nadie se la juega por decir claramente qué piensa!... Si yo tuviera una casa... a la vieja me la llevo yo, pero la pensión que habito es una pocilga... lo que yo digo es que en Buenos Aires, muchas veces, los ancianos están mejor en un hogar que siendo «el paquetito» en la casa de alguno de sus hijos. ¡Pero claro!... esta es una solución cara que yo no puedo asumir... aunque a lo mejor... si se alquila la casa de mamá, capaz que alcance para pagarlo.*

*–D: ¡De ninguna manera... acá no hay ningún problema económico...!*

*–F: ¡Vos no tendrás problemas económicos...!*

*–D: ¡Si no los tengo yo, tampoco los tiene mamá!*

*–M1: ¡Por favor! No olvidemos las reglas de este proceso, la palabra la tenía Fidel... Fidel, ¿puede aclarar qué nos quiso significar al decir «paquetito»?*

*–F: Y «paquetito» porque... vamos a ser claros... todos estamos preocupados con este asunto de la vieja, pero nadie dice yo me la llevo, la cuido ...*

*–D: ¡Y además, Fidel, acordate de la abuela que la llamábamos así porque las hijas se la pasaban una a otra!...*

*–M1: Es decir, Fidel, a ver si comprendí... usted dice, entonces, que la cuestión de su mamá no es grave, la solución es posible, pero reconoce que todos están ocupados. Usted se la llevaría, pero tiene el inconveniente de que su casa no es la adecuada, porque vive en una pensión; por lo que considera que el hogar sería una solución para todos.*

*–F: ¡Gran capacidad de síntesis!*

*–M2 (*Dirigiendo la mirada a David): *¿Y qué nos puede decir David de lo que han dicho Fidel y Edy?* (Pregunta circular)

*–D: Yo lo que le quise decir a Fidel es que aquí el problema no es la plata. Acá hay que decidir qué hacer con la vieja, dónde irá a parar...*

*–M2: David, ¿qué cree que habría que hacer con la mamá?*

*–D: ¡Ahhhh... no sé!... eso lo tenemos que resolver entre todos... yo no quiero ser el único... lo cierto es que me parece espantoso que vaya a parar a un asilo... ¡y no jorobemos! todos sabemos bien lo que son los asilos en el Chaco, o ¿acaso no lo pusimos entre todos al tío José en el* «Jesús María»?... *Y no es que la sociedad sea machista o que la vieja sea un «paquetito»... yo creo que las madres se inclinan más por*

*las hijas que por las nueras, pero si ellos la quieren guardar ahí, como pretendieron hacer con la abuela,* (irónicamente y elevando la voz) *yo no me opongo... que decida la mayoría...* (De forma terminante y concluyente, con ceño fruncido, corre la silla hacia atrás, se cruza de piernas y entrelaza las manos sobre la rodilla. Además, el lenguaje analógico y el verbal denotan que existe una incongruencia entre lo que siente y lo que dice).

*–M1: Entiendo que pueda estar ansioso, pero tranquilícese, por favor, David, para que podamos seguir trabajando. ¿Me permite ver si pudimos captar su idea? Me pareció que dijo que éste era un problema que debían resolverlo entre todos, que su principal deseo es que su mamá no vaya a un hogar de ancianos, ya que en la zona no tienen la mejor atención, y opina que las madres se inclinan más por las hijas y que en definitiva, si la decisión de sus hermanos fuese el asilo, usted la aceptaría, ¿es así?* (Pregunta cerrada).

*–D: Exactamente.*

–M2: *Bien, no sé qué opinan ustedes, creo que por hoy hemos trabajado bastante. Antes de finalizar nos gustaría que hiciéramos un listado entre todos, puntualizando los temas más importantes que han surgido hoy* (Agenda).

Todos asienten con un movimiento afirmativo de cabeza.

Luego de un intercambio de ideas, se hace la lista en la que se detallan los siguientes puntos:

Todos estuvieron de acuerdo en que:

- La mamá no puede seguir viviendo sola (Tema principal).
- Que en las conversaciones que tuvieron entre los tres antes de venir a la mediación no lograron ponerse de acuerdo sobre cómo resolver el problema.
- A Edy no le gusta la idea de internar a su mamá en un hogar de ancianos, a pesar de suponer que allí puede estar mejor cuidada debido a las tantas ocupaciones que tienen todos.
- Fidel considera que la cuestión no es grave, que la solución es posible, pero reconoce que todos están ocupados. Se la llevaría consigo si tuviera una casa adecuada, y considera que el hogar sería una alternativa para todos.
- David opinó que es un problema que debían resolver entre todos. Que su principal deseo es que su mamá no vaya a un ho-

gar de ancianos, ya que en la zona no tienen la mejor atención, y que las madres se inclinan más por las hijas que por las nueras, pero que en definitiva si la decisión de sus hermanos fuese el asilo, la aceptaría.

Esta agenda fue confrontada con cada una de las partes, quienes la confirmaron.

*–M2: La verdad, nos agradó trabajar con ustedes, y les agradecemos el respeto con que nos hemos tratado, logramos crear un clima agradable, donde todos nos escuchamos y escuchamos al otro. Sinceramente queremos felicitarlos.* (Escucha activa).

*Queremos comunicarles que desearíamos tener una sesión privada con cada uno de uds. Acuérdense de que la sesión privada nos sirve a los mediadores para entender mejor qué es lo que ocurre. Creemos que su duración no superará los 45 minutos. Querríamos saber si ud., Edy, podría venir el jueves de la semana que viene a las 17 horas para esta reunión privada, si David podría hacerlo el mismo día a las 18 horas y Fidel a las 19 horas. En principio, el jueves 24 de septiembre, nos encontraremos todos nuevamente a las 18 horas.*

*–E: Está bien, yo no tengo ningún problema.*

*–D: Bueno, creo poder acomodar mi agenda, sí, me haré un tiempo en mis actividades.*

*–F: Bueno, sí... Si no demora más de 45 minutos yo creo que para las 21:30 podré estar en el teatro.*

Jueves 17 de septiembre – 17 horas
Reunión privada con Edy

Edy, un poco nerviosa, llega a Alfa y saluda a la secretaria.

*–E: Que tal, Srta. Yo vengo a una sesión privada de mediación.*
*–S: Sí, la están esperando. Pase y tome asiento, ya la anuncio.*
*–E: Gracias.*

Edy se sienta, enciende un cigarrillo y aspira fuertemente. Cruza las piernas, al momento las descruza y decide apagar el cigarrillo para no comenzar la entrevista con olor a humo. Se retoca los labios, chequea su aspecto en el espejo.

*–M1: ¡Buenas tardes, Edy! ¿Cómo le va?*
*–E: ¿Qué tal, ... muy bien y uds.?*
*–M2: Bien, bien, pasemos a la sala de audiencias.*

La sala de audiencia privada es tan confortable como la anterior y con un decorado similar, aunque más pequeña y con una mesa redonda.

Los mediadores y Edy toman asiento. Al notar a Edy un poco nerviosa, los mediadores le permiten que elija el lugar que le gustaría ocupar para disminuir su tensión.

*–M1: Ante todo, Edy, quisiéramos recordarle que esta audiencia es absolutamente confidencial y que aquello que usted nos diga nosotros no lo transmitiremos a los demás, salvo que nos autorice expresamente a hacerlo, por lo que todo lo que hablemos aquí quedará entre nosotros.*
*–E: Bueno, bueno, perfecto.*
*–M2: Además, queremos aclararle que esta es la oportunidad que tiene para decir todo aquello que por un motivo u otro no ha podido expresar en la sesión conjunta.*
*–E: Sí, está bien. Permítanme...* (Abre su bolso y apaga el celular).
*–M1: Veamos, Edy, si entendimos bien lo que expresó en la sesión conjunta: dijo que coincidieron con sus hermanos en que su mamá no puede estar sola...*
*–E: Sí, así es...*
*–M2: También expresó que a ud. no le gustan los hogares de ancianos, pero que si todos están tan ocupados, tal vez sería ése el mejor lugar.*

(Resumen de lo que dijo Edy en la audiencia conjunta y agenda)

*–E: Bueno, eso supongo.*
*–M1: ¿Qué cosas le hacen suponer eso?*
*–E: Bueno, no es que no me gusten los hogares de ancianos, lo que pasa es que me parece que mamá no tiene porqué ir a vivir allí.*
*–M1: ¿Por qué le parece que no?*
*–E: Y porque teniendo tres hijos, no hay derecho... además ella tiene sus momentos de lucidez en que nos puede reconocer, puede darse*

*cuenta de la realidad y saber que no está con su familia, no podrá arreglar sus plantas y salir a regar el jardín, no sé, un montón de cosas... Aunque lo del geriátrico también es posible, porque estaría con sus pares... pero qué son sus pares, otras personas enfermas... ¿no será muy deprimente? Además, esto ya pasó con mi abuela...*

*–M2: ¿Qué pasó con su abuela, Edy?*

*–E: Y bueno, había un arreglo entre mi tía y mi madre que durante un tiempo la abuela viviría con una y luego con otra. Cuando nos tocó a nosotros nos desarmó un poco la vida. Mejor dicho, nos trastornó la vida. En ese momento se planteaba la posibilidad de internarla, lo que no se pudo realizar porque la abuela se murió... y creo que no hubiese sido justo. Pero también... era otra época.*

*–M1: ¿De qué manera les trastornó la vida la llegada de la abuela?*

*–E: Y bueno... invadiendo un poco la vida doméstica, trajo conflictos entre mi padre y mi madre, y cambió la vida de mis hermanos y por supuesto la mía.*

*–M1: ¿Cómo se sentía ud. en esas ocasiones?*

*–E: Impotente, porque no podía resolver una cosa ni hacer otras, en definitiva, me sentía obligada. ¿Por qué obligada? Y porque la libertad que tenía hasta ese momento de hacer y no hacer se veía supeditada a que si tenía que quedarme con mi abuela, si mis hermanos tenían que salir o no, de tener que aguantarme la impaciencia y un montón de cosas que serían una lista interminable.*

*–M2: Entiendo sus sentimientos, Edy... ¿desea tomar un café?*

*–E: No, le agradezco, pero un vaso de agua estaría bien. ¿Se puede fumar acá?*

*–M2: Sí, Edy, fume tranquila.*

Se levanta uno de los mediadores y requiere a la secretaria un vaso con agua. Edy prende su cigarrillo y sonríe al mediador que está con ella.

*–M2: ¿Qué cree ud. que ocurriría si hoy llevara a su madre a vivir a su casa?*

*–E: En realidad creo que no sería muy distinto de lo que ocurrió con mis padres, con el agravante, primero de que mis hijos son mucho más chicos que nosotros en aquel momento y mi marido un poco más demandante que mi padre, quizás.*

*–M1: ¿Habló sobre esta posibilidad con su marido?*

Pequeña pausa, Edy mira hacia abajo.

*–E: Sí, lo hemos hablado en varias oportunidades y nunca lo pudimos resolver porque no discutíamos, pero teníamos diferencias.*

*–M1: ¿Podría contarnos cuáles son esas diferencias?*

*–E: Sí, podría contársela... pero se la resumo: mi marido no quiere que venga mamá a casa.*

*–M2: ¿Y ud. qué piensa Edy?*

*–E: Y bueno... yo no tendría problemas en tenerla en casa, ése es mi deseo, pero no puedo contradecirlo. Tampoco puedo yo solventar otra solución porque dependo exclusivamente de él. Pero para mí lo ideal sería que mamá se quede con alguno de nosotros. Seguramente mis hermanos querrán que sea conmigo, porque soy mujer. A mí también me gustaría estar con mi madre pero, en fin, hay prioridades y en este momento son mi marido y mis hijos.*

*–M2: Entre la posibilidad de que su madre viva con ud. y llevarla a un geriátrico, que serían como dos extremos, ¿le parece que puede haber alguna otra solución?*

*–E: Y... Habría alguna solución. No sé, puede ser que entre todos los hermanos paguemos una enfermera para que la atienda en su casa, o que la tengamos un tiempo cada uno con nosotros, aunque no puede ser demasiado, bueno, yo tendría que hablar con mi marido, creo que podría convencerlo...*

*–M1: ¿Qué cree que diría David si tuviera que llevarla a vivir con él a su madre, por un tiempo?*

*–E: No sé si David aceptaría esto, porque su esposa se lleva a las patadas con mamá.*

*–M1: Y Fidel, ¿lo haría?*

*–E: Y Fidel... bueno, creo que se llevaría bien con mamá... pero, pobre, él no tiene casa... No sé, la verdad, no se me ocurre algo más.*

*–M2: Edy, de lo que aquí hemos tratado, ¿hay algo que ud. preferiría mantener en reserva?*

*–E: Y sí, me gustaría que no se sepa que mi marido no la quiere en casa... ¡Ah! y otra cosa, lo de la mujer de mi hermano y que Fidel no tiene cómo hacerse cargo de mamá.*

*–M1: Bien, ¿cómo se sintió conversando con nosotros hoy?*

*–E: Bien, muy bien y se lo agradezco.*

*–M2: Nosotros también se lo agradecemos y podemos decir que*

*todo lo que hemos conversado nos ha ayudado a entender un poco más el problema que a uds. los trajo hasta aquí.*

*–M1: ¿Nos encontramos el jueves 24 a las 18 horas?*

*–E: Sí, con mucho gusto.*

Edy busca sus anteojos en la cartera, prende su celular, saca las llaves del auto y se despide.

*–E: Chau, hasta luego, nos vemos el jueves....*

*–M1: Hasta el jueves, Edy.*

Jueves 17 – 18 horas
Reunión privada con David

*–M1: Buenas tardes, David. Le agradezco la puntualidad. Quisiera recordarle la vigencia de la confidencialidad y que solamente vamos a transmitir aquello que nos autorice expresamente. Este es un espacio suyo, personal, donde podrá hablar con absoluta soltura y tranquilidad de situaciones que lo preocupan, y que a lo mejor por distintas razones no puede expresar en las sesiones conjuntas.*

*A ver si me quedó claro, ud. dijo en la sesión conjunta que no quiere que su mamá vaya a un asilo...*

(Resumen)

*–D: Sí, así es.*

*–M1: Y a mí me gustaría preguntarle, ¿por qué no quiere que su mamá vaya al asilo?*

*–D: Mire, son muchas las razones. En principio porque me parece intolerable que mamá, que tiene familia, que fue la que nos sostuvo sacando fuerzas de donde no tenía después de la muerte de mi padre, que se reventó junto al viejo para que todos tuviéramos un estudio universitario, termine abandonada como un trasto viejo en un lugar con desconocidos adonde van a parar los viejos que están solos... ¿Le parece que yo, un miembro del Rotary Club, que fui secretario de Acción Social en el Gobierno de Bittel, voy a mandar a mi mamá al «Jesús María»? Le confío que si eso llega a pasar, yo al otro día me tengo que ir del Chaco. ¡Por favor! Participé en paneles televisivos donde hice hincapié en la necesidad de los ancianos de tener el cariño y la*

*comprensión del entorno familiar, ¿y ahora voy a ser yo quien deposite a mi madre en ese asilo? ¡No, me muero de vergüenza!...*

–*M2: Veamos, David, si entendí bien... usted cree que su mamá, que tanto dio por su familia, no debe ir a vivir con desconocidos y, por otro lado, siente que podría ser criticado por sus conocidos al haber pregonado una cosa y hacer con su madre lo contrario.*

–*D:* (Con tono enérgico) *Absolutamente así, yo tengo intenciones de presentarme en las próximas elecciones como precandidato a intendente de esta ciudad. ¿Se imagina dónde iría a parar mi imagen y mi prestigio con una cosa así?... ¡Y ya me veo a la oposición aprovechando esto! ¡Y ni pensar en un solo voto de los jubilados!*

–*M2: Lo comprendo, se ve que son temas que lo conmueven mucho... Pero, mirando hacia el futuro para tratar de resolver el problema... ¿ha pensado en alguna solución?... ¿cómo podrían resolverlo?...*

–*D: Está bien... mire, yo creo que es Edy la que se tiene que hacer cargo de mamá. Si supiera cómo se rompió el alma mamá cosiendo para afuera, preparando viandas para que «la niña» se recibiera. Le digo más, ya había nacido mi primer hijo y yo le mentía a mi señora sobre cuánto ganaba, para darle plata a la vieja, que en vez de usarla para ella, se la daba a Edy para que pudiera ir a la facultad.*

*¿Cree que alguna vez le dijo a mamá: «Dejá que hoy cocino yo» o se hizo su cama o se lavó su ropa? ¡Qué esperanza, ella estudiaba! Dormía hasta las doce, y mucho cuidado con hacer ruido. ¡De qué estudio me hablan! ¡Estuvo diez años para recibirse, porque iba a la facultad a buscar novio, y la vieja seguía, dale que dale a la comida y a la costura!*

El mediador percibe que David está muy enojado e intenta resignificar el discurso.

–*M1: Entiendo su bronca, pero ¿se puso a pensar que en realidad esa colaboración suya probablemente haya sido la que le permitió a su hermana tener un título universitario? Y que por otro lado en aquel momento ud. estaba más tranquilo porque su mamá no vivía sola, sino acompañada por su hermana, y que a lo mejor a su mamá no le molestaba para nada cocinarle y lavarle la ropa. Quizá eso la haya hecho sentir muy útil contribuyendo de esa manera a que Edy se recibiera.*

–*D: No se me había ocurrido pensarlo así, pero creo que tiene razón...*

El mediador, con esta respuesta, ha logrado introducir el cambio que perseguía y evitar que se produzca un estancamiento por diferencias en la percepción de David (Recurso neurolingüístico).

*–M2: Ahora, retomando el problema, ¿cree entonces que la solución es que Edy se lleve a su mamá a vivir a su casa?*

*–D: Sí.*

*–M1: ¿Qué cree que pensaría su hermana sobre esta posibilidad?* (Circularidad)

*–D: Y... A pesar de que no lo dice claramente, yo sé que no tiene ningún interés en hacerlo, además está el marido de por medio, y estoy seguro de que le ha llenado la cabeza...*

*–M1: Por lo que me dice, esta posibilidad es bastante improbable, ¿no le parece?*

*–D: En realidad, yo creo que la mejor solución sería que viviera con Edy, pero me parece que usted tiene razón...* (Permanece en silencio, mirando para abajo, en postura reflexiva)

(El mediador ha actuado como agente de la realidad.)

*–M2: Y ud., David, ¿estaría dispuesto a tenerla en su casa?*

*–D:* (De forma titubeante) *No lo sé yo... el drama es que se lleva muy mal con mi señora. Vamos a salir de un problema para entrar en otro peor...*

*–M2: ¿Se le ocurre alguna otra propuesta?*

*–D: Quedaría entonces la alternativa de ponerle una enfermera, y... ya lo dije antes, yo no tengo problemas en pagarla...*

*–M1: David, ¿me permitiría que yo transmita estas propuestas a sus hermanos, para ver si a partir de allí encontramos entre todos alguna solución?*

*–D: Sí, como no.*

*–M2: Muchas gracias, David. Le reitero la reserva sobre todo lo conversado en esta reunión y nos vemos el jueves 24 a las 18 horas. Buenas tardes.*

*–D: Hasta el jueves...*

Jueves 17 de septiembre – 19 horas
Reunión privada con Fidel

Fidel llega al Centro de Mediación Alfa cinco minutos más tarde de la hora prevista. La secretaria lo hace pasar.

*–M1: ¿Qué tal Fidel, cómo le va?*

*–F: Muy bien, esta vez me retrasé solamente cinco minutos, estoy hecho un inglés.*

*–M2: ¿Vio todo lo que puede la mediación? Bueno Fidel, le recuerdo que hoy también, en esta reunión, todo lo que conversemos será confidencial, salvo lo que expresamente me autorice a comentar. Esta sesión privada tiene por objetivo que pueda expresarse libremente y decirnos, a lo mejor, cosas que frente a sus hermanos no haya querido o no haya podido manifestar.*

*–F: Bueno... le agradezco... pero el rótulo de oveja negra de la familia me da la libertad de decir lo que me parece, sin complicarme demasiado...*

*–M1: Ud. nos dijo que si sus hermanos creían que su madre no podía vivir sola... seguramente era así. ¿Es correcto?*

(Resumen)

*–F: Sí...*

*–M1: Bien, ¿qué es lo que en realidad usted cree al respecto?*

*–F: Sí... yo también pienso que mamá ya no puede vivir sola, pero seguimos dando vueltas porque en realidad nadie quiere desempaquetar «el paquetito». No es tan difícil, la vieja por ahí se pierde y hace pavadas, pero es una anciana macanuda...*

*Tenemos que dejar de dar vueltas y hablar de una vez por todas bien claro.... Si nos sentamos y cada uno dice lo que piensa, recién ahí vamos a poder resolver el asunto.*

*–M2: ¿Y cómo cree usted que podría resolverse?*

*–F: Aflojando, mi amigo...*

*–M2: Yo quiero entenderlo bien, ¿me lo puede aclarar más...?*

*–F: Mi hermana vive en una nube... Lo único que le preocupa es la pilcha, las clases de tenis y el gimnasio... Parece que todo el día estuviera representando* Ricos y Famosos*... Y cada vez que hablamos del asunto, sale con cualquier verdura, en vez de decir «yo no me la voy a llevar a casa, porque no quiero dejar nada de lo que hago».*

*Y el ingeniero... es un fascista disfrazado de democrático, todo el día con su cara de «síganme que no los voy a defraudar»* (Le causa gracia su propio chiste). *El pobre viejo... ¿Se imagina la ironía del destino que a un zurdo le salga un hijo peronista?... Lo único que le preocupa es el qué dirán... no perder votos... en realidad esa es la única razón por la que se opone al hogar de ancianos...*

*A mí, en verdad, lo que me importa es la vieja... mientras a mí no me joroben... Yo quiero vivir tranquilo...*

*Hablando en serio... son buenos chicos. Lo que pasa es que se acostumbraron a vivir más para afuera que para adentro... yo no sé... capaz que si yo me hubiese quedado acá, sería lo mismo...*

(Sin necesidad de que el mediador intervenga Fidel cambia su propio discurso, legitima a sus hermanos, trata de ponerse en el lugar de ellos y cambia la mirada de la situación, recontextualizando.)

*–M1: Usted dice entonces que si hablasen sinceramente, su hermana diría que no quiere llevar a su casa a su madre, porque no quiere dejar nada de lo que está haciendo... y que David se niega a llevarla a un hogar de ancianos, por preservar su imagen y sus votos... ¿me equivoco?*

*–F: No se equivoca.*

*–M2: ¿Y Fidel qué diría?*

*– F: Ya lo dije, si tuviese una casa, yo me la llevaría a vivir conmigo... me gustan los desvalidos, los solitarios, los viejos y los locos... y la verdad... –como dice mi analista– también siento culpa por no haber estado cuando mataron a mi viejo... a lo mejor no hubiese podido hacer nada... qué sé yo... al menos quiero reparar cuidando a mi mamá...*

Cuando el sentimiento de culpa de Fidel deja de ser un interés subyacente porque aflora y logra decirlo, el mediador se da cuenta que está en presencia de un contrato psicológico incumplido.

*–M1: ¿Y qué respondería si sus hermanos le pidieran que en vez de llevarla a la pensión, que no tiene comodidades, usted se fuese a vivir a la casa paterna con ella?*

*–F: Ellos no lo propusieron nunca ... yo por eso no dije nada... no me gustaría que vayan a pensar que yo me quiero quedar con la casa...*

*–M1: Pero esa es una posibilidad, quisiera saber si me autoriza a transmitirla...*

*–F: Sí, sí... pero que quede claro que yo no quiero sacar provecho de la situación... Ellos saben que yo no tengo un mango...*

*–M1: De acuerdo, seré sumamente cuidadoso en dejar explícito el asunto... Le agradezco mucho la sinceridad que ha tenido, y permítame decirle que ha sido para mí un verdadero placer trabajar con usted. La jornada ha sido sumamente provechosa...*

*–F: Yo también le agradezco su calidez... me sentí muy cómodo y a gusto...*

*–M2: Bueno, entonces volveremos a vernos, el próximo jueves a las 18 horas.*

*–F: Con mucho gusto.*

Reunión del equipo interdisciplinario
Lunes 21 de septiembre – 17 horas

En este estadio el equipo interdisciplinario de Alfa se reúne a fin de reflexionar sobre la labor que realizan.

Procesan la información obtenida en las sesiones conjunta y privadas planteándose las preguntas: ¿Qué aspectos se deben profundizar? ¿Qué técnicas se debieran emplear?

Asimismo analizan las opciones que han explorado en las sesiones privadas como agentes de la realidad, y evalúan sus posibilidades como factores de acuerdo.

Por otro lado, la confección de la agenda es un recurso que permite delimitar el tema, las áreas de acuerdo y desacuerdo y las posiciones.

Los objetivos de esta reunión son:

A) Trazar un perfil sobre las características de la personalidad de las partes, posiciones, intereses, valores e interdependencia de las relaciones.

El equipo cuenta para trazar el perfil con una excelente y completa evaluación previa y un genograma realizados por el psicólogo y mediador de la institución, Dr. Gerardo Delgado. Además, como resultado del trabajo interdisciplinario, tienen también el intercambio cruzado de información entre ambos, los datos suministrados por las partes, y los conocimientos y experiencia de cada uno en su campo.

## Características de la personalidad de los actores

*David:*

Se trata de una persona segura de sí misma, omnipotente, de alta autoestima, cree saberlo todo y tener siempre la razón, machista, locuaz, que siente placer al mostrar su poderío económico. Es un profesional, pero se dedica a sus empresas. No tiene problemas de dinero y tampoco en gastarlo, le paga el internado al tío José, pero se resiste a que su madre viva en uno, por varias razones; fundamentalmente por su propia imagen ante la sociedad (es una ciudad chica), no quiere aparecer como un desamorado que abandona a su madre (es miembro del Rotary y hace obras de caridad). Es casado y tiene varios hijos. Le importa mucho la imagen hacia afuera, por eso viste bien –generalmente con trajes– y conduce un BMW. Tiene una mejor relación con Edy que con Fidel (con ella puede conformar alguna alianza). Cree que Fidel es un triste actor fracasado y que su hermana se casó con un tipo mucho mayor que ella porque estaba en camino de ser una solterona, además de porque el marido tiene campos y un buen pasar, a pesar de estar intelectual y culturalmente en inferioridad de condiciones. Cree que por ser la mujer, Edy es quien debería llevarse a vivir con ella a Beatriz.

Posición: No quiere que su madre viva en un asilo.
Intereses: Desea que sea Edy quien se lleve a vivir con ella a la madre.
Valor: Prestigio.

*Edith:*

Se la observa como a una mujer complaciente, de ideas poco firmes, temerosa de cualquier conflicto, pero más temerosa de las decisiones de su marido. Por eso pondrá mil excusas para no llevarse a la madre a vivir con ella –aunque en realidad es el marido el que no quiere–. Es simpática y a veces resulta hasta pegajosa. Estudió una carrera universitaria y se recibió de arquitecta, pero no ejerce porque al esposo no le gusta que salga de la casa. Se dedica a las tareas domésticas, a cuidar y llevar a sus tres hijos a la escuela y a todas las actividades que realizan. El tiempo que le queda lo usa en ayudar a su marido con los papeles del campo, para ir al club, al gimnasio o charlar con sus amigas. Detesta la política porque fue lo que mató a su padre, y se avergüenza cuando la madre hace declaraciones televisivas. Siempre se la ve bien vestida y arreglada, le importa mucho su aspecto.

Su intención es que la madre permanezca en su casa y que entre todos los hermanos le paguen una enfermera que la cuide las 24 horas.

Tiene una mejor relación con su hermano menor que con Fidel; no obstante, no guarda rencores contra aquél, al que ve mas como un bohemio soñador que como un vago.

Posición: Pagar una enfermera para que la atienda en su casa; o que cada uno la tenga un tiempo en su casa.

Intereses: Prioriza su familia, no quiere contradecir a su marido y no quiere pelear con sus hermanos.

Valor: Armonía.

*Fidel:*

Es el mayor de los hermanos, hace ya muchos años se fue de la casa para ser actor, pero nunca logró triunfar. Le gusta lo que hace, pero se siente un fracasado. Su personalidad de tipo evitativo hace que se sienta más cómodo siendo alguno de los personajes que interpreta que siendo él mismo. Muchas veces se siente perseguido por los fantasmas de su padre que le vaticinaron un camino de fracaso y vagancia. No obstante, como él está consustanciado con principios políticos de izquierda, intenta disimular su personalidad mostrándose histriónico, pero cae fácilmente en la depresión o en la bronca. Es un solitario, no tiene familia, no tiene pareja, ni amigos, ni casa, ni un trabajo estable, ni recursos económicos. Se viste desaliñadamente y con algo de excentricidad.

Ha logrado en esta ciudad un contrato como actor a través de la municipalidad, por tres años renovables, para presentar obras de teatro y dirigir una escuela de teatro para niños.

Posición: Se la llevaría consigo si tuviera una casa adecuada, y considera que el hogar sería una solución para todos.

Intereses: Vivir en la casa con su mamá y cuidarla.

Valor: Tranquilidad.

B) Construir una historia alternativa.

Para trabajar en este aspecto el equipo reflexivo tuvo en cuenta lo siguiente. Deberá:

1. Legitimar la relación.
2. Contextualizar el conflicto.
3. Aumentar las diferencias.
4. Contextualizar las diferencias.
5. Posicionar positivamente a todos.
6. Lograr que las posiciones sean interdependientes.
7. Lograr que la historia tenga coherencia interna (autopoiesis).
8. Conectar los valores centrales.
9. Explicitar los valores.
10. Prever la colonización.
11. Prever la dominación.
12. Prever las dificultades.

(Tener presente que la historia alternativa se narrará el jueves 24 a las 18 horas al comienzo de la sesión conjunta.)

C) Preparar a las partes para realizar una negociación colaborativa.

La planificación de la negociación realizada por el equipo interdisciplinario es la siguiente:

Desde el rol del mediador, es necesario tener un panorama de conducción de la negociación y para ello deben manejarse los datos que pueden llevar a negociar o cerrar la puerta en el caso de cada una de las partes.

Si no se tuviera un panorama más o menos preciso de cuáles son las aspiraciones máximas y mínimas de ellas, no podrían conducir la mediación y facilitar la negociación.

Entre los aspectos que el mediador debe tener en cuenta para elaborar su estrategia se encuentran:

1. Necesidad de celebrar el acuerdo. En este caso, las tres partes tenían necesidad de celebrar el acuerdo: para inferir tal postura, es necesario tener presente las palabras de David en la entrevista preliminar y la disposición que mostraron a lo largo del encuentro conjunto y de los encuentros individuales, porque a pesar de las diferencias que los separaban dieron propuestas para llegar a una solución. Solicitaron la mediación como paso previo a cualquier intento de acción legal, lo cual evidentemente ni se les había pasado por la cabeza puesto que además vinieron sin abogados. Ello denota no solamente la necesidad sino también el deseo de celebrar el acuerdo.
2. Urgencia para concretarlo. La tenían, de alguna manera había que darle una solución al problema, porque la mamá estaba sola y eso era peligroso para ella (la olla en el fuego, por ejemplo).
3. Identificación del problema. Surge de todas las sesiones realizadas que estaba claro para todos que el problema era que la mamá no podía vivir sola.

Estos datos les servirían para despejar la incertidumbre en la negociación.

Los mediadores se preparan, a partir de este momento, para enfrentar la negociación teniendo como objetivo establecer una relación de confianza entre las partes, facilitar la comunicación y hacer prevalecer el interés común (pautas de la Escuela de Harvard). Entre las herramientas que utilizarán a tales fines están la historia alternativa y los intereses y valores que han identificado en cada una de las partes.

Consideran que todos están preparados para negociar de forma colaborativa ya que se han dado los siguientes aspectos:

1. El conflicto se encuentra en una dimensión objetal.

Han logrado que las partes puedan separar las personas del problema, controlar los sentimientos y emociones y cambiar las percepciones.

Por lo tanto, se ha determinado que el problema no son David, Fidel y Edy sino que el conflicto es ajeno a ellos, pero todos deben contribuir para solucionarlo. (Interdependencia).

2. Se encuentran apuntando a la solución.

Han identificado el problema, las partes están legitimadas, por cuanto se han hecho explícitas tanto las razones de todos como la justificación para plantear el problema.

Se ha logrado cambiar los significados, anclando la historia a nivel del discurso y a través de la historia alternativa, y se comenzará a trabajar a partir de esta nueva historia.

3. Madurez del conflicto

Se considera que está dado el grado de madurez del conflicto que permite la comunicación entre los actores y posibilita una negociación fecunda.

4. Interacción

Existen elementos que dan pautas de interdependencia entre las acciones de unos y otros, ya que de lo que hicieran todas y cada una dependía la solución y el acuerdo. Por ejemplo: si David aceptaba pagar una enfermera, los otros pondrían su tiempo; o si Edy decidía llevar a su madre, David satisfacía su máxima aspiración. Fidel por su parte quería colaborar y ofreció cuidarla personalmente. Si los demás aceptaran, él cumpliría la aspiración de tener su casa.

El equipo interdisciplinario entendió que el clima para negociar de forma colaborativa estaba dado y que cada uno de ellos estaba dispuesto a dar aquello que no le significaba un sacrificio extremo: en el caso de David sería dinero, y muy poco tiempo; Edy por su parte ofrecería un poco de dinero y más tiempo que David; y Fidel sin lugar a dudas quería cuidarla dado su contrato psicológico incumplido.

Si la negociación se encarrilaba espontáneamente por tales aspectos, probablemente el mediador tendría que dejar interactuar a las partes, e intervenir estratégicamente haciendo prevalecer los mismos, tomándolos, anclándolos como parte de la oferta y guiando para concretar el acuerdo.

Si las partes no encaminaban su interacción tocando tales aspectos que servirían, según el equipo, para cimentar las bases del acuerdo o como pilares fundamentales del mismo, el mediador tendría que dirigirlos, y sin lugar a dudas se inclinaría a que fuese David el disparador ya que su posibilidad mejor era aportar dinero, porque no tenía otra cosa para ofrecer en la misma proporción: tenía escaso tiempo, no quería el asilo porque afectaba su prestigio y hacia peligrar su carrera y no podía llevarla a su casa. Era muy poco probable que David exigiera que su hermana llevara a su madre, porque esto ya fue trabajado por el mediador en la instancia privada y en la historia alternativa cuando ancló las posibilidades de las partes a nivel del discurso. Luego de que David hiciera su ofrecimiento cualquiera de las partes que actuara después seguiría los carriles propicios para el acuerdo: Fidel ofrecería tiempo y sus deseos de cuidarla, porque era lo máximo que él quería; Edy, por su parte, ofrecería que la madre permaneciese en su casa porque también era lo máximo que ella quería. El acuerdo giraría alrededor de que Fidel pudiera ir a vivir con la madre a su casa y David contribuir con dinero para mantener la situación. Sobre la base de tal eje se podría flexibilizar la contribución en tiempo y dinero de cada uno.

Para arribar a esta conclusión el equipo interdisciplinario tomó como datos los siguientes:

(Aclaramos que se realiza una adaptación de esquemas que son propios de una negociación cuantitativa, en atención a que estamos trabajando con parámetros que no se pueden cuantificar, y dejando expresa constancia de que es muy probable que por tratarse de una cuestión de familia, se hubiere llegado a un acuerdo, aun por debajo del propio valor de reserva para preservar los vínculos familiares.)

Nota: En adelante V.R. significa valor de reserva y V.A. significa Valor de Acuerdo.

Yendo a las percepciones que cada una de las partes tuvo respecto de las posibilidades que manejaban las otras dos partes tenemos el siguiente cuadro:

Para Fidel:
V.R. de Edy: que se lleve un tiempo cada uno a su madre.
V.R. de David: llevársela a la casa.
(Porque surge de la sesión privada con Fidel.)

Para Edy:
V.R. de David: mandarla al asilo (Porque dijo en la sesión que en última instancia aceptaría el asilo si así lo dispone la mayoría.)
V.R. de Fidel: quedarse en su casa con la madre.

Para David:

V.R. de Edy: mandarla al asilo.

V.R. de Fidel: quedarse en su casa con la madre.

(Los hermanos no sabían que Fidel ya estaba cansado de andar de un lado a otro y que necesitaba llegar a un hogar y tener cierta seguridad.)

Para Edy:

V.A. de David: que ella se lleve a la madre a vivir a su casa.

V.A. de Fidel: asilo.

Para Fidel:

V.A. de David: que Edy se lleve a su madre a su casa.

V.A. de Edy: que la madre viva en su casa con una enfermera.

Para David:

V.A. de Fidel: es totalmente incierto. (Así surge de la entrevista privada con David).

V.A. de Edy: poner una enfermera y que él la pague.

Para el mediador estaba claro, basándose en las entrevistas privadas, que:

– En el caso de Edy: No puede llevarla todo el tiempo.

Como última posibilidad sería el geriátrico.

Lo mejor sería la casa de su madre con una enfermera y lo aceptable un tiempo con cada uno.

– En el caso de David: No podía mandarla al asilo.

Como última posibilidad la llevaría a su casa.

Lo mejor sería que la llevara Edy y lo aceptable pagarle una enfermera en casa de su madre o un tiempo con cada uno.

– En el caso de Fidel:

No podía afrontar mayores gastos y tampoco llevarla a su pensión.

Como última posibilidad quería el geriátrico.

Lo mejor sería poder cuidarla y acompañarla, llevarla con él si podía alquilar algo mejor.

No surgen más posibilidades para Fidel porque era de entre los tres hermanos el que menos alternativas podía ofrecer, aunque tenía el tiempo y la posibilidad de ocuparse personalmente de su madre, lo cual a los otros dos les faltaba.

Basándose en tales premisas el equipo interdisciplinario elaboró diversos esquemas de negociación.

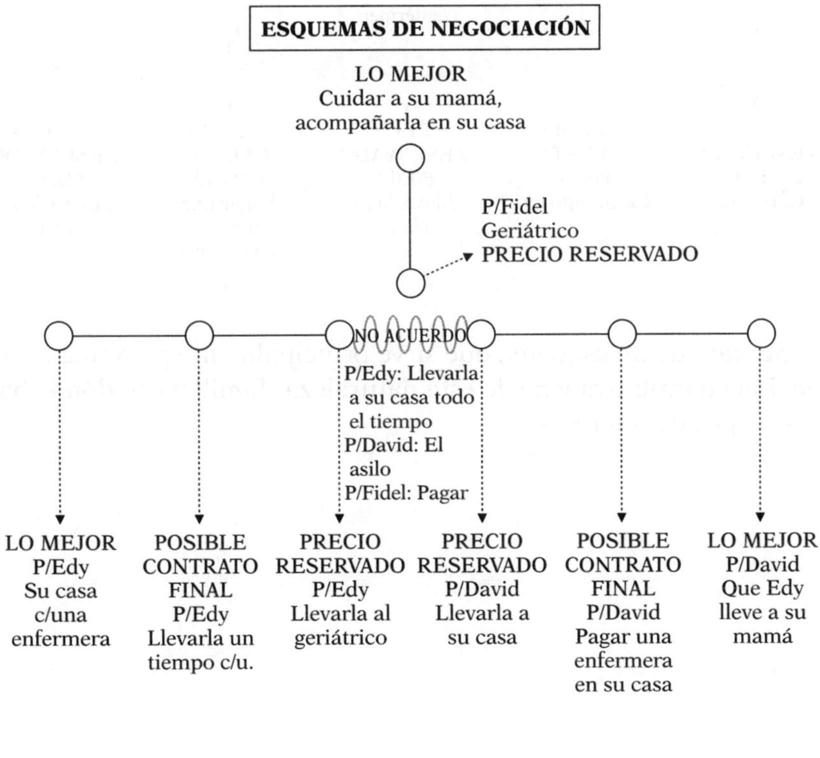

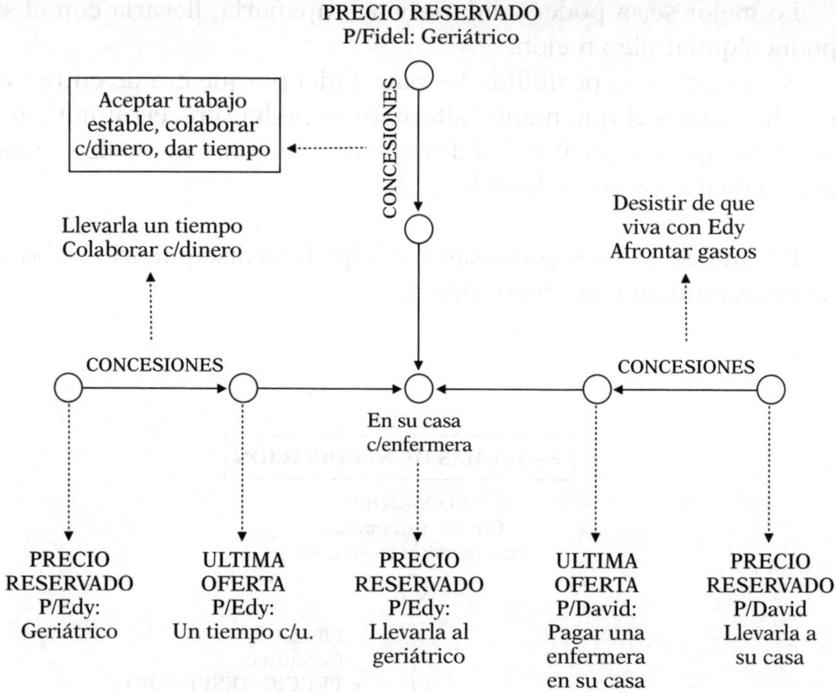


Se trata de un esquema que sirve principalmente para una negociación cuantitativa y no de esta naturaleza (familiar) en donde hay otros tipos de intereses.

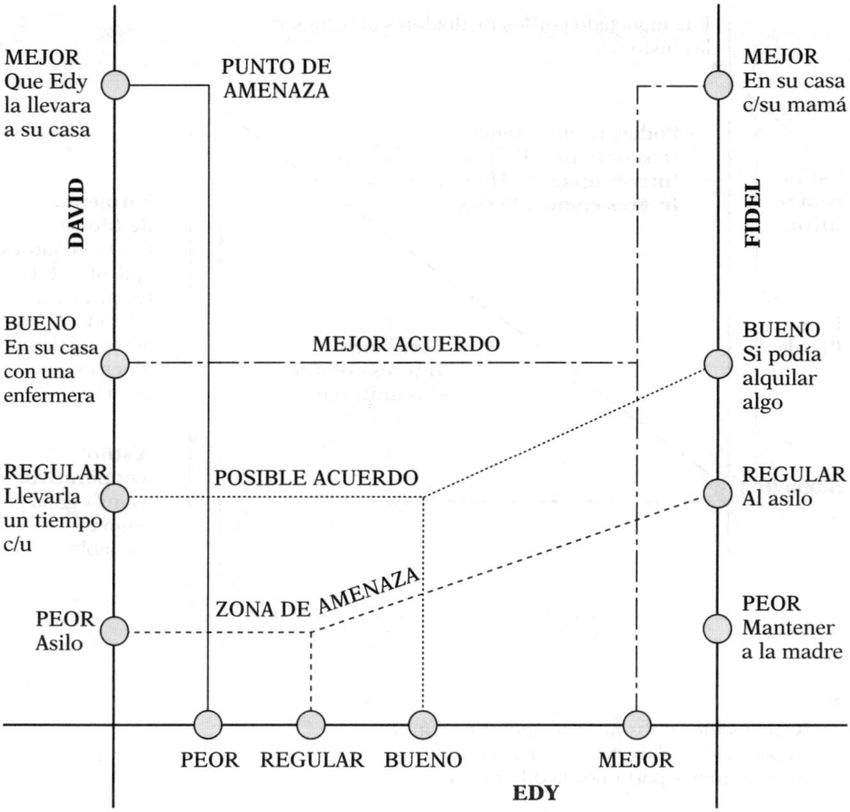


Esquema propio de la mediación familiar en el que interactúan tres partes.

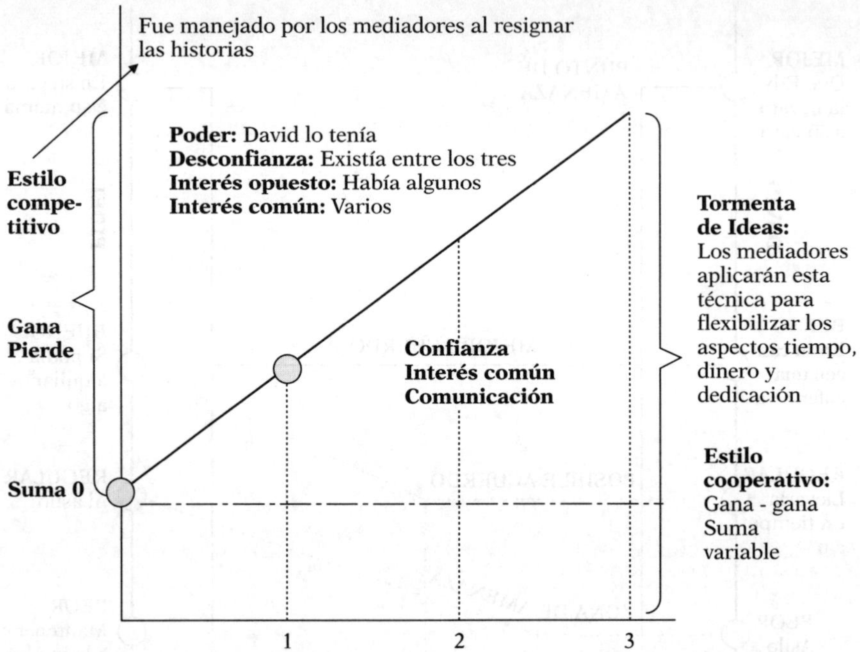


Ref.
1- Negociación confrontativa o por posiciones.
2- Negociación colaborativa o por interés.
3- Intercambio —partamos la diferencia—.

Corresponde a la negociación de Harvard en la que los mediadores trataron de establecer si se cumplían los parámetros necesarios para que se produzca una negociación colaborativa.

Sobre la base del esquema partimos de una negociación suma 0, porque David quiere aquello que es lo peor para Edy, y los mediadores, en la sesión privada, ya han cambiado la mirada de David y resignificado la historia, restableciendo de esa forma el parámetro confianza.

Respecto de Fidel, si bien en un principio critica duramente a sus hermanos, luego él mismo recontextualiza la situación, los legitima y los reposiciona positivamente, lo cual influye también a favor del parámetro confianza (sesión privada).

La confianza actuaría como disparador para lograr una mejor comunicación y que afloren los intereses comunes, y podrían conseguir que las partes negocien colaborativamente.

D) Revisar las técnicas empleadas:

1. Escucha activa.
2. Parafraseo.
3. Preguntas abiertas, cerradas y circulares.
4. Legitimación.
5. Resumen.
6. Agenda.
7. Connotación positiva.
8. Agente de la realidad.
9. Resignificación.
10. Recontextualización.

## Recursos neurolingüísticos

1. Lenguaje digital y analógico.
2. Incongruencia.
3. Manejo de las percepciones y emociones por parte de los mediadores.

## Comunicación

1. Interacción simétrica: protagonismo de las partes en las reuniones conjuntas.
2. Interacción asimétrica: a) cuando los mediadores explican cómo va a funcionar el proceso se ponen *up* (discurso); b) cuan-

do restablecen el orden (interrumpe a David en el cotejo de datos) y c) cuando dirigen la negociación.

Jueves 24 – 18 horas
(Segunda reunión conjunta)

Los tres hermanos llegan puntualmente a la cita y los mediadores los reciben con un cordial saludo, les ofrecen café y se disponen a iniciar la tarea del día, contando la historia alternativa que han elaborado.

*–M1: Hemos llegado a comprender el problema que los trajo y lo hemos hecho a partir de sus historias.*

*–M2: Efectivamente, yo creo que uds. están acá porque han demostrado el interés de mantener la buena relación familiar y encontrar el lugar más adecuado para que su mamá esté cuidada y atendida. Todos han dado muestras de una importante flexibilidad. Veo que están preocupados por ella, desean que esté cerca de su familia, y de alguna u otra manera están dispuestos a dar cosas de sí mismos, ya sea tiempo, dinero o atención, para que esto pueda suceder. Y ello denota cuánto la quieren y el reconocimiento que existe hacia ella.*

*Ahora entiendo lo que les pasa a uds. tres: Edy estaría contenta de tener a su mamá, pero no desconoce que puede cambiar su ritmo de vida; a David también le gustaría, aunque tiene una situación similar a la de Edy; y Fidel está dispuesto a atenderla personalmente donde sea.*

*–M1: Comprendemos que el problema es que su mamá no puede vivir sola y que la dificultad radica en que por distintos motivos ninguno de uds. la puede llevar a vivir a su casa.*

*Además, entiendo la preocupación de Edy por preservar la armonía familiar, la preocupación de David por mantener el prestigio que se ha ganado dentro de su grupo social y comprendo la necesidad de Fidel de mantener la tranquilidad en su forma de vida.*

*A pesar de las diferencias, veo que han buscado este medio haciéndose responsables de la situación e intentando resolver la cuestión que los trajo. La mediación es una buena oportunidad para encarar estas dificultades, que serán superadas, porque creo que el problema se va a solucionar.*

*–E: Yo también creo que se va a solucionar. Y debo decir que me siento comprendida totalmente. ¿Uds. dos, por ejemplo,* (dirigiéndose

a David y a Fidel) *pensaron que el no querer llevar a vivir conmigo a mamá era porque privilegiaba la armonía de mi familia?*

*–D: Bueno, pero claro, yo me daba cuenta de que vos tenías un problema, no pensaba que vos eras la que no querías, sino que pensaba en la influencia que tenía tu marido, que él era el que no quería, que la cosa pasaba por ahí... Pero, la verdad, tampoco quería crearte problemas con tu marido. Y Fidel, ¿vos cómo veías la cosa?*

*–F: Y, mirá, yo... vos sabés bien que yo respeto todas las opiniones, vos me conoces y sabes que yo no me meto y no me gusta que me joroben y tengo también mi modo de pensar... Edy tiene derecho a hacer su vida. Y vos también, David... Pero bueno, dentro de nuestras posibilidades creo que todos queremos colaborar en esto.*

Aprovechando esta interacción positiva entre los hermanos el mediador efectúa una pregunta abierta y centrada en el problema.

*–M1: Y justamente, tomando lo que dijo Fidel, en sentido colaborativo, ¿qué podría hacer cada uno de uds. para solucionar el problema?*

(La pregunta apunta a un sentido contributivo.)

*–D: Yo estoy dispuesto a solventar los gastos de la vieja.*

*–F: A mí no me sobra el mango, pero sí me sobra un poco de tiempo y bueno... me gustaría dárselo a la vieja.*

*–E: A ver, yo podría contribuir con un poco de dinero y también con un poco de tiempo, no sé... llevarla a mi casa los fines de semana, o a pasar un día, ir a visitarla..., llevarla al médico, a sus paseos, en fin... atenderla y acompañarla.*

*–D: ¡Bueno! Pero entonces tenemos algo, si hay dinero y hay tiempo, nos falta dónde y cómo juntamos todo eso. Definimos eso, y vamos a tener la solución.*

*–M2* (dirigiéndose a Edy y a Fidel)*: ¿Qué opinan de lo que dijo David?*

*–F: ¡Genial hermanito! ¡Cómo se nota que sos político, querido! No, hablando en serio, me parece muy bien.*

*–E: Yo coincido... Pero pensando en el dónde, creo que el mejor lugar es su propia casa, donde podría reconocer sus lugares, las plantas, sus cosas... No sé, ¿qué les parece?*

*–F: Y eso es lo que yo digo... A mamá no hay que sacarla de sus cosas...*

*–M1: Bueno... entonces... ¿qué les parece, Edy y David, si Fidel va a vivir con la mamá a la casa familiar?*

El mediador estratégico hace la propuesta con la intención de alumbrar lo que percibe que las partes tienen y no saben (función mayéutica).

*–D: Eso sería fantástico. Vos, Fidel, que no tenés casa, solucionarías tu problema... y de paso acompañarías a mamá, podrías vigilarla... y el resto lo hacemos con la enfermera que pagamos, ¿no te parece, Edy?...*

*–E: Sí, me parece bien...*

*–M1: Muy bien, entonces la mamá viviría en su casa con Fidel y uds. dos* (mirando a Edy y David) *pagarían los gastos de la enfermera.*

*–E: Claro, pero miren, muchachos, que hay muchos otros gastos.*

*–D: ¿A cuáles te referís?*

*–E: Y a todo lo demás, remedios, alimentos, la señora de la limpieza, los impuestos, la ropa... todo... vos sabés que la pensión de mamá es una miseria...*

*–D: Bueno Edy... eso ya lo sabemos, porque de alguna forma ya lo venimos pagando... tendríamos que agregar sólo lo de la enfermera*

*–F: A la señora, le puedo pagar yo, si viviendo con mamá ya me ahorro el pago del alquiler... pero ojo... ¡que quede bien claro, eh! que a mí quedarme con la casa de la vieja no me interesa ni jota. Sí me alegra cuidarla... y además es como que se lo debo... y me lo debo... ¡tantos años lejos...!* (contrato psicológico incumplido).

*–M2: ¿Vió, Fidel? ¡Qué bueno es esto! Usted, queriendo dar también gana...*

*–D: Es cierto, pero además, Fidel, nunca pensamos que te querías quedar con la casa...*

*–E: No, nunca lo pensamos... ni se nos cruzó la idea por la cabeza.*

El mediador percibe, en los gestos y en la actitud de los hermanos, que se refuerza la relación positiva entre ellos y que hay en el ambiente una gran carga emocional. Se produce un silencio.

*–M1: Creemos, por todo lo que hemos conversado, que este proceso está sirviendo no sólo para solucionar el problema de la mamá sino*

*para comunicarse mejor entre ustedes, sincerar situaciones, ponerse en el lugar del otro, comprenderlo y mirar juntos hacia adelante.*

Se recontextualiza positivamente la relación entre las partes.

*–M2: Entonces, ¿cómo creen que sería el acuerdo, qué parte debe aportar cada uno?*

*–D: Yo podría afrontar, además de lo que habitualmente abono para los gastos comunes, el pago de los tres turnos de las enfermeras.*

*–E: Yo puedo hacerme cargo, aparte de los otros gastos, de las enfermeras que cubrirían los francos, además de llevarla a mamá a pasar conmigo los domingos, y... bueno... aprovecho para decirles que sería lindo que de vez en cuando nos reuniéramos toda la familia, en alguna de las casas.*

*–F: Sí, es una buena idea, ya organizaremos algo... Por mi parte me hago cargo de pagar el sueldo de la señora de la limpieza, contribuir con la mitad de los gastos de luz, agua y gas, supervisar a las enfermeras, cuidar de que mamá tome los remedios... y sobre todo que esté bien.*

*–D: Yo la iría a visitar los miércoles a la tarde que puedo disponer de una hora, y algunos sábados la invitaría a almorzar y desde ya te digo, Edy, que yo también quiero que de vez en cuando nos reunamos todos.*

*–M1: Bien, creemos que con lo que han dicho podemos redactar el acuerdo.*

En este punto los mediadores consideran que las partes tienen perfecta conciencia de lo que están acordando, por lo que las invitan a que vayan a sus casas, redacten cada una las cláusulas que entendieron deberían figurar en el acuerdo y a reunirse el lunes 28 de septiembre a las 18 horas para redactar el acuerdo final y firmarlo.

Es decir, que en este espacio se ha conseguido ir transformando la queja en pedido, éste en contribución y la contribución en circularización de ella, extendiéndola a todos, con lo cual también se han alterado las pautas interaccionales.

Lunes 28 – 18 horas

En el centro de mediación Alfa, todo está dispuesto para la audiencia final, pero al llegar la hora convenida no se presentan las partes.

A las 19 horas suena el teléfono y David, con voz afectada, pide a la secretaria que lo atiende hablar con Roberto o con Carolina.

Le atiende Roberto y, luego del saludo, David le comunica que la madre falleció el sábado 26, por la tarde. Roberto expresa sus condolencias, David da las gracias y cuelga.

La historia familiar se repite, en tanto aparecen las mismas circunstancias fácticas, pero la mediación logró co-construir una historia alternativa mediante la cual fueron legitimadas las partes y se dio una reestructuración de las relaciones de los integrantes del sistema.

El conflicto que atrapó a los actores, si bien tuvo un componente no esperado en el desenlace, les permitió igualmente proyectar un nuevo horizonte de comprensión y acción, no presente antes del proceso de mediación.

## Notas

1. Este trabajo fue publicado por sus autores integrando la edición de la obra teatral titulada *El paquetito* del autor y director Hugo Blotta. Los autores han autorizado su inclusión en este libro reservándose los derechos de autor Ley 11.723, registrados bajo el número 987.818. He respetado el formato original pero quitándole los agradecimientos, las dedicatorias, el prólogo, el índice y la bibliografía, inadecuados para los fines de este apéndice.

# Bibliografía


Abate, C. R., Material de clase de la materia «Recursos para la práctica de la mediación» de la Maestría en Resolución de Conflictos de la Universidad Nacional del Nordeste, Chaco, 1998.

Altieri, W. J., «Confidencialidad. Principio fundamental del proceso de mediación», La Ley, en *Suplemento de Resolución de Conflictos*, Buenos Aires, 18 de diciembre de 1997.

AMERICAN BAR ASSOCIATION, *Mediation Practice Guide: a Handbook for Resolving Business Disputes*, American Bar Association, Maryland, 1998.

Argyle, M., «Non verbal Communication en Human Social Interaction», en *Non Verbal Communication*, Edición al cuidado de R. A. Hinde, Cambridge University Press, 1972.

Axelrod, R., *The Evolution of Cooperation*, Basic Books, Nueva York, 1984.

Balbi, E. R. y Crespo, M. F., *Introducción conceptual a la inteligencia*, material de clase del Posgrado en Resolución de Conflictos para la Formación de Mediadores y Negociadores del Colegio de Abogados de San Isidro, Buenos Aires, 1997.

Bateson, G., «Estilo, gracia e información en el arte primitivo» y «La epistemología de la cibernética», en *Pasos hacia una ecología de la mente*, Editorial Planeta Argentina SAIC en coedición con Carlos Lohlé SA, Buenos Aires, 1991.

Brett, J. M., Barness, Z. I. y Goldberg, S. B., «La eficacia de la mediación», La Ley, en *Suplemento de Resolución de Conflictos*, Buenos Aires, 27 de noviembre de 1997.

Brown, G. S., *Laws of Form*, George Allen & Unwin, Londres, 1969.

Calcaterra, R. A., «Mediación en el divorcio», Revista *Psicologías en Buenos Aires*, Buenos Aires, año 1, n.º 8, julio-agosto de 1992.

Calcaterra, R. A., *La Mediación como proceso grupal*, 12º Congreso Internacional de Psicoterapia de Grupo, «Los Grupos en el Umbral del Nuevo Siglo», trabajo presentado en el Foro Area Comunidad, Buenos Aires, 1995.

—, «En torno a un singular proyecto: La ley de conciliación para la Provincia de Buenos Aires», en *Suplemento de Resolución de Conflictos*, La Ley, Buenos Aires, 18 de diciembre de 1997.

—, «Hacia la búsqueda de formas de integración de medios de administración de conflictos en el sistema de Justicia de la Provincia de Buenos Aires», en

*Suplemento de Resolución de Conflictos*, La Ley, Buenos Aires, 22 de mayo de 1998.
Calvo Soler, R., *Técnica de la negociación*, material de clase de la Maestría Interdisciplinaria para la Resolución de Conflictos, Universidad Nacional del Nordeste, Chaco, 1998.
Cardella, M. A., «El rol del abogado en el proceso de mediación», en *Suplemento de Resolución de Conflictos*, La Ley, Buenos Aires, 18 de diciembre de 1997.
Cobb, S., *La pragmática de la neutralidad en la mediación de disputas*, Taller organizado por la Fundación Interfás, Buenos Aires, 22 de octubre de 1991.
—, *Mediación Familiar*, Taller organizado por la Fundación Interfás, Buenos Aires, 22 de octubre de 1994.
—, *La mediación en situaciones de conflicto*, Practicum organizado por la Fundación Interfás, Buenos Aires, 14 al 18 de mayo de 1993.
Cobb, S., Miller, J. y Rifkin, J., «Toward a New Discourse for Mediation: A Critique of Neutrality», en *The Social Construction of Neutrality*, Santa Bárbara, California, EEUU, 1990.
Cook, M., *Interpersonal Perception*, Penguin, Harmondsworth, 1971.
Critto, A., *El método científico en las ciencias sociales*, Paidós, Buenos Aires, 1982.
Darwin, C., *The expression of Emotion in Man and Animals*, Appleton-Century-Crofts, New York, 1872.
Davies, A., *Community Mediation in Massachusetts*, Report to the Massachusetts District Court, 1986, pág. 21.
Davini, M. C., *Modelos y opciones pedagógicas para la formación del personal en las instituciones de salud*, Publicación n.º 19 de la Organización Panamericana de la Salud y la Oficina Regional de la Organización Mundial de la Salud, 1989.
DICCIONARIO DURVAN DE LA LENGUA ESPAÑOLA, Durvan, 3.ª ed., Bilbao, 1966.
Diez, F. y Tapia, G., *Herramientas para trabajar en mediación*, Paidós, Buenos Aires, 1999.
Elkaim, M., *Si me amas, no me ames*, Gedisa, Buenos Aires, 1990.
Entelman, R. F., *Abogacía y conflicto*, Papeles de Trabajo I, II, III y IV de la Carrera de Posgrado Asesoría Jurídica de Empresas, de la Facultad de Derecho de la Universidad Nacional de Buenos Aires.
—, *Mediando sobre la Mediación*, Papel de trabajo, C.A.R.I., abril de 1996.
Ey, H., Bernard, P. y Brisset, Ch., *Tratado de Psiquiatría*, 8.ª ed., Toray-Masson, Barcelona, 1978.
Fisher, R. y Ury, W., *¡Sí... de acuerdo! Cómo negociar sin ceder*, Norma, Bogotá, 1985.
Fisher, W., *The Narrative Paradigm: In the Beginning*, Journal of Communication, 1985.
—, *Clarifyng the Narrative Paradigm*, Communication Monographs, 56, págs. 55-58, 19??.
Folberg, J. y Taylor, A., *Mediación, resolución de conflictos sin litigio*, 1.ª ed., Limusa, Méjico, 1992.

Font Barrot, A., *Negociaciones. Entre la cooperación y el conflicto*, Grijalbo, Barcelona, 1997.

Garfinkel, H., *Studies in Ethnomethodology*, Prentice-Hall, Englewood Cliffs, New York, 1967.

Von Glasersfeld, E., «La construcción del conocimiento», en *Nuevos Paradigmas, Cultura y Subjetividad*, Paidós, Buenos Aires, Argentina, 1994.

Gobbi, M. y Caivano, R., «Mediación obligatoria: los honorarios del mediador», en *Suplemento de Resolución de Conflictos*, La Ley, Buenos Aires, 7 de agosto de 1996.

Goolishian, H. y Anderson, H., «Narrativa y Self. Algunos dilemas posmodernos de la psicoterapia», en *Nuevos Paradigmas, Cultura y Subjetividad*, Paidós, Buenos Aires, 1994.

Gómez, V., «Mediación», en *Derecho de Familia*, Revista Interdisciplinaria de doctrina y jurisprudencia, n.º 7, Buenos Aires, 1992.

Gulotta, G. y Santi, G., *Dal Conflitto al Consenso*, Giuffré Editore, Milán, 1988.

Haley, J., *Terapia de ordalía - Caminos inusuales para modificar la conducta*, Amorrortu Editores, Buenos Aires, 1987.

Haynes, J., *Mediate negotiations: The function of intake*, Mediation Quarterly, 6, págs. 3-15, Academy of Family Mediators, Claremont, EEUU, 1984.

Highton, E. I.; Álvarez, G. S., *Mediación para resolver conflictos*, Ad-Hoc, Buenos Aires, 1995.

Ikich, J., *The Art and Skill of Successful Negociation*, Engleword Cliffs, N.J., Prentice-Hall, New York, 1973.

Kelly, J., *Mediation and Psychotherapy: Dintiguishing the Differencess*, Mediation Quarterly, I, págs. 33-44, Academy of Family Mediators, Claremont, 1983.

Kenneth, T., *The Handbook of Industrial and Organizational Psychology*, Marvin Dunnette, Chicago, 1976.

Kovach, K. K., *Mediation. Principles and Practice*, West Publishing Co. St. Paul, Minn., 1994.

Kriesberg, L., *Los conflictos sociales*, Trillas, Méjico, 1977.

Lerer, S., «La Justicia, la mediación y el futuro de los abogados», en *Revista Jurídica*, La Ley, Buenos Aires, 14 de octubre de 1994.

López Faura, N. V., «La confidencialidad en el proceso de mediación», en *Suplemento de Resolución de Conflictos*, La Ley, Buenos Aires, 28 de octubre de 1997.

López, A., Parada, A. y Simonetti, F., *Introducción a la psicología de la comunicación*, Edición de la Universidad Católica de Chile, Santiago de Chile, 1991.

Loria, A., Material de la materia *Negociación. Escuela de Harvard* del Posgrado en Resolución de Conflictos para la formación de Negociadores y Mediadores del Colegio de Abogados del Departamento Judicial de San Isidro, San Isidro, 1997.

Lowry, L. R. y Harding, J., *Manual de habilidades para la mediación: El arte de facilitar el acuerdo*, Pepperdyne University Institute for Dispute Resolution, Malibú, California, 1995.

Machado, A., «Proverbios y Cantares», en *Antología*, Biblioteca Diario, pág. 12, Losada, Buenos Aires, 1994.

Maslow, A. H., *Motivation and Personality*, Harper & Row, Nueva York, 1954.
Mehrabian, A., *Silent Messages*, Wadsworth, Belmont, California, 1971.
Méndez, H. O., «La conciliación. Su revitalización como medio alternativo de resolución de conflictos», Diario de Doctrina y Jurisprudencia de *El Derecho* del día 5 de marzo de 1998, Universitas SRL, Buenos Aires.
Milia, F. A., «Mediación. Arbitraje. Negociación. El conflicto extrajudicial», Syllabus para la materia *Estrategia para la toma de decisiones* del Posgrado en Resolución de Conflictos para la Formación de Mediadores y Negociadores del Colegio de Abogados de San Isidro, San Isidro, 1997.
Mitchell, R. S. y Devihirst, S. E., *The mediator handbook*, The Center of dispute resolution, Capital University Law and Graduate Center, 1990.
Moore, C. W., *El proceso de mediación*, Granica, Buenos Aires, 1995.
Morin, E., «Epistemología de la complejidad», en *Nuevos Paradigmas, Cultura y Subjetividad*, Paidós, Buenos Aires, 1994.
—, *Introducción al pensamiento complejo*, Gedisa, Barcelona, 1995.
Murray, J. S., *Processes of dispute resolution*, 247, 1998.
Nash, J. F., *The Bargaining Problem*, Econométrica, 18, 1950.
Negrotti, B. C., *Curso de Mediación. Nivel Básico*, Apuntes de clases dictadas en Fundación CEMFA, Buenos Aires 1996.
Neuman, E., *Mediación y conciliación penal*, Depalma, Buenos Aires, 1997.
Obarrio, F. M., «Mediación libre y confidencial», en *La Nación*, Buenos Aires, 18 de marzo de 1997.
Odom, E., «The Mediation Hearing: A Primer», en J. Palenski y H. Launer, *Mediation*, Springfield, III, Charles C. Thomas, Publisher, 1986.
ORGANIZACIÓN MUNDIAL DE LA SALUD. «CIE 10», *Décima Revisión de la clasificación internacional de las enfermedades mentales* y «*DSM IV*», en Manual diagnóstico y estadístico de los trastornos mentales, 1992.
Ortemberg, O. D., *Aborto y divorcio: una lectura psicoanalítica*, Grupo Cero, Buenos Aires, 1990.
—, *La mujer y la ley: Divorcio, Familia y Estado*, Biblos, Buenos Aires, 1995.
Pascal, *Pensamientos*, Centro Editor de América Latina, Buenos Aires, 1969.
Pease, A., *El lenguaje del cuerpo*, Planeta, Buenos Aires, 1990.
Piglia, R., *La ciudad ausente*, Sudamericana, Buenos Aires, 1992.
Peyru, M. G., Material de la clase sobre «Aplicación de los recursos múltiples en el desarrollo personal», dictada en el ciclo *Desarrollo Personal para el Ejercicio Profesional de la Mediación Familiar*, en Fundación Cemfa, Buenos Aires, 1994.
—, *Resolución de conflictos*, Taller en el marco de las actividades organizadas por la Fundación para la Salud Mental y por la Fundación CEMFA en homenaje al Dr. Rubén Calcaterra con motivo de los diez años de aportes a la mediación, Buenos Aires, 1996.
Pierce, W. B., «Nuevos modelos y metáforas comunicacionales: el pasaje de la teoría a la praxis, del objetivismo al construccionismo social y de la representación a la reflexividad» en *Nuevos Paradigmas, Cultura y Subjetividad*, Paidós, Buenos Aires, 1994.
Raiffa, H., *El arte y la ciencia de la negociación*, Fondo de Cultura Económica, Méjico, 1996.

Ricci Bitti, P. E. y Cortesi, S., *Comportamiento no verbal y comunicación*, Gustavo Gili S.A., Barcelona, 1980.
Ross, L., Robbins, J. y Zimbardo, P. G., *Towards an attribution psychology*, 12, págs. 279-288, 1969.
Schelling, T. C., *The Strategy of Conflict*, Harvard University Press, Cambridge, Mass, 1980.
Shannon, C., *The mathematical theory of communication*, Bell System Technical Hournal, 1948.
Singer, J. D., «The Global System and its Sub-Systems. A development view», en James N. Rosenau, *Linkage Politics*, New York, Free Press, 1969.
Suárez, M. *Mediación. Conducción de disputas, comunicación y técnicas*, Paidós, Buenos Aires, 1996.
Watzlawick, P., Beavin Bavelas, J. y Jackson, D. D., *Teoría de la comunicación humana*, Herder, Barcelona, 1989.
Wigley, M., «La deconstrucción del espacio», en *Nuevos Paradigmas, Cultura y Subjetividad*, Paidós, Buenos Aires, 1994.
Wittgenstein, L., *Tractatus Logico-Philosophicus*, Alianza, Madrid, 1973.

